누가
한국의 스티브 잡스를 죽이나

열린 인터넷과 그 적들
OPEN INTERNET

누가 한국의 스티브 잡스를 죽이나

초판 1쇄 인쇄   2012년 9월 5일
초판 1쇄 발행   2012년 9월 15일

지은이   김재연

펴낸이   이영선
펴낸곳   서해문집
이 사   강영선
주 간   김선정
편집장   김문정
편 집   허 승 임경훈 김종훈 김경란 정지원
디자인   오성희 당승근 안희정
마케팅   김일신 이호석 이주리
관 리   박정래 손미경

출판등록   1989년 3월 16일 (제406-2005-000047호)
주 소   경기도 파주시 문발동 파주출판도시 498-7
전 화   (031)955-7470 | 팩스 (031)955-7469
홈페이지   www.booksea.co.kr | 이메일 shmj21@hanmail.net

ISBN   978-89-7483-535-4   03300

이 도서의 국립중앙도서관 출판시도서목록(CIP)은 e-CIP 홈페이지(http://www.nl.go.kr/ecip)에서
이용하실 수 있습니다.(CIP제어번호: CIP2012003885)

누가
한국의 스티브 잡스를 죽이나

열린 인터넷과 그 적들
OPEN INTERNET

이용자의, 이용자에 의한, 이용자를 위한 네트워크를 위하여

김재연 지음

서해문집

첫 번째 추천사

인터넷 혁신의 수혜자는 누구인가

윤종수
서울북부지방법원 부장판사, 크리에이티브 커먼즈 코리아 프로젝트 리드

2012년 1월 18일 위키피디아 영문 사이트는 24시간 동안 블랙아웃 Black Out을 선언했다. 사이트 개설 이래 처음으로 콘텐츠 제공을 24시간 동안 중단한 것이다. 위키피디아만 블랙아웃을 한 것이 아니다. 구글, 모질라, 워드프레스, 플리커, 비미오 등 유수의 유명 인터넷 사이트들이 동참했다. 이 초유의 온라인 스트라이크는 당시 미 하원에서 추진되던 법안인 SOPA(Stop Online Piracy Act)에 항의하기 위한 것이었다. SOPA는 저작권 침해 사이트로 지정되면 검색을 금지하거나 인터넷 사업자로 하여금 접속을 차단하게 할 수 있는 등의 내용을 담은 강력한 인터넷 규제 법안으로서, 입법이 추진되었지만 이용자들의 지지를 업은 인터넷 기업과 커뮤니티들의 블랙아웃으로 결국 무산되고 말았다.

인터넷 규제 시도에 대한 인터넷 참여자들의 승리로 평가되는 위 사건을 지켜보는 내내 착잡함을 금할 수 없었다. 사실 우리나라의 관련법은 이미 SOPA에서 언급되는 규제와 비슷한 조항을 갖고 있다. 구체적인 내용에 있어서는 차이가 있지만 SOPA가 의도하는 많은 부분을 이미 실현하고 있다. 하지만 그것 때문에 착잡함을 느낀 것은 아니었다. 물론 우리나라의 규제 수준에 비판적인 견해를 갖고 있고 거듭되는 규제로 갑갑함을 금할 길이 없지만, 내가 진정으로 착잡한 감정을 느낀 것은 우리의 입법 과정에서 블랙아웃과 같은 목소리를 들었던 기억이 별로 없었기 때문이다. 어느 나라보다 열정적이고 활발한 이용자 그룹과 수많은 인터넷 기업들이 있음에도 소수의 시민단체 외에는 별다른 목소리를 낸 곳이 없었다. 그나마 들린 시민단체의 목소리마저 매번 등장하는 극성스러운 반대자의 그것으로 폄하되었을 뿐이다. 이렇듯 우리는 조용했고 그렇게 규제는 만들어져갔다.

로렉스 레식 교수는 그의 저서 《아이디어의 미래》에서 군주론에 나오는 마키아벨리의 말을 인용하면서 두려움과 불확실 때문에 혁신을 지지해줄 사람들마저 혁신을 지키는 데 머뭇거리고 있는 상황을 안타깝게 이야기한 바 있다. 그러나 내가 진정으로 우려하는 것은 불확실함과 두려움 때문에 머뭇거리는 지지자들이 아니라, 혁신의 수혜자들이면서 그 혁신의 본질을 잊어버리고 오히려 혁신을 제거하는 데 동조하고 있는 우리들의 모습이 침묵으로 드러난 게 아닐까 하는 점이었다.

이 문제는 결코 대립하는 이해 당사자들 사이의 힘겨루기를 의미하는 것이 아니다. 인터넷, 더 나아가 우리 사회의 혁신성이 과연 계속 유지될 수 있는지에 대한 근본적인 질문이다. 인터넷 공간은 본질적으로 이러이러하다고 명쾌히 정의될 수 있는 곳이 아니라, 어떤 모양으로든 변형될 수 있는 디자인에 불과하다. 인터넷이 갖는 유일한 정체성은 어떠한 정체성도 가질 수 있다는 '가능성' 뿐이며 이 가능성은 혁신과는 전혀 다른 모습으로 귀결될 수 있다. 어떤 인터넷을 원하는가? 참여의 에너지와 창의성이 넘치고 다양성과 민주성이 극대화되며 혁신적인 비즈니스와 문화가 실현되는 희망의 땅? 아니면 오프라인보다 더 경직되게 운용되는 전깃줄의 연결망으로 혁신의 추진력을 상실한 그저 그런 곳?

결국 우리들의 선택에 따라 인터넷은 만들어진다. 인터넷은 그 가치를 자각한 혁신의 수혜자들만이 지킬 수 있다. 이 책은 우리들에게 무엇이 인터넷의 가치이고 혁신인지, 인터넷을 지켜야 할 혁신의 수혜자들이 누구인지 깨닫게 해줄 것이다.

새로운 시대의
새로운 철학과
사회적 합의를 위하여

정지훈
관동의대 명지병원 융합의학과 교수 / KAIST 문화기술대학원 겸임교수

디지털의 원리가 지배하는 세계의 범위와 파급력이 점점 커지면서, 원자를 기반으로 하는 아날로그 사회의 여러 가지 법률 체계와 기득권에 많은 도전장이 지속적으로 던져지고 있다. 예를 들어 지적 재산권은 지식이라는 것을 창조한 사람에 대한 보상이라는 기본적인 틀을 이용, 창조에 대한 동기 부여를 통해 창조의 씨가 마르지 않도록 하기 위해 등장했다. 소위 지적 재산권 관련법이라는 것들이 이런 목적을 위해 제정된 것이고, 그 본질적인 가치는 변하지 않았다. 그러나 이 법의 문제는 미국에서 제정된 지 30년이 넘는 동안 여러 종류의 판례를 거치면서 법의 폭과 범위, 용어의 의미가 지나치게 확장되어 현실과는 동떨어지고 있다는 것이다. 국내에서도 미국의 지적 재산권법의 영향을 받아, 자의 반 타의 반으로 이에 대한 강력한 단속

과 제재 등의 수위가 날로 높아만 가고 있다. 그렇지만 지나친 지적 재산권의 강화는 디지털 세계가 가지는 창조와 혁신의 과정을 퇴보시킬 가능성이 많다.

과학과 기술, 그리고 다양한 콘텐츠들 중에서 기본적으로 원천 개발이 되는 것이 얼마나 되는가? 결국 따지고 보면 남이 해놓은, 그리고 역사가 이룩해놓은 데이터와 자료, 경험에 접근해서 이를 바탕으로 진보를 이끌어내고 있는 것이 아닌가? 이를 철저하게 가로막고, 특허나 저작권이라는 이름의 압력, 기술 계약이나 기술 이전 또는 권리자의 허가를 얻어내기 위해 지불해야 되는 정치적·경제적·심리적 부담, 그리고 변호사들과 변리사들만 좋아할 복잡한 사용 허가 범위와 클레임 등을 통해 공유와 개방의 정신을 철저히 가로막는 부담으로만 작용하는 제도에 대해서 조금은 달리 생각해볼 때가 되었다.

디지털과 IT, 인터넷이 세상을 바꾸는 가장 커다란 원동력은 가치를 증폭시킬 수 있는 디지털의 원리와, 이런 변화를 허용하는 수많은 선각자들의 '공유' 정신에서 싹이 시작되었다고 해도 과언이 아니다. 최근 많은 이야기가 나오는 '오픈 플랫폼과 생태계'라는 용어도 결국에는 공유의 철학에 관한 것이다. 이런 공유의 철학을 통해 많은 사람들은 자유로운 이용권을 획득할 수 있다. 이것이 의미를 갖는 것은 자유 그 자체에 있는 것이 아니라 그 자유가 가져다주는 가치와 혁신 때문이다. 비록 사회의 제도와 규칙은 여전히 기득권자들을 중

9

심으로 그들의 이익을 보호하는 데 초점이 맞추어져 있겠지만, 사회의 변화와 발전을 바라는 많은 사람들이 자신들이 만들어낸 혁신의 가치를 자발적으로 공유하고, 여기에 동조하는 사람들이 많아진다면 결국 이런 구시대적인 법률과 파워 집단의 손아귀에서 벗어날 수 있을 것이다. 우리들 미래의 희망은 결국 이런 '부족'들에게 있다.

개인적으로 가장 아끼는 후배이며 미래의 세계를 이끌어갈 젊은 사상적 리더로서의 자질을 갖췄을 뿐만 아니라, 자신의 생각을 실천해나가는 행동가로서의 모습까지 보여주는 비전디자이너 김재연의 새 책은 그런 면에서 이들 새로운 '부족'들에게는 미래 사회의 철학과 원리를 알려줄 것이며, 기존의 아날로그 세계의 원리에 익숙한 사람들에게는 새로운 '부족'들에 대한 이해의 통로가 될 것이다. 나아가 모든 사회 구성원들이 함께 우리 사회의 진정한 발전을 위해서 어떤 결정과 행동을 해야 하는 것이 옳은지에 대한 건설적인 고민을 하고, 이를 통해 새로운 사회적 합의가 이루어지는 데 단초가 될 수 있을 것이다.

프롤로그
오픈 인터넷과
민주주의 2.0

조선 중기 실학 사상과 21세기 대한민국의 오픈 인터넷

조선 중기 대표적인 실학자 중 한 명인 다산茶山 정약용丁若鏞과 그의 친구, 형제들의 생애는 극적인 처절함의 연속이었다.《순조실록》1년 2월 9일에 기록된 바에 의하면, 당대 개혁파 이가환, 이승훈, 정약용은 사헌부에 의해 탄핵됐다. 이가환은 흉악한 도당의 괴수, 이승훈은 요서로 나라를 혼란하게 만든 자, 정약용은 이들 '악한 무리들' 천주교인과 본래부터 마음으로 연결된 한패라는 것이 사헌부가 내건 이유다. 그러나 그들이 이단을 신봉해 유교적 공공 윤리를 파괴했다는 단죄의 명분과 실상은 다르다. 실질적으로 정약용 일파가 처벌을 받아야 했던 까닭은 기존 신분질서를 벗어나 인재를 수용하고, 경제적 왜곡을 타파하기 위해 개혁이 필요하다는 그들의 주장이 기존의 노론 중심의 신분질서와 경제구조에 크게 위협이 됐기 때문이다.[1]

    그로부터 이제 수백 년이 흘렀다. 지금 우리는 왕조국가 조선이 아닌 민주공화국 대한민국에 산다. 하지만 2012년 지금의 한국 사회를 보고 있으면, 조선의 실학자들이 생각나곤 한다. 여전히 더 많은 기회를 더 많은 사람들에게 줄 수 있는 사회적 조건이 무엇이고, 그것을 어떻게 이뤄나갈 수 있을지에 대해 많은 사람들이 무관심하다. 그러한 무관심 속에서 실학이 실제적인 개혁으로 이어지지 못한 채, 사상으로 역사 속에 사라져갔던 것처럼, 지금의 기회 역시 일부의 이익을 위해, 기존의 질서 유지를 위해 조용히 죽어가고 있기 때문이다.

무관심 속에 사라져가는 변화의 씨앗들이야 여러 가지가 있겠지만, 이 책을 통해 이야기하고자 하는 것은 오픈 인터넷 혹은 인터넷 개방성이다. 오픈 인터넷이란 아주 쉽게 생각하면, 인터넷을 통해 누군가의 '허락 없이' 원하는 것을 표현하고, 사용하고 싶은 디바이스·애플리케이션 등을 설치하는 '자유'가 우리에게 있다는 것을 뜻한다. 내가 블로그에 어떤 글을 올린다고 했을 때, 특정한 누군가에게 허락을 받지 않아도 되는 것이 인터넷 개방성이다. 그러나 중요한 것은 그러한 상식이 자연의 법칙도, 역사적 전통도 아니란 점이다. 오히려 전신부터 TV까지 내려오는 기존 미디어 질서를 생각해보면 누군가의 허락을 받는 것이 더 당연했다. TV에 방송을 내보내든 신문에 기사나 광고를 올리든, 모두 그 해당 '미디어의 주인'에게 허락을 받아야 한다. 따라서 인터넷이 가진 자유는 절대적인 것이 아니라 상대적인 것이다. 특정한 사회적 조건이 갖춰졌을 때만 실현 가능하다. 구체적으로 그것은 개방적 인터넷이란 물리적 구조 위에서, 그 같은 개방적 인터넷을 옹호하는 법과 제도, 그리고 사회·문화적 조건하에서만 존재할 수 있는 인공적 권리다.

그리고 이는 달리 말하면 인터넷의 자유란 우리가 쉽게 생각하는 것처럼 그렇게 강력한 것이 아니란 것을 알게 된다. 그것은 누군가 그 물리적 구조와 법과 제도를 바꾸고 인터넷에서 자라는 문화의 가치를 무시한다면, 충분히 훼손될 수 있는 제한적인 자유다. 그리고 이것은 단순한 가설이 아니라 인터넷의 역사다. 인터넷이란 산업은 독립된 산업으로 존재하지 않는다. 훨씬 더 강력한 정치력을 갖고 있는 통신 산업, 미디어 산업, 광고 산업 등과 지속적 갈등을 빚으면서 성장해왔다. 또한 국경 없는 인터넷은 자신의 국경 내 주권자로서 위치를 유지하려는 국가와 지속적 충돌을 빚어왔다.

기존 산업과 국가의 부적절한 관계는 끊임없이 인터넷을 더 효과적으로 통제하기 위한 방법을 개발하고 있다. HoE(Hope Is Education)라는 국제개발 관련 공익단체를 운영하는 지인으로부터, 자신의 단체가 아프리카 케냐 코어에서 활동한 동영상을 인터넷에 올리려다 포기했다는 이야기를 얼마 전 들었다. 그 이유는 동영상을 좀 더 흥미롭게 하기 위해서 음악 삽입이 필요한데, 음악을 삽입할 경우 저작권 위반이 되어버리기 때문이었다. 이 경우는 불법으로 음악을 공유하려는 게 주목적도 아니고 교육용, 적어도 비영리 목적으로 음악을 사용하는 것이 분명하다. 그래도 현행 저작권법은 '자신의 허락을 받지 않은' 동영상의 온라인 유포를 금지한다.

물론 저작권법에는 공정 영역fair use이라는 것이 있어서 비영리인 경우 기존 저작권 보호 조항의 예외 적용을 받기도 한다. 그러나 2009년 국내에서 5살짜리 아이가 가수 손담비의 노래 〈미쳤어〉를 따라 부르던 동영상이 (사)한국음악저작권협회 요청으로 중단 조치됐던 것을 생각하면, 그 예외는 정말 예외적이다. 나아가 앞의 사건의 당사자는 참여연대 공익법센터의 도움을 받아 ㈔한국음악저작권협회와 ㈜NHN(네이버)을 고소하여 자신의 권리를 되찾을 수 있었지만, 이렇게 도움을 받는 일 역시 쉽지 않다. 관련 사건에 대해 정보 운동 관련 시민단체인 정보공유연대가 제시한 의견처럼 대다수 시민들에겐 이런 법적 분쟁에 끼어드는 일 자체가 상당한 비용이 발생하는 부담스러운 일이기 때문이다.[2] 결국 동영상을 만들어서 올리는 비용이 만만치 않다는 걸 깨달은 지인은 몇 번의 힘든 시도 끝에 일단 지금은 포기하는 게 낫다는 결론을 내렸다. '허락받지 않아도' 되는 오픈 인터넷이 '허락을 받게만 만드는' 법과 제도에 의해 어떻게 창작과 공유에 불리한 환경이 되어버렸는지 보여주는 좋은 예다.

내가 지키지 않으면, 아무도 인터넷을 지켜주지 않는다

왜 이런 상황이 발생하는 것일까? 그리고 이젠 저작권뿐 아니라 통신, 개인정보 등 각종 영역에서 오픈 인터넷의 가치가 평가절하되는 상황이 발생하고 있는데, 왜 관심을 갖고 나서는 사람을 찾기가 힘든 것일까? 그 이유는 김수영 시인이 이미 잘 설명해주었다. 그는 '어느 날 고궁을 나서며'란 시에서 "왜 나는 조그만 일에만 분개하는가"라고 토로하며, 자신의 소시민성을 자탄했다. 마찬가지로 일상에 바쁘게 치여 사는 대다수 일반 시민들이 이런 문제에 관심을 갖기는 어렵다. 살기도 힘든데, 오픈 인터넷과 인터넷 개방성이 어떤지, 어떻게 바뀌어갈지 알아서 무얼 할 것인가. 그리고 그런 무관심을 정당화시킬 수 있는 논리도 있다. 그것은 결국 선택의 문제란 주장이다. 개인이 어떤 삶을 살든, 그것이 사회적 해악을 끼치지 않는 이상 존중해주는 것이 우리가 갖고 있는 자유민주주의의 기본 질서며, 따라서 인터넷의 자유 같은 건 신경 쓰지 않을 수 있는 것도 내 권리 행사란 것이다.

물론 이런 생각이 크게 잘못된 것은 아니다. 그런 주장들도 일리가 있다. 다만 한 번쯤 생각해보자. 실학자들의 주장을 받아들이지 못한 폐쇄적 국가 조선의 말로는 초라했고, 국권 침탈의 비극까지 맞이했다. 물론 실학이 얼마나 사회에 많은 영향을 미친 개혁 사상이었는지에 대해서는 논쟁이 있을 수 있다. 그러나 문제의 핵심은 실학이 얼마나 유용했는가가 아니라, 조선이 대안을 생각하고 미래를 고민할 사회적 유연성이 없었다는 것이다. 현실을 방관했을 때 미래를 기대하기 어렵다는 점을 감안한다면, 오픈 인터넷에 대한 태도도 좀 더 많은 사람들의 적극적인 현실 인식이 필요하다. 민주주의는 대통령이 지켜주는 것도, 의회가 지켜주는 것도 아니다.

민주주의의 주인이 시민이라면, 시민의 참여 없이는 민주 체제를 유지하는 것도 발전시키는 것도 어렵다. 다른 공익적 가치도 마찬가지다. 남에게 미루지 말고 내가 움직여야 한다. 인터넷이라는 21세기 가장 핵심적인 소통과 혁신, 창조의 도구도 내가 움직이지 않는다면, 아무도 그것을 지켜주려 하지 않을 것이다. 미국 헌법 제정에 참여했던 소위 미국의 '건국의 아버지들Founding Fathers' 중 최고령이었던 벤저민 프랭클린은 헌법 제정 회의 참석 후 그 결과를 묻는 한 여인의 질문에 "사모님, 당신이 지킬 수 있다면 그것은 공화국일 것입니다(A Republic, if you can keep it)."라고 답했다. 공화국은 자기 이익만 생각하

는 개인이 아니라, 공동선을 수호하기 위해 애쓰는 시민을 통해서만 유지되고 발전할 수 있다.[3]

상식과 합리를 통한 개혁

그리고 그렇게 인터넷을 지키기 위한 노력이 엄청나게 대단한 정치적 개혁을 통해서만 가능한 것도 아니다. 기술 변화의 혜택이 이 사회의 가장 작은 자에게도 갈 수 있도록 새로운 방향을 모색하는 것은 거창하고 새로운 이념이나 주의를 필요로 하지도 않는다. 그것은 '상식과 합리'의 수준에서 논의될 수 있다. 사회의 윤리적·규범적 기초를 확인하고 그것을 새로운 기술의 사용에 확대하여 적용하는 것으로 이루어질 수 있다. 구체적으로 20세기의 경험으로, 21세기의 혁신을 재단하지 않는 것으로, 새로운 기술의 사회적 가능성을 막지 않는 것만으로도 큰 발전을 꾀할 수 있다.

그렇게 주장할 수 있는 이유는 첫째로 이렇게 인터넷의 고유한 특성을 인정하고, 그에 맞는 사회적 환경을 조성하려는 태도가 사실 새로운 게 아니기 때문이다. 그것은 우리가 민주사회의 구성원으로서 지키고자 하는 중요한 도덕적 원리 중 하나인 시민적 관용civic tolerance이다. 정치적 원리는 1인 1표이지만, 경제적 원리는 그런 기계적 분배의 원리를 따를 수 없다. 생산성이 떨어진다. 반대로 경제 논리에 따라서 돈이 많은 사람은 더 많은 표를 갖게 하면 정치는 쉽게 부패된다. 표가 돈에 따라 움직이기 때문이다. 다른 사회 영역은 다른 대우가 필요하다. 그건 우리가 현대사회를 운영하는 데 있어 갖고 있는 중요한 상식이다. 따라서 '허락받지 않는' 표현과 개발을 통해 혁신과 창조가 일어날 수 있는 새로운 사회적 영역인 인터넷의 차별적 특징을 인정하고 존중해주는 것은 새로운 정치가 아니다. 그것은 기존 윤리적 규범의 확대 적용을 통해서 정당화된다. 그것은 정치의 개혁이 아니라 공공윤리의 혁신이다.[4]

그리고 다시 이 같은 개혁을 위해 필요한 것은 거대한 정치력이 아니다. 그것은 우리 스스로가 좀 더 적극적으로 인터넷을 지키기 위한 활동에 참여하는 작은 노력이다. 모두에게 '허가 없이' 개방돼 있는 그리고 '저비용'으로 이용할 수 있는 인터넷을, 또 하나의 소중한 자연환경으로서 우리 다음 세대에게 커다란 훼손 없이 물려주는 윤리적 기율을 지키고자 하는 작은 실천이 이 개혁을 성사시킨다. 예를 들어, 나의 경우 2010년에 《소셜 웹이다》란 책을 내고 얼마 있지 않아 무료 전자책으로 만들어 인터넷에 배포했다. 이유는 해당 전자책의 새로운 서문에 써놓았지만, 나 역시 그 책을 쓰기 위해서 인터넷에 무상으로 공개된 수많은 자료들로부터 많은 혜택을 받았기 때문이다. 그리고 얼마 후 독자 중 한 분이 우연히 내가 책을 공개했다는 소식을 듣고, 자신의 책을 집 근처 공공 도서관에 기증했다는 말을 듣게 됐다.

그리고 이것은 나만의 이야기도 아니다. 산업공학을 전공하고 닷컴 버블 시절 웹 기획도 하고 비영리단체에서 상근 활동가로도 일했던 이미영 씨는 2011년부터 자신의 정보 공유에 대한 신념을 실천하기 위해 예술가로 변신했다. 참여연대 느티나무 아카데미가 진행하는 '서울 드로잉' 과정에 등록해 기초를 쌓았고, 사람들이 십시일반 자기가 관심 있는 프로젝트에 돈을 모아주는 소셜 펀딩 텀블벅의 지원을 받아 동유럽과 지중해 드로잉 여행을 하기로 목표를 세웠다. 총 47명의 후원자가 129만 9천 원을 모아줬고, 그 돈으로 2011년 가을에 폴란드, 체코, 헝가리, 오스트리아, 그리스, 터키를 한 달 동안 알차게 돌며 그림을 그렸다. 그리고 2012년 2월, 《동유럽과 지중해》라는 책을 출간하고, 원화를 사진공유 서비스인 플리커Flickr에 공개했다. 조건은 "그냥 조건 없이 가져다 쓰세요. 단 출처만 밝혀주세요." 뿐이었다. 선의로 후원을 받아 여행을 다녀오고 그림을 그린 만큼, 그 결과물도 사회와 공유하겠다는 생각을 실천한 것뿐이지만 그것은 예상 밖의 기회를 가져다주었다. 〈파리의 연인〉 뮤지컬 기획팀에서 이미영 씨의 그림을 포스터 배경에 사용하고자 원했기 때문이다.[5] 작은 실천과 실천이 꼬리를 물고 나타나 의미 있는 변화를 만들어낼 수 있다는 또 다른 좋은 사례다.

　나와 이미영 씨의 이야기만으로 설득력이 없다면 설치형 블로그 중에서 가장 유명한 워드프레스Wordpress의 사례를 보자. 현재 워드프레스는 전 세계 약 17%의 사이트가 쓰고 있다. 그중에는 〈뉴욕타임스〉〈월스트리트 저널〉 같은 굴지의 언론사도 포함돼 있다. 창업자인 매트 뮬렌버그는 블로그 운영을 위해 쓸 만한 사이트가 없다는 걸 깨닫고 자신이 직접 블로그 제작 도구를 만들었고, 그 소프트웨어를 소스코드까지 포함해 웹상에 무료 공개했다. 자기도 무료로 공개된 자료로 프로그래밍을 배웠으니, 역시 그렇게 다른 사람들도 아무 접근 장벽 없이 쓸 수 있게 해주는 것이 옳다고 판단한 것이다. 애초에 그가 상업적 성공, 대단한 변화를 기대한 건 아니었지만, 그 작은 행위,

사소한 실천이 2만 2천 명이 먹고 사는 워드프레스란 또 하나의 중요한 소프트웨어 생태계를 만들어냈다.[6]

이건 나와 뮬렌버그만의 이야기는 아니다. 이것은 사실 인터넷의 이야기다. 하나하나만 놓고 보면 사소하기 이를 데 없는 것들이 모여서 월드와이드웹^{www}을 탄생시켰고, 야후부터 구글, 페이스북에 이르는 대단한 인터넷 기업들을 만들어냈으며, 위키피디아 같은 상식을 뛰어넘는 공익적 프로젝트를 성공시켰다. TCP/IP라는 인터넷 발전에 핵심적인 기술을 개발하고, 인터넷 거버넌스 관련 주요 국제기구를 주도하여, 인터넷의 아버지라 불리는 구글의 인터넷 전도사(수식어가 아니라 실제 직함이 Chief Internet Evangelist다.) 빈트 서프의 표현을 빌리자면 "오늘날 인터넷과 월드와이드웹은 수백만 명이 공동 작업을 벌인 끝에 가능"했다. 그것은 "거대한 협력 작업"의 결과물이다.[7]

우리가 우리의 작은 실천의 가치를 무시하지 않고 실제로 행동하면, 그것이 예측하지 못한 큰 변화를 만들어낸다. 블로그 포스트, 노래 한 곡, 일러스트레이션 한 점, 그것 하나라도 더 공개하고 공유하면, 그리고 다른 사람들이 더 자유롭게 쓰고, 새로운 가치를 더할 수 있게 만들어주면, 세상은 더 다양하고 창의적이고 역동적인 곳으로 바뀐다.

오픈 인터넷과 민주주의 2.0

오픈 인터넷을 지키기 위해 필요한 민주주의는 거창한 민주주의가 아니다. 그것은 상식적인 윤리, 사소한 실천을 존중하는 민주주의다.

그런 기준과 노력들이 디지털 기술의 발전과 맞물려 더 큰 힘을 갖는 자발적emergent 민주주의다. 그것이 내가 정의하는 민주주의 2.0이다. 물론 문제의식이 전부가 아니란 건 알고 있다. 그래서 국내외의 구체적 사례들을 검토했고, 그런 실례들을 토대로 인터넷과 사회의 관계를 관찰하고 분석했다. 그리고 내가 실제로 경험했던 바를 바탕으로, 우리가 그런 현실의 조건들 속에서 어떻게 오픈 인터넷의 가치를 지켜나가고 그 사회적 가능성을 꽃피울 수 있을지, 앞으로 어떤 청사진과 로드맵이 필요하고 어떤 실천이 요구될지를 따져보았다.

그렇게 많은 시간 고민했지만 여전히 부족한 점이 많다. 그건 모두 필자의 몫이고, 더 고민하고 행동하면서 개선해나가야 할 숙제다.(따라서 혹시라도 책 내용에 대해서, 혹은 필자에 대해 할 말이 있다면 주저하지 말고 아래 이메일 주소로 연락을 주기 바란다. 필자에겐 큰 도움이 될 것이다.)

가수 싸이의 교훈과 새로운 사회

2012년 8월 23일, 가수 싸이의 '강남 스타일' 뮤직비디오가 유튜브YouTube에서 5천만 번 조회를 눈앞에 두고 있다. 통상적인 저작권 권리자의 대응과 다르게 싸이가 강남 스타일에 대한 각종 패러디물을 관용했다는 점에서 이 결과는 더 뜻 깊다. 같은 날, 초강력 인터넷 규제인 인터넷 실명제(정식 명칭 '제한적 본인확인제')를 명시한 정보통신망법 44조5 1항, 2항에 대해 헌법재판소가 재판관 전원 일치로 위헌 판결을 내렸다. 이렇게 새로운 변화들이 등장하는 것은 당연히 고무적인 현상이다. 대부분의 저작권 산업 관계자들이 여전히 저작권을 제로섬 게임으로 접근하고 있는 상황에서, 싸이의 사례는 더욱 예외적이다. 그리고 이번 헌법재판소 판결에도 불구하고 실명제의 원조인 공직선거법상 실명제는 아직 남아 있으며, 곧 있을 대통령 선거에서 또 다시 뜨거운 감자가 될 상황이다. 또한 세계 곳곳에서 다양한 하이테크 기업들이 벌이는 지루한 특허 소송은 기술 개발과 시장 경쟁이 아니라 자본력 행사와 법적 소송이 중심이 되어가는 디지털 산업의 그림자를 보여준다. 일부 긍정적 변화에도 불구하고, 공유지였던 아이디어의 사유화는 계속되고 있다.

그렇기 때문에 인터넷이 만들어가는 새로운 사회의 모습이 과연 사람다운 삶이 가능한 좋은 세상인지, 더 나은 미래가 있는 세상일지 고민하고자 하는 한 사람, 한 사람이 너무나 중요하다. 그런 분들께 이 책이, 그를 위한 사유는 더 자유롭게, 행동은 더 책임 있게 하는 데 도움이 될 수 있기를 바란다. 인터넷이 만들어가는 새로운 사회의 모습이 과연 사람다운 삶이 가능한 좋은 세상일지 고민하고자 하는 분들께 이 책이, 그를 위한 사유는 더 자유롭게, 행동은 더 책임 있게 하는 데 도움이 될 수 있기를 바란다.

그리고 마지막으로 이 책의 내용과 내가 재직하고 있는 소셜 벤처 '시지온 Cizion'의 입장은 아무 관계가 없음을 분명히 밝힌다. 책의 주장에 대한 책임 역시 전적으로 나에게 있다.

2012년 초가을,

김재연(visiondesigner21@gmail.com)

차례

첫 번째 추천사 /인터넷 혁신의 수혜자는 누구인가_윤종수 **5**

두 번째 추천사 /새로운 시대의 새로운 철학과 사회적 합의를 위하여_정지훈 **8**

프롤로그 /오픈 인터넷과 민주주의 2.0 **11**

Part 1
이용자 없이는 인터넷도 없다

TED는 왜 사랑받는가 **27**

누구를 위한 디지털 혁명인가 **41**

슈퍼스타K에는 스타가 없다 **57**

망 중립성에 대한 왜곡과 진실 **69**

웹은 죽지 않았다, 아직은 **98**

구글의 개방 역시 악할 수 있다 **114**

Part 2
불법이 문제인가 악법이 문제인가

인터넷보다 더 위험한 인터넷 규제 **129**

타블로와 인터넷을 모두 구하라 **149**

디지털 혁명의 이란성 쌍둥이, 불법 복제와 소셜 미디어 **174**

참여 문화는 범죄가 아니다 **186**

Part 3
열린 인터넷 열린 창조성 그리고 열린 사회

자스민의 꽃은 아직 피지 않았다 **197**

디지털 네이티브의 자유 없이는 기업가 정신도 없다 **214**

인터넷 포르노, 소외된 남성의 그늘 **227**

누가 우리의 마크 주커버그를 죽였나 **239**

스티브 잡스와 죽은 인문학의 사회 **255**

인터넷의 미래를 지키기 위한 조건 **267**

에필로그 /연결된 21세기를 위한 새로운 사회계약 **283**

주 **296**

OPEN INTERNET

part 1

이용자 없이는
인터넷도 없다

TED는 왜 사랑받는가

TED는 진화했다

TED가 인기다. 기술Technology, 오락Entertainment, 디자인Design의 앞 글자를 따서 만든 이 국제 지식공유의 플랫폼은 이제 전 세계로 확장되고 있다. 이 행사를 처음 만든 것은 정보 설계 분야에서 유명한 리처드 솔 우르만이었다. 1984년 그는 미국의 첨단 기술 산업 관계자들의 지식 교류를 위해 TED를 생각해냈다. 당시 TED에서는 매킨토시 컴퓨터와 소니 콤팩트디스크의 시연이 이루어졌고, 수학자 벤와 만델브로트가 프랙탈 이론을 강의했다. 과학자 마빈 민스키는 인공지능 이론을 설파했다. TED는 어디까지나 그들 지성을 위한 배타적 행사였다. 그러나 사실 여기까지가 전부였다면 오늘날 TED는 없었을 것이다. 그리고 여느 값비싼 지적 포럼 중 하나로 남았을 것이다.

전 세계 사람들이 이 같은 지식의 공유에 열광하고, 그것에 동참하기 위해서 TED의 라이선스를 딴 지역 이벤트인 TEDx를 손수 준비하고, 발전시킬 일은 없었을 것이다. 지금의 TED를 알려면 우르만을 넘어서 2002년에 그로부터 TED를 인수한 크리스 앤더슨을 기억해야 한다.

TED의 아버지 크리스 앤더슨은 의료 선교사인 부모를 둔 덕에 파키스탄에서 태어났다. 그리고 인도의 유명한 국제학교인 우드스탁에서 학창 시절을 보냈다. 이후 그는 옥스퍼드에 진학했고, 학위 취득 후에는 미국에서 기자 생활을 하며 《비즈니스 2.0》 등의 잡지 운영을 통해 출판업에서 큰 성공을 거두었다. 그러나 닷컴 붕괴로 그의 사업은 몰락했고, 그 시점에서 그는 새로운 사업, 아니 새로운 삶의 의미를 찾는다. 그리고 많은 경우 그렇듯이, 그 새로움은 과거를 새롭게 깨닫는 데서 나왔다.

앤더슨이 어린 시절을 보낸 우드스탁은 국제학교였다. 국제학교라고 하지만 우리가 아는 무늬만 국제학교가 아니었다. 우드스탁에는 전 세계의 다양한 국적, 인종, 민족의 학생들이 있었다. 그러나 그들은 따로가 아니라 함께 있었다. 지식을 공유하기 위해 모인 그들 사이에 가시적인 벽은 고정관념에 불과했다. 앤더슨은 그렇게 경험한 '나눔'을 TED를 통해 '확산'시키고 싶었다. '널리 전할 만한 가치Ideas worth spreading'라는 TED의 비전, 앤더슨의 야심은 이렇게 탄생했다.[8]

인터넷, 동영상, 그리고 나눔

지식 공유를 통해 인류 공동체를 회복한다는 기치 아래 앤더슨은 본래 영리 조직인 TED를 비영리 조직으로 바꾸었다. 돈이 아니라 가치가 움직이는 단체로 만든 것이다. 그다음 앤더슨은 이 나눔을 위한 플랫폼, 그리고 그에 맞는 콘텐츠를 기획하면서 역사를 돌이켜봤다.

1440년경 요하네스 구텐베르크가 금속 활판 인쇄술을 개발하기 전까지 대다수의 소통은 직접적 대면 접촉을 통해서만 이루어졌다. 그러나 인쇄술, 그리고 거기에서 파생한 통일된 '읽고 쓰는 기술'은 이 소통의 풍경을 바꾸었다. 공장에서 찍히는 상품처럼, 정보도 대량생산이 가능해진 것이다. 1대 다수를 상대하는 대중매체가 탄생했다. 물론 이것은 위대한 발전이었다. 중세 수사들이 하는 노동 중 주요한 것이 성경 필사였듯이 지식은 독점될 수밖에 없었고, 독점된 지식은 독점된 권력을 낳았다. 인쇄술은 이 독점력의 토대를 무너뜨릴 수 있는, 지식이 보급될 수 있는 혁신적인 비용 절감을 만들어냈다.

그러나 그 비용 절감에 대가가 없었던 것은 아니다. 대면 접촉이 활자 소비로 바뀌었다. 우리가 잃어버린 것의 첫째는 비언어적 소통의 효과다. 바라보고 있는 상대의 역동적 움직임, 성량과 성조의 변화, 동조하는 집단의 열기가 사라졌다. 더 큰 것은 소통이 사람을 거치며 일어날 때 나타나는 창조성이 사라진 것이다. 100만 명의 사람들에게 한 이야기가 공유되는 것과 100만 명의 사람들이 한 책을 읽은 것은 다르다. 전자는 그 이야기에 또 다른 이야기가 더해지면서, 그것이 더 큰 이야기, 모두의 이야기가 되는 반면, 후자는 그 100만

명을 거친 후에도, 여전히 한 사람의, 저자의 이야기에 불과하다.

앤더슨은 이 근대적 소통의 한계를 극복해줄 수 있는 것이 인터넷이란 플랫폼과 비디오라는 콘텐츠라고 생각했다. 먼저 인터넷은 누구도 전적으로 소유할 수 없는, 누구도 전적으로 통제할 수 없는 플랫폼이다. 우리가 흔히 접하는 대중매체와 다르게 인터넷은 배타적으로 소유된 것이 아니라 공유된 것이다. 그리고 사실 이 공유가 마법이다. 공유는 이 플랫폼에 참여한 사람들이 자신의 창의성, 의지, 열정을 들고 와서 이 플랫폼을 가꾸고 키우고, 더 멋지게 만들 수 있다는 것을 뜻하기 때문이다. 대중매체가 이미 정해진 집에 사람들을 입주시킨 것이라면, 인터넷은 광활한 대지에 사람들을 초대한 것이었다. 앤더슨은 그 인터넷을 생각했다. 콘텐츠의 자발적인 확산, 그리고 그 확산의 창조적인 발산을 위해서는 인터넷이 최고였다.

그다음, 앤더슨은 동영상을 생각했다. 그는 동영상이 미래의 콘텐츠라고 생각했다. 동영상은 언어적·비언어적 의사소통의 힘이 모두 살아 있다. 강연이니 언어로 소통을 하지만, 현장의 열기까지 모두 담아낼 수 있다. 조금 시기가 지난 일이긴 하지만, 몇 년 전 국내에서 터졌던 여중생과 할머니의 지하철 내 언쟁 사건, 소위 '유튜브녀' 사건을 기억해보자. 아니면 지하철 안 남자와 여자의 언쟁 및 폭력 사건이었던 '4호선 지하철 막말녀' 사건을 생각해보자. 이러한 각종 인터넷 사건·사고의 핵심에는 신문 기사, 블로그 포스트보다 동영상이 더 많다. 전염성 차원에서 생각해보면, 읽고 듣는 것보다 보는 것이 더 강렬하다는 것을 뜻한다. 그리고 이 동영상 포맷을 통해 앤더슨은 강연을 다시 만들었다. 할리우드 영화는 2시간 상영 시간에 기승전결의 전개 과정, 선남선녀 간의 약간의 로맨스와 액션이 있다.

앤더슨은 그 같은 일정한 포맷을 입혀 강연을 콘서트화했다. TED에 선 강연자는 18분 내에 압축적인 메시지를 가시적으로 전달해야 했다. TED의 동영상 콘텐츠에 '18분의 마법'이라는 패키지를 입힌 것이다. 코카콜라 특유의 상표가 붙은 캔이 그 용기 안에 든 액체의 품질을 보장하듯이 TED라는 이름은 그 안의 내용에 대한 신뢰성을 보증했다.

결과는 대성공이었다. 2006년 6월부터, 엄선된 TED 컨퍼런스의 강연들이 'TED토크^{TED Talks}'라는 이름으로, 이용자가 스스로 자신의 공유 권한을 설정할 수 있는 저작권 계약인 크리에이티브 커먼즈 라이선스^{Creative Commons License}(이하 CCL)를 통해 인터넷에 방출됐다. 2010년 7월 기준으로 약 700개 이상의 TED토크가 인터넷에 공유되고 있다. 이들 강연들은 2009년 1월 기준으로 5천만 번 시청됐다. 2010년 7월, 약 1년이 지나서는 2억 9천만이 넘는 시청 수를 기록했다. TED 자체도 미국을 넘어서 전 세계에서 컨퍼런스를 개최하고, TED상^{TED Prize}과 TED 연구위원^{TED Fellow} 같은 부가 프로그램을 운영하게 됐다. TED 라이선스를 받아서 지역 공동체에 의해 자발적으로 운영되는 TEDx 같은 프로그램도 2010년 현재 전 세계 60여 나라에 750여 개가 활성화돼 있다. 국내에서도 수도권과 대학가를 중심으로 급속도로 확산하고 있다.[9]

Technology,
Entertainment
and Design

TED

TED가 한 일 중에
우리가 특별히 배울 것이 있다면
그들이 어떻게 이 나눔을
존중했느냐 하는 것이다.

TED^x

"Ideas worth spreading"

2010

TED 신화의 주역은 누구인가?

그러나 여기서 이 TED의 성공을 많은 국내 언론이 하듯이 지성의 18 분 향연으로 압축시켜버리면, 사실 TED의 생명력을 놓치는 것이다. 크리스 앤더슨의 꿈은 TED의 성장이 아니라 공유였다. 가치 있는 아이디어의 공유가 그의 목표다. 그래서 인터넷이란 새로운 플랫폼, 동영상이란 새로운 콘텐츠를 택한 것이다. 그 나눔의 비전을 성취시킨 것은 TED의 주최자들도, TED의 연사들도 아니다. TED에 열광하며, 누가 시키지도 않았는데, 알아서 나누고 홍보하고 자기들만의 TED를 만들어가는 전 세계의 수많은 사람들이다.

다만 *TED가 한 일 중에 우리가 특별히 배울 것이 있다면 그들이 어떻게 이 나눔을 존중했느냐 하는 것이다.* 앞서 말한 것처럼 TED는 CCL을 적용해 동영상을 인터넷에 퍼뜨리고 있다. CCL은 크리에이티브 커먼즈 재단이 2002년 11월 16일 만든 작품이다. 이 재단은 현재 하버드 로스쿨 교수로 있는 인터넷법 권위자 로렉스 레식 등이 주축이 되어 세워졌다. 기본적으로 CCL은 저작권과 관련된 계약이다. 그러나 특이한 점은 이것이 창작자가 그의 저작권을 공유할 수 있도록 설계된 계약이라는 점이다. CCL은 창작자가 스스로 공유할 수 있는 권한을 설정해 네트워크 정보 환경에서 다른 사람들과 자유롭게 콘텐츠를 나눌 수 있도록 돕는다. 그 과정 또한 서너 개의 직관적인 이미지의 조합으로 이루어져 접근성이 뛰어나다. '저작권을 지키지 않으면 처벌'에서, '라이선스를 지키는 한 자유'로, 디지털 생태계에 맞게 저작권을 유지하되 그 적용의 관점을 바꾼 것이다. TED는 이 CCL을 사용하여, '저작자 표시, 비영리, 동일 조건 유지(BY-NC-SA)'라는 조건으로 그들의 콘텐츠를 인터넷에서 나누고 있다. 덕분에 TED 강연을 편집해 재창작물을 만드는 '리믹스 활동'은 불가능하나 기타 내 블로그에 퍼가기, 교실 내 상영 등 그 외 모든 것이 자유롭다.

기존 저작권 법 체계하에서 그대로 운영이 됐다면 TED의 공유는 숨이 막혔을 것이다. 그러나 TED는 CCL을 통해 그 법에 갇힌 열린 문화를 풀어주었다. 사람들이 자유롭게 콘텐츠를 나눌 수 있도록 했고, 그것이 공익을 위한 것인 한, 그들의 지역 이벤트에서 자유롭게 재사용할 수 있게 했다. 그리고 무엇보다 사람들 각자가 자신의 창의성을 들고 TED를 새롭게 만들 수 있게 해주었다.

그 대표적인 예가 TED의 '오픈 번역 프로젝트'다. 700개 이상 공개된 TED 강연을 이용자 스스로가 다른 이용자들을 위해서 번역하는 것이 핵심이다. 특정 TED 강연에 관심이 있는 사람이 먼저 번역을 하면, 다른 사람이 그 내용을 리뷰한다. 그 과정은 '닷서브Dot-Sub' 같은 웹 협업 도구를 통해 진행된다. TED는 이용자에 의한 자기 규율화의 힘을 믿었다. 그러나 동시에 철저한 가이드라인을 세워 초기 시행착오를 막고 참여율을 높였다.

2009년 5월, 200명의 자원봉사자에 의해서 초기 40개 언어, 300개 번역물로 시범을 보인 이래, 이 프로젝트는 2010년 현재 4259명의 자발적 번역 자원봉사자를 온라인상에서 모집했다. 그리고 그들이 79개 언어로 1만3030개의 강연을 번역했다. 2011년 11월만 해도 1503명의 번역 자원봉사자가 82개 언어로 2055개의 강연을 번역 중이며 그 숫자는 점점 커지고 있다. 무려 300개 이상의 강연을 번역한 번역자 중에는 제3세계 출신도 다수 포함돼 있다. 183개의 강연을 번역한 세바스티안 베티는 아르헨티나, 360개의 강연을 번역한 안톤 히코프는 체코 공화국, 481개의 강연을 번역한 안와 다파 알라는 수단 출신이다.[10]

TED는 지성의 18분 향연이 아니다. 그것만이었다면 TED의 마법은 없었다. 기적은 이용자들이 만들었다. 수많은 아이디어들이 그냥 꽃만 피우고 사라진다. 물론 TED도 그 안에 많은 한계와 문제점이 있다. 전 세계의 인터넷 보급률은 낮고, 저개발 국가에서는 동영상을 실시간으로 보든, 다운로드를 받든 어려움이 많다. TED의 비전이 전 세계로 뻗어나가는 데는 아직 한계가 많다. 시각장애인 등 이 지식 공유의 혜택의 사각지대에 위치한 사람들도 많다. TEDx를 진행하는 조직들 내에서도 그들만의 이권 다툼, 알력 다툼이 발생하기도 한다.

그럼에도 왜 TED는 계속 커가는가? 아니, 질문을 바꿔보자. 왜 TED는 그토록 사랑받는가?

디지털 세상은 사랑이 바꾸고 있다

이 '사랑의 혁명'의 관점을 생각해보면 다시 한 번 분명히 깨닫게 되는 사실이 있다. 이 TED 신화의 주인공은 크리스 앤더슨도, 그 앤더슨이 개최한 잔치에 초대된 수많은 명사들도 아니다. 널리 퍼질 만한 아이디어를 실제로 널리 퍼지게끔 만든 사람들은 우리가 주변에서 발견할 수 있는 평범한 이용자들이다.

예를 들어서 대한민국에 TED를 소개하고, 번역하고, 자신들의 TEDx 행사를 꾸린 수많은 사람들이 어떤 사람들인지, 그리고 그들이 무슨 생각으로 그런 일을 했는지 살펴보자. 아직 20대인 명대중 씨는 단국대학교에 재학 중이던 2010년 9월에 처음 TEDx 행사를 개최한 이래, 2011년까지 모교에서 세 차례 TEDx 행사를 조직했다. 필자와 가진 인터뷰에서 명대중 씨는 TED를 사람들이 사랑하고 지지하는 까닭은 TED란 브랜드가 아니라 그 브랜드가 지향하는 가치 때문이라고 강조했다. 그는 "수동적인 강의 필기가" 지식을 터득하는 과정과 같게 여겨지는 대학가에서 "TEDx 행사는 쌍방향적인 의사소통의 문"을 열어주었다고 주장했다. 그 이유는 그가 보기에 TED는 "연사가 자신의 생각을 관객의 머릿속에 펼쳐놓기만 하고" 나머지 "색칠하는 몫은 청중에게 남기기" 때문이다. 그리고 그 남은 몫을 해결하는 과정도 개인이 혼자서 하는 것이 아니라 연사와 청중이 어우러진 협업을 통해 이루어진다. TED에서는 암기가 아니라 소통이 지식이었다. 그리고 그 소통의 힘에 공감하고 그것을 지지하는 사람들, 명대중 씨 같은 사람들이 TED를 단순한 브랜드 이상의 하나의 시대적 물결로 만든 것이다.

그리고 보다 근본적으로 개방적 인터넷이 이 같은 지식공유 운동 확산에 기여한 공로 역시 기억할 필요가 있다. 《끌리고 쏠리고 들끓다Here Comes Everybody》의 저자, 뉴욕대 클레이 셔키 교수가 말한 대로 과거에는 작은 일에는 사랑이, 큰일에는 돈이 역할을 했다. 그러나 21세기 디지털 환경에서는 인터넷부터 월드와이드웹까지, 그 월드와

TED처럼 인터넷상에서
'자유롭게' 공개되고
'자발적'으로 공유되며
또한
그 문제점을 스스로 발견해서
개선해나가는
하나의 사회적 흐름이
대중적으로 뿌리내린다는 것은
희망의 증거다

이드웹에서 TED의 지식공유 운동에 이르기까지 돈을 넘어선 사랑이 그 큰일의 주축이 되고 있다. 어딘가에 고용되어 있지도 않고, 누군가에게 돈을 받고 일을 하는 것도 아닌, 그냥 자발적으로 좋아서 무언가를 하는, 전에는 '쓸데없는 일을 한다'고 여겨지던 그 아마추어들이 세상을 바꿀 수 있는 마당을, 저비용에 광범위한 혁신이 지속적으로 나타날 수 있는 생태계인 인터넷이 제공해주고 있기 때문이다."

그리고 이 사랑이 우리의 미래를 지키고 있다. 우리가 사는 세상은 점점 더 디지털화되어가고, 디지털화되어가는 세상은 점점 더 상업화·권력화되어간다. 정보를 나누는 데 누군가의 허가가 필요하고, 그 활동에 감시가 따르는 세상이 되어간다. 그 와중에 TED처럼 인터넷상에서 '자유롭게' 공개되고 '자발적'으로 공유되며, 또한 그 문제점을 스스로 발견해서 개선해나가는 하나의 사회적 흐름이 대중적으로 뿌리내린다는 것은 희망의 증거다. 그 희망이 있는 한 우리의 미래가 '따로'가 아닐 수 있고, 우리는 돈과 힘으로 나눠진 각자의 방만 가지는 것이 아니라 함께 나눌 수 있는 공간commons을 남길 수 있다. 그리고 그것을 다음 세대를 위한 공간으로 지킬 수 있다.

그 점에서 TED는 '왜' 사랑받고 있는가, '어떻게' 사랑받을 수 있었는가를 되짚어보는 것이 의미가 있다. 이것이 TED와 그를 지지하는 사람들만의 이야기가 아니기 때문이다. 이것은 TED와 같은 원리로 발전한 인터넷에 대한 이야기다.

인터넷은 야후와 구글과 페이스북의 역사가 아니라 근본적으로 이용자들의 역사다. 페이스북의 정체를 조금 더 깊이 생각해보면 그 답이 나온다. 페이스북의 위용이 대단하다고 한다면 그것은 CEO 마크 주커버그가 대단해서가 아니다. 그것은 그가 연결시킨 8억의 이용자들이 대단하기 때문이다. 지금 이 순간에도 그들 이용자들이 무언가 새로운 콘텐츠를 만들고 나누고 있기 때문이다. 그 이용자들의 가치를 믿고, 처음 시작부터 사람들이 자유롭게 공개하고 자발적으로 공유할 수 있는 새로운 사회적 영역을 만들어주었던 인터넷이, 초기 이메일부터 월드와이드웹, 그리고 TED에 이르는 많은 놀라운 사례들을 탄생시켰다. 그리고 그것이 우리가 여기서 TED를 되돌아보는 더 깊은 의미다. 그 사랑으로 세상을 바꿔가는 힘, 이용자들을 기억하는 것은 인터넷의 역사를 재평가함과 동시에 우리의 현재와 미래의 방향성에 대해서도 다시 생각하게 만들기 때문이다.

누구를 위한 디지털 혁명인가

네그로폰테, 디지털 혁명을 예언하다

1995년, 당시 MIT 미디어랩의 설립자이자 디렉터였던 니콜라스 네그로폰테가 《디지털이다Being Digital》라는 책을 발표했다. 네그로폰테는 책에서 디지털 혁명을 예고했다. 원자와 달리 비트는 시공간의 구속에서 벗어난다. 예컨대 우리가 마시는 수입 생수 에비앙Evian은 유럽에서 출발해 태평양을 넘어 세관을 통과해야 한다. 그러나 알프스 산맥의 깊숙한 골짜기라도 인터넷 연결만 되어 있으면, 비트로 구성된 정보는 손가락 끝에서 단 한순간에 전달된다. 그래서 네그로폰테는 비트의 충격 앞에 산업 시대의 조직과 제도가 무용지물이 될 것이라 보았다. 자연이 만든 물리적 장애와 인간이 만든 제도적 장벽을 넘어 전 지구가 비트로 통합될 것이라 보았다. 자신의 책 역시 비트가 될 것이라는 것을 포함해, 예언자 네그로폰테의 전망은 거의 다 맞아떨어져갔다.[12] 그러나 동시에 비트가 바꾸는 세상의 위험과 그 한계 역시 시간이 지나면 지날수록 점점 더 분명해져가고 있다.

스티브 잡스의 디지털 혁명

수십 년 전, 지금은 세계적 유명 인사가 된 '고故' 스티브 잡스가 아직 무명이었을 시절, 그는 자신의 첫 번째 디지털 혁명을 발표했다. 혁명의 테마는 '개인용 컴퓨터'였다. 생애 최초로 정장을 차려입고, 파트너 워즈니악이 개발한 '애플 2Apple II'를 소개하고 있을 때, 잡스는 이미 태양이었다. 그를 중심으로 IT 생태계가 돌아가는 것처럼 보였다.

그러나 잡스는 부활한 공룡 IBM과 예상치 못한 난적 MS 연합군에 밀렸다. 그는 경영 부진의 책임을 지고 CEO의 자리에서 물러났다. 유배를 당하게 된 잡스가 택한 곳은 캘리포니아의 북쪽 실리콘밸리에서 멀지 않은 곳이었다. 그는 할리우드로 갔다. 그곳에서 잡스는 픽사 애니메이션 스튜디오를 설립하여 〈토이 스토리〉〈니모를 찾아서〉 등을 통해 영화계에 디지털 혁명을 일으켰다. 그렇게 이를 악물고 재기를 기다리는 동안에 잡스가 한 일이 하나 더 있다. 그것은 잡스가 P2P 기술(파일공유 기술)과 음반 및 영화 산업 간의 길고 긴 전쟁을 목격한 것이다. 혁명이 체제의 전환을 의미한다면, P2P 기술은 '진정한' 혁명이었다. P2P 기술은 네그로폰테가 말한 산업 시대의 조직과 제도를 통하지 않은 지식과 정보의 새로운 생산과 유통 체계를 만들었다. 하버드 로스쿨의 요하이 벤클러 교수의 말을 빌리자면 이용자들 간의 대규모 협업은 국가의 행정과 기업의 유통을 통하지 않고도 지속 가능한 산업 생태계를 만들 수 있는 가능성을 보여주었다.[13] 그러나 그것은 곧 기존 산업 세력에 대한 명백한 도전이었다.

따라서 P2P 기술은 정점에 이르렀던 냅스터Napster부터 치열한 법정 공방의 중심에 섰던 카자Kazzar까지 기존 문화 산업계의 이해관계와 격돌했다. LP에서 DVD에 이르기까지 콘텐츠 복제를 통해 수익을 창조하던 기존 문화 산업계는, 비트의 세계에서 '나눔은 자유'라는 논리로 맞서는 P2P 세력을 용납할 수가 없었기 때문이다.

이 싸움에서 결국 카자는 법정 판정승을 거두긴 했다. 그러나 그들의 서비스 자체는 쓰레기 더미와 비슷하게 되어버렸다. 이후 카자 경영진은 새로운 길을 찾아 본거지인 유럽으로 돌아간다. 그리고 P2P 기술에 기반한 인터넷 전화 서비스VoIP '스카이프Skype'를 개발한다. 지치기는 기존 문화 산업계도 마찬가지였다. 비트의 정서에 물들어가는 소비자들이 실제로는 '0'이 되어버린 복제 비용을 위해 기꺼이 가격을 지불하기를 꺼려했다. 이들에게 끊임없이 불법복제 소송을 거는 것도 장기적 전략이 될 수는 없었다. 결국은 소비자의 존재가 기업의 생존이기 때문이다.

이 같은 상황을 신중하게 지켜본 잡스는 자신의 복안을 들고 권토중래捲土重來했다. 그는 애플로 돌아오자마자 그의 '아이' 시리즈의 효시인 '아이팟'을 발표한다. 핵심은 MP3플레이어 그 자체가 아니었다. 그것은 그 안의 디지털 콘텐츠 생태계인 '아이튠즈'였다. '아이튠즈'에는 P2P 기술과 기존 문화 산업계의 싸움에 대한 그의 타협안이 담겨 있었다. 그것은 혁명과 저항의 기운을 거세하는 것이었다.

일단 P2P 기술은 아니다. 기존 문화 산업계의 이해관계는 존중한다. 대신 디지털 콘텐츠에 대한 접근 장벽은 낮춘다.(easy access model) 예를 들어, 음악 CD 1개의 복사 비용을 받지 않는다. 곡 하나의 이용 가치에 따라 가격을 매긴다. '디지털'이다. 그러나 '혁명'은 아니다. 이 생태계는 여전히 기존 산업 세력에 기대고 있기 때문이다. 물론 잡스가 만든 세상에서 수요자는 P2P 기술에서처럼 콘텐츠의 옥석을 가리는 탐색 비용을 감수해야 할 필요가 사라졌다. 공급자는 위협적인 기술로부터 자신들의 기존 비즈니스 모델을 안전하게 지킬 수 있다. 얼핏 보기에 모두가 행복한 세상이다. 나아가 아이튠즈 모델은 아이팟에서 앱스토어를 통해 콘텐츠에서 소프트웨어로 확장됐다. 아이팟은 아이폰, 아이패드로 진화·확대되면서 문화 산업 전반을 포괄하기 시작했다. 잡스는 IT와 미디어, 캘리포니아의 남과 북, 실리콘밸리와 할리우드를 통합했다. 안전과 편리의 이름으로 기존 상업 세력의 시장을 디지털 전역으로 확대시켜준다. 그것이 바로 잡스의 디지털 혁명의 숨겨진 그림자다.[14]

중국발 디지털 혁명, 국가는 죽지 않았다

원자를 초월하려는 비트를 포획한 것은 잡스를 대장으로 내세운 문화 산업계뿐만이 아니다. 국가는 죽지 않았다. 잡스가 왕의 귀환을 하기 10년 전, 당시 닷컴 열풍의 중심에 있었던 야후에게 굴욕을 안

긴 것은 한 유태계 프랑스인 마크 노벨이었다.

사건은 야후닷컴에서 거래되던 나치 관련 물품에서 비롯됐다. 마크 노벨은 신나치주의에 대한 반대 신념과 활동에 따라 프랑스 법정에 야후의 해당 서비스를 제한해달라고 요청했다. 야후는 웃었다. 그들이 보기에 어쨌건 노벨은 보잘것없는 무명의 시민운동가다. 그들은 네그로폰테가 《디지털이다》에서 주장했던 디지털 결정론을 앞세웠다. 시대의 변화는 필연적이고 결정적이며 따라서 개인의 저항은 무의미한 것으로 생각했다. 사실 이것은 초기 디지털 혁명가들의 공통된 패러다임이다. 존 페리 발로우 같은 사이버 자유주의자들에게 인터넷이란, 현실과 동떨어진 이상적인 공간, 플라톤의 이데아가 실현되는 장소였다. 인터넷은 산업 시대의 정치적이고 상업적인 이해관계와 질서를 벗어나 새로운 생태계를 조성하는 신대륙이고 유토피아였다.

그러나 결론적으로 야후는 졌다. 그리고 아이러니하게도 야후가 진 가장 큰 이유는 기술 발전 때문이었다. 야후가 법정에서 노벨이 주장한 야후의 법적 책임을 부정했던 근거는 이행 불능이었다. 현실적으로 야후 사이트에 접속하는 이용자들이 프랑스 관할권에서 오는 것인지 아닌지를 판단할 수 있는 능력이 없다는 것이었다. 그러나 미국 실리콘밸리에서 인포스플릿을 창업해 활약하고 있던 프랑스계 시릴 하우리가 인터넷 콘텐츠의 발원지를 추적해 차단할 수 있는 기술이 있음을 알렸다. 인터넷의 아버지 빈트 서프를 포함한 3인의 인터넷 전문가는 "야후가 프랑스 이용자의 90%는 검열할 수 있다"고 담당 판사였던 고메즈에게 자문했다.

사실 이 일이 황제의 굴욕 때문에 기념할 사건은 아니었다. 이 사건이 더 중요한 것은 인터넷 검열이 가능하다는 것이 만천하에 드러났기 때문이다. 지구 상의 많은 권위주의적 국가들이 클레이 셔키가 《끌리고 쏠리고 들끓다Here Comes Everybody》에서 말한 소셜 미디어 열풍을 두려워하지 않는다. 디지털은 저항 수단인 동시에 정부에게는 더 나은 통제 수단이기도 하기 때문이다.[15]

명백한 예가 중국이다. 현재 중국에는 약 4억 명의 인터넷 이용자가 있다. 세계 인터넷 통계에 따르면 2009년까지 아시아 시장은 약 7억 명의 인터넷 이용자를 확보하고 있으며, 이는 북미와 유럽을 합친 수준이다. 그리고 아시아 시장의 절반 이상이 중국이다. 아시아 시장에서 2, 3, 4위를 차지하고 있는 일본, 인도, 한국을 다 합쳐도 중국보다 작다.

그러나 중국은 이 인터넷 인구를 겁내지 않는다. 그들은 인터넷을 통해 어떻게 조지 오웰이 경고한 빅 브라더를 현실로 실현시키는지 알고 있다. 중국 정부에게 인터넷은, 과거에는 막대한 내부 비용을 들여서 확보해야 하는 반정부 인사들에 관한 개인정보와 네트워크를 손쉽게 파악할 수 있게 해주는 수단이다. 편지 대신 이메일을, 통화 내역 대신 트위터의 팔로워와 페이스북의 친구들을 확인하면 누가 그들의 철권통치에 저항하는지 알 수 있게 되었기 때문이다.

그리고 대다수의 일반인들, 4억의 중국 인터넷 이용자들에게, 이것은 그다지 놀라운 소식도 경악할 일도 아니다. 그들 대부분은 인터넷 검열에 익숙해져 있다. 포르노 등 유해 사이트를 정부가 나서 차단하는 것을 중국 부모들은 적극 찬성한다. 젊은 이용자들은 정부에 대한 비판 사이트에 접속하기보다는 연예, 게임물 등에 시간을 쏟는 것이 더 쿨하다.

인터넷을 통한 비판과 참여의 정신, 소셜 미디어의 사회 변혁의 가능성은 찾아보기가 어렵다. 2011년 봄, 중국에 트위터 혁명이 일어난다고 요란이 일기는 했다. 그러나 그것의 문제는 중국 시민들의 트위터를 통한 혁명의 발발이 아니었다. 아랍의 봄에 긴장한 중국 정부의 강경 반응이 이슈였다.[16]

나아가 중국은 세계 최고 수준의 자체 검열 기술을 발전시키고 있다고 밝혔다. 야후, 구글과 같은 인터넷 서비스 업체들을 압박하여 그들에게 협조를 구해 콘텐츠를 검열하는 것에서 한 단계 더 나아간 것이다. 이제는 아예 물리적 차원에서 반정부성 콘텐츠를 포함했다고 의심이 가는 IP 주소와 URL을 식별해 차단한다. 이것은 인터넷 속도 저하를 초래하지 않아 중국이 목표하는 인터넷 인프라 강국의 비전을 저해하지도 않는다. 일반 이용자 수준에서는 이것이 물리적 차원에서 생긴 문제인지, 아니면 단순한 기술상의 문제로 접근하지 못하는 것인지 구별하기 어렵다.

그리고 중국은 2003년부터 와이파이^{Wi-Fi}를 보급하면서 접속자의 신원파악을 위해 WAPI(WLAN Authentification and Privacy Infrastructure: 무선 인증 및 사생활 보호 인프라)라는 것을 만들어 검열을 강화하고 있다. 2005년 봄에는 중국 네트워크 인프라를 업그레이드하면서 CN2라 불리는 대규모 내부 기간망을 만들기 시작했다. 이것은 단일 사업자를 통해 진행됨으로써 검열의 편이성을 높일 뿐 아니라, 중국 인터넷을 고립시키는 데도 기여할 것처럼 보인다.[17]

이 중국의 인터넷 만리장성은 검색 제국 구글조차 뚫지 못했다. 구글은 2006년 검색을 통해 중국을 자유롭게 한다는 명분을 들고 중국 시장에 진출했다. 구글이 그들의 공식 블로그에 공개한 성명의 일부를 읽어보라. "우리가 중국 시장을 양보하면, 중국 사람들은 검열된 인터넷 콘텐츠만 수용해야 할 것이고, 나아가 중국의 인터넷 기업들에게 글로벌 기업과 경쟁함으로써 성장할 수 있는 기회를 제한한다. 이것은 중국의 인터넷 이용자, 중국의 인터넷 기업, 그리고 중국의 인터넷 시장, 나아가 정보의 개방과 공유에 따라서 변화할 수 있는 중국 사회 전체의 큰 손실일 것이다."[18] 물론 이 명분 뒤에는 분명한 실리도 있다. 구글이 중국에 발을 들이기 1년 전인 2005년 1월 30일을 기준으로 구글이 올리는 수익의 99%가 광고에서 나왔다. 그들이 새로운 금광을 찾아 나선 것은 당연한 일이었다. 그러나 구글은 중국 정부를 등에 업은, 점유율 70% 이상의 검색 업체 바이두百度와 경쟁한다는 것이 어떤 의미인지 잘 몰랐을 것이다. 그것은 기술이 아니라 관계關系의 문제였다.

결국 2010년 1월, 구글마저 중국에 직접 서비스를 호스팅하는 것을 포기하고 만다. 그렇게 국가는 죽지 않았다. 다만 인터넷을, 디지털 혁명을 최소한의 반발만을 안고서 최대한으로 통제할 수 있는 방법을 찾을 때까지 기다리고 있었을 뿐이다. 이제 그들은 그 길을 알고 있다. 중국판 디지털 혁명이 그 길을 열어주었다.

전 세계 UN 가입 192개 국가 중에서 대다수를 차지하는 전 세계 권위주의 국가들이 기꺼이 그 뒤를 따르려 하고 있다.

그렇게 국가는 죽지 않았다.
다만 인터넷을, 디지털 혁명을 최소한의
반발만을 안고서 최대한으로 통제할 수
있는 방법을 찾을 때까지 기다리고 있었
을 뿐이다. 이제 그들은 그 길을 알고 있
다. 중국판 디지털 혁명이 그 길을 열어
주었다.

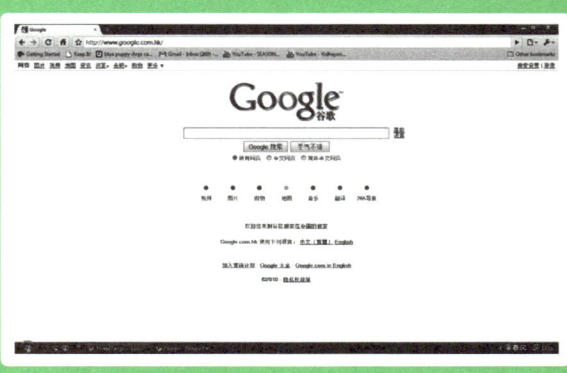

구글 차이나의 첫 화면. 중국 정부의 인터넷 검열해 반발해 구글 차이나는 홍콩으로 서버를 옮겼다.

아프리카의 아래로부터의 디지털 혁명

이렇게 조용히 디지털 혁명이 기존 상업 세력과 정치 세력에 의해 잠들어가고 있을 때, 새로운 디지털 혁명이 부상하고 있는 곳이 있다. 바로 아프리카다. 그 힘은 '역경이 기업가 정신을 만들고, 결핍이 혁신가를 만들기' 때문이다. 세계 60억 인구 중 3분의 2인 40억이 저개발 국가에 살고 있다. UN 새천년 개발보고서UN MDGs Report에 따르면, 세계 60억 인구 중 27억은 하루 2달러 미만으로 살아간다. 소위 절대 빈곤의 상황이다. 매년 굶어 죽는 아이들이 1100만 명이다. 말라리아 등 우리가 예방할 수 있는 병으로 죽는 사람들이 600만 명이다. 가장 기본적인 교육도 받지 못하는 아이들이 1억1400만 명이다. 문맹인 여성들은 5억8400만 명이다.[19] 네덜란드 그로닝겐 대학의 명예교수인 애너스 매디슨이 수치화한 통계 자료에 따르면, 지난 100년 동안 전 세계 인구가 13배 증가하는 동안 GDP는 300배 늘었다. 더 분명한 예는 바로 우리 옆에 있다. 중국은 지난 1979년 세계시장에 자국 경제를 개방한 이래 지금까지 31년 동안 경제성장을 멈추지 않고 있고 3억 인구를 절대 빈곤에서 해방시켰다. 그러나 동시에 세계화가 전 세계 빈부격차를 넓힌 것도 사실이다. 이 40억 중에서도 최하위에 속하는 바닥 10억 인구는 전 세계 GDP가 300배 증가하는 상황에서 처참한 빈곤의 덫에 갇혀 있다.[20]

그러나 이 같은 빈곤이 그들의 역량 부족 때문은 아니다. 전에 제국주의자들이나 인종차별주의자들이 주장했던 것처럼 가난은 유색인종이 어리석고 게으르기 때문에 잉태된 것이 아니다. 그들은 창조적이고 근면하다. 간단한 예로 할리우드의 뒤를 잇는 거대 영화산업 단지 2곳이 제3세계에 있다. 하나는 인도의 발리우드 Bollywood (뭄바이의 옛 명칭인 붐베이와 할리우드의 합성어)고 다른 한 곳은 나이지리아의 놀리우드 Nollywood (나이지리아와 할리우드의 합성어)다. 여기서는 가정용 비디오로 영화를 주로 만드는데, 한 해 제작되는 영화가 2000여 편에 이르고 영화의 연간 총수입이 2억 5천만 달러에 달한다.[21]

따라서 문제는 이들에게 역량이 있고 없음에 있지 않다. 이처럼 역량 있는 사람들이 행동을 취할 수 있는 사회적 환경이 구축되어 있지 않기 때문이다. 옥스퍼드대의 개발경제학자 폴 콜리어가 쓴《빈곤의 경제학 The Bottom Billion》에 보면 차드라는 나라에 지급된 의약품이 실제로 주민 손에 전달될 확률은 1%밖에 안 된다. 그 나라의 행정망이 부패하고 무능하기 때문이다.[22]

그러나 바로 이러한 이유로 비트를 통한 새로운 지식과 정보의 생산과 유통 체계를 구축하기에 적합한 곳 중 하나가 아프리카다. 앞서 본 것처럼 그곳에는 디지털 혁명에 맞설 기존 상업 세력도, 그들을 통제할 수 있을 만큼 효율적인 정부도 모두 미약하기 때문이다. 무엇보다 그들은 절대 빈곤의 위기, 불합리와 부조리의 위협에 늘 노출되어 있기에 '디지털 혁명'에 대한 분명한 필요가 존재한다. 방글라데시에 모바일 혁명을 일으킨 그라민폰 Grameenphone 을 창업한 이크발 콰디르의 말을 들어보자. 그는 BBC와 인터뷰에서 "우리가 서로를 의지하려면 서로가 소통할 수 있는 방법이 있어야 한다. 연결성은 상호 의존을 가능하게 만들고 결국엔 전문화와 생산성 향상을 이끈다"라고 말했다. 아프리카에 부족한 인프라의 핵심은 통신

수단이며, 그것을 싸고 빠르게 해결하는 방법이 모바일을 비롯한 IT 라는 것이다.[23]

이 주장을 입증하는 가시적인 예가 있다. 2007년 국제전기통신연합ITU 발표 자료를 보면 1999~2004년 동안 가장 많이 성장한 모바일 시장이 아프리카다. 이 시기 성장률은 58.2%였다. 그 뒤를 잇는 곳은 아시아로, 34.3%를 기록하고 있다. 그곳에는 우리 선진 시장에서 볼 때도 혁신적인 것들이 많다. 모바일을 이용한 소액금융micro-finance, 소액보험micro-insurance, 소기업micro-enterprise, 원거리 교육m-learning, 헬스케어m-healthcare 등이 그것이다. 이것은 우리에게도 새로운 것들이다. 이 새로운 것들이 거침없이 시도되는 까닭은 구매력 부족, 인프라 빈약, 환경의 열악함 등 기존 상식으로는 그보다 더 불리할 수 없는 조건들 때문이다. 그 조건들을 극복하기 위해서는 혁신을 해야만 한다.[24]

더 극명한 예는 아프리카발 디지털 재난관리 시스템이다. 2007년 나이지리아에서 활동하는 케냐 출신 변호사이자 블로거인 오리 오콜로는 선거를 감시하기 위해 케냐에 돌아갔다가 심각한 봉변에 처하고 위협까지 받는다. 오콜로는 정당한 권리 행사 때문에 어려움을 겪는 것이 자신만은 아닐 것이란 생각을 했다. 그리고 그들의 목소리가 들리지 않는 것은 그들이 보이지 않기 때문이라고 생각했다. 그래서 그녀는 자기 블로그에 한 가지 서비스를 제안했다. 그것은 온라인상에서 이용자의 대규모 협력을 통해 이 같은 사건·사고들을 지도에 표시하는 것이다. 이 제안은 곧 개발자들의 조력을 얻었다. 그리고 그 결과는 '우샤히디Ushahidi'(아프리카의 방언 중 하나인 스와힐리어로

'증언'이란 뜻이다)라는 재난관리오픈소스 플랫폼 구축으로 이어졌다.[25]

　이 플랫폼은 앞서 설명한 아프리카 지역 내의 광대한 모바일 이용과 프론트라인SMS Frontline SMS 같은 저비용 모바일 기반 데이터 관리 소프트웨어 개발, 소스코드가 공개된 오픈소스라는 조건에 힘입어 전 세계로 퍼져나갔다. 우샤히디 플랫폼은 2010년 아이티 지진과 러시아 산불에 활용됐다. 우리나라의 경우, 2009년 말 고교생 유주완 군이 서울버스 앱을 만들었을 때, 경기도청이 공공정보 무단이용이라는 이유로 경기도 교통정보 이용을 차단해버린 '서울버스 사건'에서 보듯 시민이 자발적으로 정부 영역에 참여해 정부 능력을 개선하는 정부 2.0의 실현은 걸음마 단계다. 국내에도 흩어진 공공정보를 모아 개발자들에게 제공하는 '공유자원 포털'이 있기는 하지만, 잘 알려져 있지도 않고, 실제 제공되는 API(응용프로그램 프로그래밍 인터페이스. 데이터 플랫폼을 외부에 공개해 새로운 서비스 및 애플리케이션을 개발할 수 있도록 제3자와 공유한 프로그램)도 미흡하다는 평가를 받고 있다.[26] 그러한 와중에서 시민들의 디지털 기술을 통한 협업으로 정부 능력을 향상시키는 움직임이 아프리카를 중심으로 나타나는 것은 고무적이다.

　이렇게 디지털 혁명이 아래로부터 일어나고, 일어날 수 있다는 데에 대한 이론적 근거도 있다. 아웃소싱이라는 말을 창안한 미시간 경영대학원의 경영구루 C.K. 프라할라드는 그의 《저소득층 시장을 공략하라 The Fortune at the Bottom of the Pyramid》에서 역혁신 reverse innovation 전략을 주장했다. 보통 혁신 전략이라는 것은 선진 시장에서 먼저 실험하고 성공한 것을 저개발 국가에 도입하는 경로를 취한다. 역혁신 전략은 그 반대다. 먼저 저개발 국가에 적합한 제품과 서비스를 개발해 성공을 거둔 다음, 그것을 다시 선진 시장의 비슷한 수요를 가진 대중 시장 공략에 사용한다.

그 논리는 다음과 같다. 저개발 국가의 구매력 부족, 인프라 빈약, 환경의 열악함 등은 개발·생산·유통·판매·관리하는 기업에게 거대한 도전이다. 그러나 이것은 큰 기회이기도 하다. 저개발 국가에서 살아남은 제품, 그곳에서 성공한 서비스는 다시 선진국 시장에서도 환영받을 수 있다. 예를 들어 저개발 국가의 습하고 더운 기후에 맞게 제조된 제품은 선진국 환경에서 커피에 젖는 정도는 아무것도 아닐 것이기 때문이다.[27]

세 가지 디지털 혁명의 교훈

물론 아프리카판 디지털 혁명도 한계는 있다. 하버드 버크만 센터의 에단 주커만에 따르면, 아프리카의 정보통신망 물리적 기반physical layer은 우리가 쓰는 인터넷과 달리 대개 폐쇄적non-generative이다. 그 말은 이용자들이 인터넷을 사용하는 데 있어서 중앙 권위의 허락이 상대적으로 강하다는 것을 말한다. 따라서 우리가 해왔던 것처럼 이용자들의 분산적 혁신을 통한 인터넷 발전을 기대하는 것에는 많은 한계가 있다.[28]

동시에 이들 정보통신망을 공급하는 산업의 구조가 독과점으로 운영되는 것도 문제다. 이러한 상황에서는 독점 사업자가 자신들의 독점력을 남용해 경쟁 사업자를 제거하는 것도, 권위주의적 정부가

디지털이 세상을 바꾼다는 말이 그 어느 때보다 현실감 있게 느껴지는 이 시점에서 아프리카판 디지털 혁명을 생각해보는 것은 의미가 있다.

인터넷을 통제하는 것도 매우 쉬워진다. 실제로 2011년 1월 28일 이집트에 시민혁명이 일고 있을 때 무라바크 정부는 이집트의 인터넷 이용을 차단하는 킬스위치를 5일간 발동한 바 있다. 따라서 제한된 혁신과 잠재적 정부의 간섭을 생각할 때 아프리카의 디지털 혁명이 제1세계에서 했던 것과 같은 개인의 경제적·문화적·정치적 자유를 모두 향상시킬 수 있을지는 미지수다.

그럼에도 불구하고 아프리카판 디지털 혁명, 나아가 미국·중국·아프리카의 상징적 모델을 통해 디지털 혁명의 상업적·정치적·시민적 속성을 나누어 생각해보는 것은 무의미하지 않다. *갈수록 발전하는 디지털 기술 덕분에 우리의 인터넷에 대한 의존도도 날로 높아가고 있다. 그것은 달리 말하면 만약 이 네트워크가 상업적으로 폐쇄되거나 혹은 정치적으로 통제되면 그에 따라 개인과 사회의 자유가 침해될 가능성도 높아진다는 것을 뜻한다.*

우리의 미래가 상업적 디지털화로 인해 인간이 무력해지는,《멋진 신세계》를 쓴 올더스 헉슬리의 비전과, 정치적 디지털화로 인해 개인이 철저히 통제당하는《1984》를 쓴 조지 오웰의 비전 중 누구의 것에 더 가깝든, 그것은 개인의 자유에 있어서 심각한 도전이다. 따라서 비록 많은 한계가 있다고 할지라도 디지털이 세상을 바꾼다는 말이 그 어느 때보다 현실감 있게 느껴지는 이 시점에서 아프리카판 디지털 혁명을 생각해보는 것은 의미가 있다. 열악해 보이는 땅에서 피어나는 혁신의 꽃을 바라보며, 우리는 사람답게 사는 세상을 돕는 기술 발달이 어떠한 성격이어야 할 것인지, 그리고 그것을 어떻게 만들 수 있을지를 다시 한 번 고심하게 되기 때문이다.

슈퍼스타K에는 스타가 없다

비키, 한국판 웹 2.0 신화는 어떻게 탄생했나

1972년생, 아직 마흔을 넘기지 않은 나이에 블로거닷컴과 트위터로 두 번 세상을 바꾼 에반 윌리엄스는 미국 중부의 네브라스카 출신이다. 네브라스카는 윌라 캐더의 《마이 안토니아 My Antonia》 같은 미국 개척사 소설의 배경이 되기도 할 만큼 외진 곳이다. 전 세계에 디지털 소통의 혁명을 일으킨 장본인이 나고 자란 땅이 정보통신 혁명을 주도하는 미국의 대표적인 소외 지역 중 하나라는 것은 참으로 역설적이다.

　그러나 어떻게 생각해보면 그곳에서 태어났기 때문에 그가 블로거닷컴과 트위터 같은 서비스에 관심을 가질 수 있지 않았나 하는 생각이 든다. 인간은 자신에게 불편하고 결여된 것이 있을 때 그것을 해결하기 위한 행동에 나서기 때문이다. 물이 넘쳐나는 곳에서는 물의 필요성을 모른다. 수분에 대한 갈증으로 허덕여본 사람만이 물을 얻고자 적극적으로 우물을 팔 수 있다. 그렇게 본다면 에반의 성공은 예고돼 있었다. 그에게 소통은 물과 같은 것이었고, 온라인 표현은 바로 그가 찾던 우물이었기 때문이다.

그 원리는 2010년 미국의 대표적 IT 전문지 〈테크크런치〉가 수여하는 '크런치 어워드'에서 구글, 페이스북과 함께 경쟁에 참가해 '베스트 인터내셔널' 부문에서 1위 수상의 영광을 차지한 비키Viki에도 그대로 적용된다. 비키는 전 세계 드라마, 애니메이션, 뮤직비디오 등의 영상 콘텐츠와 뉴스를 이용자들의 온라인 협업을 통해서 번역하고 자막을 붙여 전 세계와 공유하는 글로벌 콘텐츠 플랫폼으로 월 평균 방문자 수가 400만 명이 넘는다. 그러나 이 플랫폼을 시작한 사람은 정작 토종 한국인으로, 언어 장벽에 곤란을 겪던 유학생이었다.

비키의 아이디어는 하버드 대학원에서 교육공학 석사 프로그램을 밟고 있던 문지원 씨로부터 시작됐다. 평소 활달한 성격은 사라지고, 부족한 영어로 인해 외국인 친구들에게 수줍은 동양인 친구로 뜻하지 않은 오해를 받던 그녀는, 외국어 학습을 위해서는 언어뿐 아니라 그 뿌리이자 배경이 되는 문화를 아는 것이 중요하다는 것을 깨닫게 된다. 바로 그 점에 착안해 드라마나 영화를 자막과 함께 감상하고, 또 그 실제 자막 제작 과정에 참여하는 '참여를 통한 학습learning by doing'의 필요성에 눈을 뜬다. 그러나 그 같은 학습의 가능성을 실현시켜줄 서비스가 존재하지 않았고, 결국은 목마른 사람인 자신이 직접 우물을 파기로 결심한다. 그녀는 자신의 전공을 살려 온라인상에서 이용자 협업을 통해 자막을 제작하는 서비스의 프로토타입을 실제로 만든다. 그 이후는 곧 역사의 시작이었다.

문지원 씨는 졸업 직후 비키의 아이디어를 들고 실리콘밸리로 이주해온다. 한 살 연상의 남편이자 현재 비키의 공동 대표인 호창성 씨는 그 아이디어를 스탠포드 MBA 기업가 강의에서 발표한다. 그 자리에 동문 멘토로 참석했던 실리콘밸리의 벤처 투자자가 이 아이디어의 사회적 가치에 주목했다. 전 세계에 문화를 통한 외국어 학습에 목마른 사람은 문지원 씨 한 사람만이 아니며, 디지털 환경을 통해서 실제로 참여하는 방식으로 그 학습 목표를 달성한다는 것은 혁신적인 발상이었기 때문이다.

그 인연은 실제 투자로 이어졌다. 2008년 초 창업에 필요한 기본 자금을 받은 비키는, 2008년 말에 웹사이트를 런칭한다. 2009년에는 드라마, 영화의 저작권 문제를 해결하기 위해 전 세계 콘텐츠 라이선싱 비즈니스를 이끌 수 있는 CEO를 영입한다. NBC 유니버셜의 수석 부사장을 맡은 바 있었던 래즈믹이다. 성공적인 스타트업으로서 길을 가기 위한 기본적인 팀 구성이 완료된 것이다.

결국은 투자가 아닌 이윤이 장기적인 비즈니스의 생존을 보장할 수 있기 때문에, 비키는 비즈니스 모델에 대해서도 정립해놓고 있다. 한국의 경우에는 광고 단가가 낮아 비디오 광고 시장이 제대로 형성돼 있지 않다. 그러나 미국이나 유럽 등에서는 훌루닷컴Hulu.com 같은 경우 비디오 광고만으로 연매출 5천억 원을 남길 수 있을 만큼 비디오 광고 시장이 정착된 상황이다. 이에 따라 비키의 기본적인 비즈니스 모델은 이 비디오 광고 시장을 목표로 하고 있다. 구체적으로 프리미엄 옵션 제공을 통한 무료, 유료 서비스를 통해 수익 채널을 다각화하는 것이 골자다. 동시에 비키는 여기에서 발생하는 수익을 콘텐츠 제공자와 공유해 저작권 문제를 해결한다. 애초에 이 서비스가 교육 목적으로 공익적 성격을 가지고 시작한 만큼, 무료로 영상 콘텐츠를 볼 수 있는 옵션도 계속 유지하는 것을 원칙으로 한다. 경제적 장벽이 온라인 학습이라는 기회를 또 하나의 걸림돌로 만들 수도 있기 때문이다. 아직 트위터, 페이스북처럼 좀 더 가시적인 성공 단계에 이르기까지는 시간이 남아 있지만, 팀 구성과 비즈니스 모델 구축 상에서는《테크크런치》가 인정한 대로 고무적인 기업이다.

비즈니스 2.0의 가장 큰 자산은 이용자 참여다

그러나 잊지 말아야 할 것은 이 비키의 가장 큰 자산은 이들 창업자, 투자자, 협력사들이 아니라 이용자들이라는 사실이다. 인기 한국 드라마의 경우 한국에서 방영 직후 1시간 만에 영어로, 이틀 안에 40개 이상의 언어로 자막이 달린다. 이 온라인 협업을 통해 만들어진 이용자들의 콘텐츠는 비키 시스템이 보유하고 있는 문장만도 1억 개에 달한다. 이메일 인터뷰에서 비키의 제품 기획 총괄을 담당하는 문지원 대표는 이 같은 이용자들의 콘텐츠가 기계 번역의 한계를 극복하는 좋은 밑천으로 사용된다고 말했다. MS의 운영체제에 대항하는 리눅스, 브리태니커와 경쟁하는 위키피디아와 다를 바 없다. 전통적인 제조업 방식으로 불가능한 서비스를, 한국판 웹 2.0의 가능성을 통해 글로벌 한류의 맥락에서 보여준 것이다.

이렇게 비키가 이용자들의 참여를 적극적으로 이끌어낼 수 있었던 데에는 경영진들의 이용자 협업 생산에 대한 이해와 지지의 힘이 컸다. 그들은 번역자들이 자기 콘텐츠에 대한 권리를 누릴 수 있도록 보호하는 정책을 펴고 있다. 비키는 온라인상에서의 콘텐츠 공유와 확산이 법적 틀 안에서 이루어질 수 있도록 CCL을 활용한다. 이용자의 콘텐츠가 무단으로 도용돼 다른 사람의 이름으로 출판되는 참사와 비극을 막기 위해서다. 또한 비키의 자막은 위키피디아와 마찬가지로 언제 누가 입력한 것인지 기록이 남기 때문에, 그와 같은 저작권 분쟁이 있을 경우에도 참조 용도로 사용되기도 한다. 국내 미국 드라마, 일본 애니메이션 팬들이 2차 저작물의 불법 생산이라는 명목으로 내 콘텐츠를 내 콘텐츠라 부르지 못하는 신세인 것을 생각할 때, 이 같은 이용자 혁신에 대한 지지 정책의 방향성은 더욱 차별성을 가진다. 이 차별성이 곧 비키의 이용자 혁신을 이끄는 리더십이 됐고 이 리더십이 그들의 플랫폼을 온라인 공간을 떠도는 수많은 글로벌 한류 팬들이 머물 수 있는 둥지로 만드는 데 큰 역할을 했다.

따라서 비키는 경영진과 이용자가 함께 만든 작품이다. 경영진은 자신과 같은 문화를 통해서 언어를 배우고자 하는 수많은 사람들의 필요를 직접적으로 알고 있었다. 경영진이 한 일은 그 필요를 해결하기 위한 단순하고도 분명한 방법을 쉽고 빠른 채널을 통해서 전 세계인들과 공유한 것이다. 그 공유의 결과가, 만약 이 회사가 직원을 고용해서 콘텐츠를 생산했거나, 혹은 생산한 콘텐츠의 양과 질에 따라 경제적 보상을 주는 시스템으로 진행했더라면 상상하기 어려웠을 수준의 방대한 콘텐츠를 단기간에 만들어냈다.

이것은 구글, 아마존 등의 다른 웹 2.0 기업의 이야기와 마찬가지로 어떻게 보면 마법처럼 들릴 수 있다. 그러나 이 마법의 진상은 깨닫고 보면 명료하다. 사람들이 돈을 버는 이유는 그것을 자신 혹은 자신이 사랑하는 사람을 위해 쓰기 위해서다. 다시 말하면 그들은 돈으로 얻을 수 없는 가치를 얻기 위해 돈을 쓰고 있다. 비키, 혹은 이와 유사한 소위 오픈의 정신을 가지고 있는 서비스들이 하는 일은 이 돈을 매개로 하지 않고도 그 같은 가치를 얻을 수 있도록 이용자들을 돕는 것이다. 그 결과가 돈으로 정의되지 않는 수많은 동기를 가진 사람들을 자극하고 그들을 한데 모은 것이다.

사이버 공간에는 수많은 글로벌 한류 팬들이 존재한다. 이 글로벌 한류 팬을 고려하지 않더라도, 실무적인 필요상에서 한국어 혹은 다른 언어를 좀 더 문화 중심적인 방법으로 배우고자 하는 수요도 존재한다. 아니면 그저 다양한 문화를 체험하고자 하는 사람들도 있다. 비키가 이들을 만든 것이 아니다. 비키는 그들이 찾던 것을, 그들이 필요로 한 것을 제공해준 것이다. 문지원 씨는 처음부터 비키의 플랫폼 제공자일 뿐 아니라 콘텐츠 생산자요, 이용자였다. 그 시작의 차이, 혹은 관점의 차이가 결과의 차이를 만들었다. 팔기 위해서 만든 것이 아니라 쓰기 위해서 만든 서비스는 소비자의 관점에서 모을 수 없는 수많은 이용자들을 모을 수 있었고, 그들과 함께 서비스를 성장시킬 수 있었다. 비키의 생명력은 이용자 혁신이다.

실제로 이메일 인터뷰에서 문지원 씨는 정보 산업 자체가 진보와 혁신을 기반으로 하며, 바른 방향이 아닐 경우에는 머지않아 다른 바

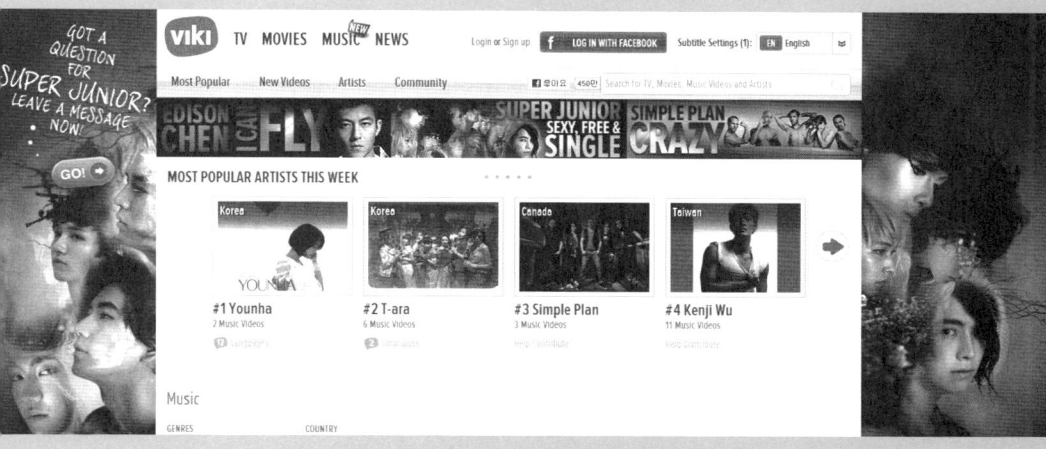

viki의 홈페이지 화면.

비키는 이용자들의 적극적인 참여를 통해 웹 2.0의 성공 스토리를 써나가고 있다.

공급자 중심의 관점으로는 이용자 참여로 서비스의 틀을 만들어가는

오픈과 소셜의 전 세계 IT 트렌드를 앞서나가기는커녕 따라잡기도 어렵다.

동시에 이 같은 트렌드는 기술적인 관점에서보다 팬 문화, 참여 문화와 같은

문화적인 트렌드에서 이해할 수 있는 것이 더 많다.

른 방향을 가진 후발 주자에 의해 점령당하는 특성이 있다고 언급했다. 그녀는 그것이 이 시장의 경쟁 구도의 "멋진 승부"라고까지 표현했다. 그러면서 비키의 경영진으로서 중요하게 생각하는 기준을 그 "나아가야 할 바른 방향을 잊지 않는 것"이라고 했다. 전 세계에서 글로벌 한류 팬을 가장 많이 보유하고 있는 웹사이트이지만 마케팅 비용은 써본 적이 없는 비키는 그 같은 경영진들의 시각이 만들어낸 것이었다.

이 한국판 웹 2.0 성공 스토리 '비키'를 통해 우리, 그리고 특별히 주춤하고 있는 국내 대형 포털을 비롯한 인터넷 서비스 제공업자들이 배워야 할 것은 많다. 그러나 그중에서도 한 가지 중요한 것을 꼽자면, 그것은 세계무대에 도전하기 위한 시각의 전환이다. 공급자 중심의 관점으로는 이용자 참여로 서비스의 틀을 만들어가는 오픈과 소셜의 전 세계 IT 트렌드를 앞서나가기는커녕 따라잡기도 어렵다. 동시에 이 같은 트렌드는 기술적인 관점에서보다 팬 문화, 참여 문화와 같은 문화적인 트렌드에서 이해할 수 있는 것이 더 많다.

〈슈퍼스타K〉에는 스타가 없다

2010년 최대의 화제 중 하나는 〈슈퍼스타K〉였다. 상금 2억 원과 고급 승용차, 그리고 무엇보다 가수가 되겠다는 꿈을 향해 도전하는 젊은 청춘들의 이야기는 전국을 달구었다. 틈새시장을 파고든 케이블 TV 엠넷의 적극성, 출연한 참가자들의 끼와 재능이 흥행 포인트였다는 점을 부정하긴 어렵다.

그러나 콘텐츠 소비에 대한 참여 형태의 변화라는 측면에서 보았을 때, 〈슈퍼스타K〉를 화제만발로 만든 실제 주인공은 무대에서는 전혀 보이지 않는 시청자들이다. 〈슈퍼스타K〉 시청자들 중 어떤 사람들은 오디션 프로그램의 경쟁적 요소에 흥미를 느꼈고, 다른 누군가는 참여자들의 개인적 매력에 빠졌다. 그리고 많은 사람들이 허각의 우승에 자수성가라는 의미를 더하면서, 프로그램 자체에 새로운 목적을 만들어냈다. 그들은 자신들의 사랑을 가만히 잠재우지 않았다. 포털 블로그부터 소셜 미디어에 이르는 매개체를 적극적으로 활용하여 자신의 감상과 주장을 사이버 공간에 표현하고 공유했다. 나아가 이 표출된 온라인 정서는 다시 기성 언론을 통해 지면을 장식했고, 선순환은 가속됐다. 따라서 여기서 시청자란 말은 정확하지 않다. 시청자라는 말은 그들이 TV를 통해 방영되는 콘텐츠를 일방적으로 소비하는 대중이라는 것을 암시하기 때문이다. 현실은 그 같은 단정과 거리가 멀다. 인터넷이 사회의 중심적 공동체 기능을 담당하는 것을 의미하는 소셜 웹이 대두된 이 시점에서, TV 프로그램은 하나의 독립된 콘텐츠가 아니라 상호 연결된 수많은 콘텐츠의 일부며, 그 콘텐츠를 생산하고 분배하는 중심에 이들 이용자가 있기 때문이다.

이 이용자 관점에서 〈슈퍼스타K〉의 흥행사를 짚어볼 때 흥미로운 점은 이 〈슈퍼스타K〉를 둘러싼 문화가 어떻게 올드미디어와 뉴미디어의 경계를 넘어 공유되고 사회적인 파장을 만들어냈는가 하는 부분이다. 그 변화를 주도하는 것은 미디어 기업이 아니다. 그들의 눈에 TV는 TV일 뿐이며, 인터넷은 인터넷일 뿐이다. 인터넷은 TV에

"
TV가 커피라면

인터넷은
그 커피를 즐기는 문화의 공간인
스타벅스다

"

있어서 또 하나의 방송 채널일 뿐이다. 그러나 이용자들에게는 그들 간의 고리가 분명하다. 이들에게 TV는 콘텐츠이고, 인터넷은 그 콘텐츠를 기반으로 한 문화를 그들 간의 협업을 통해 창조할 수 있는 플랫폼이다. 즉 TV가 커피라면, 인터넷은 그 커피를 즐기는 문화의 공간인 스타벅스다.

사이버 문화는 올드미디어와 뉴미디어의 가교다

이용자의 사이버 문화를 통한 올드미디어와 뉴미디어의 융합 현상은 2010년 인기 TV 드라마 중 하나였던 〈시크릿 가든〉에서도 유사하게 나타났다. 주인공 김주원(현빈)의 까칠하면서도 귀엽고 애틋한 정서에 공감하는 팬들의 증세인 '현빈앓이'가 만약 혼자만의 것이었다면 이 드라마가 그 같은 인기를 거두기는 어려웠을 것이다. 그러나 이제 그 현빈앓이는 소셜 웹 시대에 혼자의 것으로 가두거나 공유하지 않고는 힘든 것이 됐다. 트위터 타임라인, 페이스북 뉴스피드를 통해 같은 증세를 앓고 있는 사람들끼리 동병상련이 확인되었다. 그리고 그들 안에서 집단지성이 발동해, 〈시크릿 가든〉의 다음 편이 방영되기도 전에, 그에 대한 다양한 각본이 구성되며 문화가 창조되었다. 그리고 이 해당 드라마에 대한 열기와 논의는 다시 기삿거리가 되어 기성 언론을 타고, 실제 드라마 제작과 방영에도 영향을 미쳤다. 이 같은 소통의 구조는 또 다른 화제의 TV 프로그램 〈나는 가수다〉에서도 마찬가지로 확인이 되었다. 이용자들의 참여가 프로그램

67

의 진행 및 생존에도 영향을 미친 것이다.

　이렇게 올드미디어와 뉴미디어의 컨버전스를 통해서 성장한 비키와 〈슈퍼스타K〉의 사례를 통해 우리가 생각해볼 수 있는 것은 새로운 기술과 서비스 같은 트렌드만이 아니다. 그것은 사이버 공간의 '참여 문화'라는 사회적 가능성이다. 수요와 공급의 시장 논리, 상품의 판매와 구매라는 산업의 질서로는 정형화되지 않는, 그런 사람들의 새로운 움직임이 그동안 패키지 상품의 정형화된 틀로 가둬놓은 대중문화의 정의를 무력화시키고 있다. 새로운 기술, 이젠 새로운 문화다. 그렇다면 이에 걸맞는 새로운 세대, 새로운 사회는 어떤 모습으로 어떻게 등장할지, 그리고 그를 위해 우리가 어떤 준비를 해야 할지가 우리에게 그다음 중요한 과제로 남아 있다.

망 중립성에 대한 왜곡과 진실

인터넷 산업은 다르다

기업의 생리는 인간의 기본적 성정에 기초한 것이다. 아리스토텔레스는 인간의 성정이 남보다 잘나고 싶은 욕구^{megalothymos}와 남과 같고 싶은 욕구^{isothymos}의 둘로 이루어져 있고, 그 둘이 역동적으로 균형을 이루면서 사회가 발전한다고 했다. 일본계 미국인인 프랜시스 후쿠야마 교수는 그의 저서 《역사의 종말》에서 전자가 절정을 이룬 것은 시장경제고, 후자가 완성을 이룬 것이 자유민주주의라고 했다.[29]

다시 말해 시장에서 활동하는 기업가들이란 제국을 꿈꿨던 알렉산더와 진시황의 후예들로, 남에게 내가 강하다는 것을 인정받고 싶은 본성이 투철한 사람들이란 것이다. 따라서 그들이 궁극적으로 원하는 것은 '한두 사람이 아닌 모두가 나를 영원히 따르는 것'이다. 즉 독과점 기업이 되는 것이다. 그러나 한 번 독과점 기업이 되면 그 후 그 같은 맹렬한 기업가 정신이 반드시 필요한 것은 아니다. 그 이후부터는 정치적 감각을 가지고, 자신을 위협할 수 있는 잠재적 경쟁자들만 제거할 수 있어도 자신이 원하는 가격에 재화와 서비스를 판매하여 이윤을 남길 수 있기 때문이다. 그리고 이 같은 인간의 본성과 사회적 속성에 기초한 기업의 역사에 대한 조망은 지난날의 왕조사처럼 왜 기업들이 독과점을 꿈꾸며, 또 그것을 유지하려고 하는지 그 근원적 배경을 밝혀준다.

그러나 이러한 독점이 자본주의의 전부였다면, 자본주의는 기업가의 탐욕과 함께 오래전에 사라졌을 것이다. 이 자본주의를 지탱하고 회생시키는 것은 슘페터가 역설한 파괴적 혁신이다. 혁신에 의해 전에 없던 새로운 것이 이전의 것을 대신하고, 그 과정을 통해서 사회에 새로운 활력을 불어넣는다. 그리고 그러한 모습을 어느 곳보다 더 잘 확인할 수 있는 분야가 인터넷이다. 인터넷은 승자가 게임의 법칙을 정하지 못할 때, 얼마나 경쟁이 활발하게 일어날 수 있는지 그 효과를 여지없이 보여준다.

지금부터 10년 전에는 제리 양의 야후가 포털 서비스로 세계 인터넷 시장을 선도했다. 그러나 그 자리는 곧 세르게이 브린과 레리 페이지가 창업한 검색 왕국 구글이 차지했다. 구글은 구글대로 마크 주커버그가 이끄는 페이스북과 현재 소셜 네트워크란 새로운 장場에서 고전을 치루고 있는 중이다. 국내 상황만 놓고 보면 2000년대 중반을 넘어서면서부터는 네이버의 1위 독주는 계속되고 있으니, 인터넷도 다른 산업과 별로 다르지 않아 보일 수 있다. 그러나 그 네이버를 만든 NHN조차 1999년에는 언론사 눈치를 보던 조그만 기업에 불과했다는 것을 기억해야 한다. 그리고 그 NHN을 모바일 시장에서 위협하는 카카오는 2010년 3월 8일 카카오톡을 출시하여 인기를 끌기 전까지만 해도 시장과 사회에서 주목을 받지 못하던 벤처였다.

그럼 인터넷에서는 왜 이렇게 지속적으로 파괴적 혁신이 일어날 수 있었을까? 말을 바꿔서 질문하면, 왜 인터넷 산업에서는 다른 산업에서처럼 1등이 계속 1등이지 못할까? 단적으로 야후는 구글이 크고 있을 때, 자신의 잠재적 경쟁자를 제거하고 싶지 않았을까? 아니면 못 했을까? 그들이 그러지 않았던 것은 그들이 타고난 선량함과 고결함이 있었기 때문인 것인가, 아니면 그럴 수 없었던 환경적·구조적 원인이 있었던 것일까?

야후, 구글 등 인터넷 기업이 다른 산업의 경제적 행위자들보다 특별히 뛰어난 도덕성을 갖고 있다는 객관적 증거는 없기 때문에 환경적·구조적 원인에서 답을 구하는 것이 더 현명할 것이다. 그리고 그 관점에서 보면, 인터넷 산업을 특수하게 만든 것은 그 산업의 기반이 되는 인터넷의 네트워크 설계 원리다. 네트워크 설계라는 말이 들어가니 현란한 기술적 용어들을 소화해야 할 것 같아 벌써부터 거부감이 들 수 있다. 그러나 듣고 보면 상식으로 소화할 수 있는 내용들이다. 그리고 여기 쉽게 이해하는 좋은 방법이 있다. 그것은 네트워크의 기능성funtionability, 혹은 네트워크란 마을에서 누가 어떻게 똑똑한지를 결정하는 규칙을 살펴봄으로써 인터넷과 다른 네트워크의 차이점을 생각해보는 것이다.

전화와 인터넷을 비교해보면 앞서 말한 기능성이란 측면에서 볼 때, 전화 네트워크에서 단말에 연결된 이용자가 할 수 있는 일은 상대방에게 전화를 걸고 상대방이 건 전화를 받는 두 가지로 압축된다. 네트워크에 지능이 있다고 가정한다면, 그 지능은 이용자의 영역에 있지 않고, 해당 전화 네트워크를 소유한 사업자의 영역에 있다. 따라서 네트워크를 소유한 사업자가 허락하지 않는 한, 새로운 혁신이 일어날 가능성은 매우 낮으며, 특별히 그 혁신이 사업자의 기존 비즈니스 모델을 위협할 경우, 아무리 그 같은 혁신이 이용자에게 제공하는 부가가치가 크다고 할지라도 경쟁자의 싹이 자라기 전에 이미 제거될 가능성이 크다. 으스스하지만, 그리스 신화에서 제우스가 아버지 크로소스에게 제위를 빼앗아 신들의 왕이 됐고, 그런 찬탈의 역사가 인류사에 뿌리 깊다는 것을 볼 때 첨단 기술의 현장에 그와 같은 권력 다툼이 있다고 해도 놀랄 것은 없다.

그리고 그러한 독과점 기업의 독점력 남용 가능성에 대한 심증을 입증하는 물증도 있다. 20세기 중반 록펠러의 스탠다드 오일, 카네기의 US스틸과 함께 미국의 산업계를 좌우하던 이통사의 원조 AT&T는(오늘날의 AT&T와는 영향력이 다르다. 현재의 AT&T는 1983년 반독점법 판결에 따라 분할된 7개 회사 중 하나다. 20세기 중반에 존재하던 AT&T는 문자 그대로 통신 제국이었다.) 현재 대한민국의 이통사들 일부가 카카오톡의 보이스톡과 같은 모바일 인터넷 전화를 담합해서 차단하는 것처럼 자신들의 비즈니스 모델을 훼손하는 혁신을 억압해왔다.

1948년 12월 22일 허쉬어폰 코퍼레이션Hush-A-Phone Corporation(이하 'HAPC')은 AT&T를 반독점법 위반으로 고소했다. 1929년에 출시된 허쉬어폰은 기본적으로 수화기에 부착되는 컵 모양의 장치로 소음을 줄여 사용자의 프라이버시를 보호하는 기능을 소비자에게 제공했다. AT&T는 1913년에 제정된 이질적 부착물 요금 제한^{Foreign} ^{Attachment Tariff Restrictions}에 따라 AT&T가 '허락하지 않은' 어떤 종류의 부착물도 '이질적'이라 판단하고, 싹이 더 커지기 전에 허쉬어폰을 잘라버리기로 결정했다. 그들이 사용한 방법은 독점적 사업자의 지위를 이용해 정부를 움직이는 것이었다. 1950년 AT&T는 허쉬어폰의 사용은 전화 통화의 품질을 떨어뜨리고, 따라서 통신망을 훼손한다면서 HAPC를 연방통신위원회^{FCC}에 제소했고, 6년 후 연방통신위원회는 AT&T의 손을 들어주었다.(어디서 많이 들어본 익숙한 논리일 것이다. 국내 이통사의 카카오톡이 망 과부하를 초래해 통신 품질을 떨어뜨리고, 결국 소비자에게 피해를 야기한다는 논리와 유사하지 않은가?) HAPC는 곧바로 연방통신위원회의 판결에 항소했고, 1955년 12월 21일 연방항소법원은 이전 판결을 뒤집고 HAPC의 편에 섰다. 담당 판사였던 데이비드 베즐론 판사는 판결문에서 AT&T의 주장이 자신이 원하는 장치를 자신이 소유한 전화기에 부착할 수 있는 소비자의 정당한 권리에 어긋난다고 밝혔다.

그러나 AT&T 혹은 연방통신위원회 어느 쪽도 이 판결에 신경 쓰지 않았다. 힘은 여전히 그들에게 있었기 때문이다. 그리고 오랜 법정 투쟁에 지친 HAPC는 결국 파산하고 만다. 그리고 이는 AT&T의 게임의 법칙은 쉽게 흔들리지 않는다는 것을 보여주었다.

AT&T의 자회사 내지 하청업체가 되지 않으면, AT&T의 통신망을 사용한 새로운 혁신적인 제품, 서비스를 만드는 것은 쉽지 않았다. AT&T가 허락하지 않은 혁신을 하려면 HAPC처럼 반독점법을 통해 AT&T를 고소하는 것을 감수해야 하기 때문이다. 그것은 많은 비용과 희생이 따르는 길이었다.[30] 이것이 올드미디어에서의 질서였다. 혁신은 일어날 수 있다. 그러나 그것은 중국의 법가 사상가 한비자韓非子의 표현을 빌리자면 어디까지나 이통사란 용의 목덜미에 나 있는 비늘逆鱗을 건드리지 않을 때까지만 허용된다.

그렇다면 인터넷은 무엇이 다른가? 통신 시장에서는 상식이던 것이 인터넷에선 반칙이 될 수 있었던 까닭은 인터넷의 네트워크 설계 때문이다. 인터넷의 경우 이용자와 이용자 사이에 위치한 네트워크가 갖고 있는 기능은 단순하다. 그것은 중간에 잃어버리는 일이 없도록 일단 나눴다가 나중에 합치기 위해 일정 크기로 자른 데이터인 패킷packet을 안전하게 주고받는 것이다. 그것이 네트워크가 하는 일의 전부다. 실제 그 네트워크가 어떤 쓸모를 가질 것인지를 결정하는 것은 네트워크에 연결되어 있는 구글·NHN 같은 인터넷 기업, 알집·카카오톡 같은 애플리케이션을 만드는 개발사들, 유튜브 동영상부터 티스토리 블로그까지 다양한 콘텐츠를 창조하고 공유하는 일반 이용자들이다. 인터넷이란 황금알을 낳는 거위는 바로 이들, 인터넷을 통해 무언가를 부산히 만들어내고 사용하는 사람들이다.

MIT 슬론 경영대학원의 본 히펠 교수의 표현을 빌리자면 '혁신의 민주화democratizing innovation'가 일어나고 있는 곳이 인터넷이다.[31] 전화 네트워크에서 혁신이 중앙집권적 체제에서 관리된다면, 인터넷에서 혁신은 분권적 체제에서 진화한다. 압축적으로 말하면, 인터넷이 다른 네트워크와 다른 점은 바로 '게으르다procrastinate'는 것이다. 네트워크가 스스로 똑똑해서 어떤 애플리케이션은 좋고 어떤 애플리케이션은 나쁘다고, 어떤 콘텐츠는 훌륭하고 어떤 콘텐츠는 저질이라고 판단하지 않는다. 인터넷은 그런 판단을 자기가 알 수도 없고, 해서도 안 된다고 생각한다. 대신에 이용자들에게 맡긴다. 물론 그러다 보니 인터넷이 각종 음란물로 도배되기도 하고, 스팸·악성코드 등이 난무하는 범죄의 도가니가 되기도 한다. 그렇지만 앞에서 본 것 같은 네트워크의 파문 선고가 내게 날아올 일은 없다. 허락받지 않아도 되니 혁신의 문턱은 훨씬 낮아졌고, 내가 원하는 것을 내가 만들고 내가 나누고 싶은 것을 내가 나누는 자유의 힘은 훨씬 더 커졌다. 그리고 그 게으른 인터넷 거북이는 다른 똑똑한 네트워크 토끼들을 다 따라잡고, 그 이름 그대로 네트워크 중의 네트워크가 됐다.[32]

뉴미디어와 올드미디어의 위험한 동침

그러나 인터넷 거북이에게 축하의 박수를 보내기 전에 여기 잠시 기억해둬야 할 사실이 있다. 그것은 새로운 것이 태어났지만 옛것도 죽지 않았다는 것이다. 새 술은 낡은 부대에 담겨 있다. 인터넷은 통신 시장이란 집을 절대 떠나지 않았고, 떠날 수도 없다. 올드미디어와 뉴미디어는 불가피한 한집 살이를 하고 있다. 그 이유는 간단하다. 인터넷을 하나의 건축물architecture로 본다면 그 건축물의 근간인 물리적 네트워크physical network는 네트워크 사업자들이 운영하기 때문이다. 이 말이 쏙쏙 안 들어온다면 다음 그림을 머릿속에 그려보면 된다. 인터넷을 하나의 빌딩이라고 생각해보자. 우리 이용자들은 (물리적으로 그렇게 하긴 물론 힘들지만) 하늘에서 내려와 이 빌딩의 옥상에서 주

75

로 활동을 한다. 옥상의 이름은 '콘텐츠 레이어^{contents layer}'라는 어려운 이름이 붙어 있지만 여기서 그것은 별로 신경 쓸 것 없다. 중요한 것은 우리의 활동 무대가 여기라는 것이다. 우리는 여기서 네이버 같은 곳의 포털 뉴스도 보고, 페이스북과 같은 SNS도 사용한다. 가끔 이메일도 보내고 친구들과 구글 채팅창으로 한담을 나누기도 한다. 그런데 문득 호기심이 생겨서 빌딩의 아래층을 내려가보았다. 그런데 이게 웬걸, 이 모든 것이 인터넷의 세상인 줄 알았는데, 맨 아래층을 통해서 건물 밖에 나가 보니 건물주 이름이 이동통신사업자(이하 '이통사')다. 동네마다 다르긴 하지만 대부분 KT, SKT, LG유플러스 같은 이름이 걸려 있다. 그리고 그제야 나(이용자)는 속았다는 것을 깨달았다. 토끼와 거북이의 경주는 어차피 애초부터 거북이가 아무리 게을러도, 창조적이어도 이길 수 없는 싸움이었다는 것이다. 왜냐하면 그 경주의 주최 측이 부지런하고 똑똑하지만, 지대 추구 행위 중심으로 생각하는 토끼였기 때문이다.

약간 과격한 비유지만, 이 일화를 통해 강조하고자 하는 것은 인터넷 사업은 올드미디어와 별개로 이루어질 수 있는 것이 아니고, 통신망 사용이란 전제하에서만 가능하다는 것이다. 달리 말해 아무리 볼멘소리를 해도 건물주는 건물주며, 그들이 이 디지털 생태계의 수문장^{gatekeeper}인 것은 변함없다.

물론 이렇게 이통사가 인터넷의 하부구조를 장악하고 있는 것에 대해서 그들도 할 말은 있다. 우리나라만 이런 것이 아니다. 대부분의 나라에서 통신 시장은 첫째, 설비 투자에 많은 자본이 들고, 둘째, 그런데도 투자 회수성이 불확실하며, 셋째, 희소한 공공 자원인 전파

콘텐츠 레이어

이동통신사업자

올드미디어와 뉴미디어의 불가피한 한집 살이.

를 쓰기 때문에, (최근 방송통신위[이하 '방통위']가 주파수 경매제를 통해 어느 정도 시장 요소를 도입하고 있긴 하지만) 기본적으로는 국가 기간산업이고 허가 산업이다. 그리고 정부가 몇몇 사업자를 선정해 허가로 사업권을 내줬으니 대개 통신 시장은 경쟁이 유효하냐 아니냐의 차이가 있긴 해도 독과점 시장의 형태를 갖고 있다.

그런데 여기서 상황이 재미있게 된 것은 뉴미디어가 약진하면서 올드미디어의 문자 서비스와 경쟁하는 카카오톡과 같은 서비스도 생기고, 그러면서 어깨를 나란히 할 수 없을 것 같은 이 둘이 점점 경쟁하는 상황이 됐다는 것이다. 그리고 이것이 '망 중립성'이란, 옛날 옛적 인터넷이 태어날 때 사람들이 "인터넷은 중립적이게 만들었는데 그게 지금도 많이 중요하다"라고 하는, 쉽게 이해하기 어려운 정책적 논점이 전 세계적으로 대두되게 된 배경이다.

그리고 그렇게 망 중립성 이슈가 커온 것은 국내 망 중립성 논의도 마찬가지다. 국내에서 망 중립성 이야기가 처음 나온 것은 2006년 LG파워콤의 하나TV 차단 사건이긴 했지만, 어쨌든 한국은 좁은 국토와 그 국토를 뒤덮은 아파트 숲 때문에 전 세계에 유례없는 초고속 인터넷인 광대역망broadband이 잘 확보되어서 망 중립성 때문에 기업도, 국민도 스트레스를 받을 일이 별로 없었다. 겉으로 보기에는 질서가 있어 보였고, 평화가 자리 잡은 것 같았다. 그러나 아이폰이 등장하면서 이 모든 것이 바뀌었다. 아이폰 강림 이후로 스마트폰 대세가 일었고, 그 여파는 태블릿PC와 스마트TV의 인기로 확대됐다. 그리고 유선망 때 잠시 나왔다가 금방 들어갔던 망 중립성 문제는 다시 사회적 이슈가 됐다. 점점 더 늘어만 가는 트래픽과 줄어만 가는 매출 사이에서 이젠 더 이상 참을 수 없다는 이통사의 볼멘소리가 터져 나왔기 때문이다.

이통사의 주장과 그들의 세 가지 논리

그럼 망 중립성의 실체를 파악하기 위해 먼저 현재 상황에 대해 가장 불만이 많은 것처럼 보이는 이통사의 주장을 살펴보자. 2011년 7월 14일, 최시중 방송통신위원장과 가진 간담회에서 KT, LG유플러스, SK텔레콤 통신 3사는 한국 실정에 맞는 망 중립성 제정을 제안하면서 다음과 같이 자신들의 딱한 상황을 설명했다. 유선에서 무선으로 통신 시장 환경이 급변하면서 이통사의 수익률은 정체된 반면에 트래픽은 폭증했다. 그리고 그에 따라 우리가 감당해야 할 망 증설 비용도 증가한다. 그런데 이 스마트 생태계에서 우리 말고 다른 이해관계자들은 무임승차하고 있다. 따라서 그들은 마땅히 비용 분담의 책임을 져야 한다.[33] 그리고 물론 똑똑한 이통사들이 이렇게 주장하면서 근거를 들지 않는 것도 아니다. 그들과 그들을 지지하는 전문가들의 의견을 종합해보면 다음과 같은 세 가지 논리가 나온다.

이통사가 내세우는 첫 번째 논리는 망 중립성 원칙은 초기 인터넷의 설계에 관한 것일 뿐이기 때문에 현재 인터넷 발달 상황에는 걸맞지 않다는 것이다. 오히려 3G에서 LTE로 고도화되는 망 진화와 그 설비 추가 재원을 마련하기 위해 필요한 차별적 가격정책을 제한하는 비현실적일 뿐 아니라 반시장적인 정책이다.

그다음으로 이통사가 내세우는 것은 '양면시장' 이론이다. 양면 시장 하니 이거 또 어려운 말이 등장한 것 같지만 쉽게 카드 회사들이 어떻게 비즈니스를 하는지 생각해보면 이해하기 쉽다. 상점은 물건을 팔고 소비자는 화폐로 그 가격을 지불한다. 카드사가 하는 일은 그 중간에서 거래를 좀 더 손쉽게 할 수 있도록 도움을 주고 그 혜택의 대가를 양쪽에서 받는 것이다. 이때 카드사를 중간에 끼고 양쪽에서 수요와 공급이 모두 발생했다고 볼 수 있다. 그리고 이럴 때 시장 일면의 효용이 다른 일면의 효용에 영향을 미치는 교차적 외부효과 cross-side network effect가 나타난다고 하는데, 그것 역시 쉽게 말하면 한쪽 시장이 잘되면 다른 시장도 자연스럽게 득을 보는, 손 안 대고 코 푸는 효과가 나타난다는 것이다. 그리고 그런 교차적 외부효과가 나타나는 양면시장의 경우, 외부효과가 존재하지 않는 단면시장과는 당연히 최적 가격 측정, 시장 지배 등에서 차이가 발생한다. 그리고 이 같은 이론적 배경에서 이통사가 주장하고자 하는 것은 인터넷상의 애플리케이션이나 콘텐츠도 이통사의 망을 통해서 이용자와 연결되기 때문에 양면시장의 덕을 보고 있고, 따라서 거의 이통사가 주는 보조금을 암암리에 받고 장사 잘되고 있는 것이니 이제 우리 고통을 좀 나누자는 논리다.

　이통사의 마지막 카드는 다른 나라들과 우리는 망 중립성이 나온 사정이 다르니 우리도 다른 성격의 논의가 필요하다는 것이다. 이통사는, 미국은 인터넷 산업이 워낙에 크고, 인터넷 산업의 이해관계가 공화당, 민주당 양당의 이해관계와 맞물리는 것도 있고, 그래서 망 중립성이라는 이 어려운 개념을 가지고 정쟁을 벌이지만, 우리는 그런 남의 나라 이슈를 가지고 불필요한 논쟁을 할 필요가 없다고 강조한다. 예를 들어, 미국 친구들은 기지국에서 최종 사용지까지 연결하는 라스트마일last-mile 이슈를 가지고 브로드밴드 보급 확대를 위해 여전히 논쟁을 하고 있지만, 한국에서 그런 문제는 예전에 종결했다. 따라서 우리와 그들은 망 중립성을 논의해야 하는 사회적·기술적 맥락이 다 다르니 우리는 우리식으로 망 중립성 원칙을 수립해야 한다는 것이다.

시대가 변했으니 망 중립성도 무용하다?

여기까지 이통사의 자기변호辯護를 듣다 보면 고개를 끄덕이는 사람들이 나올 만하다. 실제로 그들 주장에는 양면시장 논리처럼 분명한 이론적 근거도 있고, 따라서 설득력이 있는 부분도 있다. 그러나 그렇게 멀리서는 진리인 것처럼 보이던 것이 가까이서 보면 사실은 허점이 많다. 네덜란드 화가 피터 브뤼겔의 그림이 멀리서 볼 때는 평화롭지만, 가까이 가서 보면 잔혹하기 그지없는 것과 마찬가지다. 그것이 현실이다. 이젠 그렇게 그들 주장과 현실의 차이점을 순서대로 지적하고, 반박해보고자 한다.

첫 번째 "망 중립성은 시대가 변했으니 이제 부적절하다"라는 이통사의 말은 인정하기 어렵다. 단적으로, 나는 그들의 이 주장 자체가 부적절하다고 본다. 그 이유는 여타의 개념들과 마찬가지로 망 중립성이 하나로 정의되는 개념이 아닌데, 그들이 자신들에게 편한 정의를 택하고, 좀 더 엄밀한 정의는 피하고 있기 때문이다. 망 중립성은 콜럼비아 대학의 팀 우 교수가 주도한 정책 용어다. 학술상으로 망 중립성과 연관된 개념은 인터넷 설계와 관련된 기술 용어로서 '네트워크의 기능성은 네트워크의 끝에서 정의된다'는 '단 대 단 연결 주장end-to-end arguments'이다. 이 용어는 제롬 살처, 데이비드 리드, 데이비드 클라크라는 공학자들이 1981년과 1998년에 쓴 두 개의 논문에서 나왔다. 그러나 독일계 공학자 출신이면서 법학을 또 공부해 현재는 스탠포드 로스쿨의 교수로 있는 바바라 반 쉐이크Babara Van Schewick에 의하면 이 두 논문에 나오는 단 대 단 연결 주장은 동일한 것이 아니다. 제롬 살처, 데이비드 리드, 데이비드 클라크의 1981년 논문에 등장한 단 대 단 연결 주장의 핵심은 패킷 전송의 정확성, 안정성에 있다. 그리고 사실 이것이 국내에서 망 중립성을 이해하는 지배적 시각이고, 이통사도 공유하는 관점이다. 이 1981년 논문의 관점에서 망 중립성을 보면 망 중립성이란 '모든 콘텐츠를 동등하게 취급하는', 패킷에 대한 비차별non-discrimination 원칙이다. 그리고 그렇게 보면 이통사가 주장하는 "시대가 변했으니 망 중립성도 이제 옛날이야기다"라는 말이 아주 허무맹랑한 소리도 아니다. 예컨대 국내외적으로 인터넷 사업자가 콘텐츠 전송 서비스CDN 회사와 거래를 맺고 이미지 캐싱 등의 서비스를 이용해 자기 콘텐츠를 다른 콘텐츠보다 더 빨리, 더 안전하게 전송하는 일은 이제 빈번하다. 그렇게 보면 망 중립성은 진작에 죽었고, 그것을 이제 살려보겠다고 애쓰는 것도 무리수란 주장도 상당한 설득력이 있다.

그러나 좀 더 인터넷 진화의 과정을 자세히 관찰하고 쓴 제롬 살처, 데이비드 리드, 데이비드 클라크의 1998년 논문을 보면, 거기서 나온 단 대 단 연결 주장에선 또 다른 망 중립성 개념이 나온다. 여기서 핵심은 패킷에 대한 비차별이 아니다. 네트워크 디자인이다. 네트워크의 최상위 레이어에 연결된 상방향 통신이 가능한 컴퓨터end-host 에서는 특정 애플리케이션에 제한된 기능성application-specific functionality 개발이 가능하고, 하위 레이어에서는 일반적인 기능성general functionality만 책임지는 것이 그 골자다. 좀 더 쉽게 풀어 말하면 인터넷이란 환경에서 망이 할 일은 특정하게 정해져 있지 않으며 그 특정한 기능을 정해주는 몫은 이용자에게 있다는 뜻이다.

아마 여기까지 잘 따라온 독자들에게 이 해설이 익숙하게 들릴 것이다. 그렇다. 앞서 소개한 게으른 인터넷 거북이의 지혜다. 그것은 우선순위다. 인터넷 거북이는 망의 사용과 그로 인한 가치가 앞으로 어떻게 진화할지 모르겠으니 그 방향을 성능이나 비용 같은 명분 때문에 미리 정하는 결정은 회피했다. 망의 단기적 성능short-term performance 향상이나 비용 감소cost reduction보다는 장기적 망의 진화성 network evolvability에 초점을 맞췄다. 밑에선 데이터가 지나가는 데 문제가 없도록 봐주기만 하고, 혁신은 위에서 알아서 하라는 것이다. 그렇게 인터넷의 혁신은 비용이 덜 들고, 더 빨리, 더 많이 일어날 수 있는 환경을 가지고 발전했다.

그리고 이렇게 헤쳐놓고 보면 명확히 보이는 그림이 있다. 그것은, 망 중립성은 "모든 콘텐츠는 동등하다"라는 고지식한 원칙이 아니라 "망은 일반적 기능만 제공하고 구체적 기능은 단말에서 망의 이용자가 정한다"는 유연한 혁신의 생태계에 관한 것이란 점이다.

따라서 이 같은 망 중립성의 기술적 배경과 그 배경에 기초해 발전한 혁신 생태계의 성격을 생각할 때, 망 중립성이 인터넷의 초기 설계에 불과하며 이제 유통기한이 지났다는 말은 1981년 논문만 알고 1998년 논문은 모르고 하는 주장이다. 망 중립성이 아니라 그 같은 주장이 더 부적절하다.

양면시장 논리 수용의 양면성

양면시장 논리의 이론 자체는 딱히 틀린 것은 아니지만, 거기엔 앞서 "망 중립성은 이제 옛날얘기다"라는 말과 마찬가지로 하나만 알고 둘은 모르는 오류가 있다. 실제 이통사가 주장하는 것처럼 양면시장에 의해서 이통사 외의 다른 이해관계자들이 득을 보는 것이 있을지라도, 그들의 주장을 냉큼 받아들여주는 것이 반드시 옳은 것은 아니다. 그러려면 우리는 그 주장을 수용했을 때 나타날 수 있는 부작용을 생각해봐야 하고, 그것을 우리가 얻을 수 있는 혜택과 비교했을 때, 그 혜택이 더 커야 한다.

그 목적을 위해 '유연한 혁신의 생태계'로서의 망 중립성 관점에서 이통사가 패킷 감시 기술^{DPI: deep packet inspection} 등을 통한 가격 차별화 정책을 시행해 현재 인터넷 질서를 개편하면 어떤 결과가 나올 수 있는지를 생각해보자. 장기적으로 보면, 크게 두 가지 시나리오가 가능하다.

첫째는 이통사가 인터넷 네트워크의 이용을 통제하는 지능형 전화 네트워크^{intelligent telephone network}가 되는 것이다. 건물주가 이제 그 건물에 임대해서 사업하는 사업자의 품목과 가격까지 결정하는 것이다. 이용자가 지불할 수 있는 가격대에 따라 이통사가 이용할 수 있는 콘텐츠와 어플리케이션의 범주를 정해놓고, 이용자는 그것만 이용하면 된다. 사실 이것은 익숙한 게임의 법칙이다. 스마트폰이 오기 전 3G 시대 피처폰의 인터넷 사용이 대부분 이러했다.

두 번째는 인터넷 전체가 하나의 포털 사이트 비슷하게 운영되는 IP 멀티미디어 서브 시스템^{IP Multimedia Subsystem}이다. 물론 여기서도 이전의 자유로운 인터넷 때와 비슷한 혁신이 일어날 수 있는 가능성은 있다. 그러나 여기서 혁신의 주체는 이통사와 관련 사업자로 한정되기 때문에 그 가능성이 얼마나 실현될지는 의문스럽다. 왜냐하면 이런 생태계에서는 새로운 서비스를 개발하려고 할 때, 그것이 먼저 이통사의 밥그릇과 충돌하는 것인지 아닌지를 스스로 검열해볼 것이기 때문이다. 물론 용감하게 그러한 고려를 하지 않고 서비스를 내놓을 수 있지만 그 경우에는 앞으로 건물주에게 눈치 볼 인생이 꽃피게 되어 있다.

실제로 그런 암울한 가능성이 있을 수 있다는 것이 허황되지만은 않다는 것을 보여주는 소동도 있었다. 2011년 3월 국내 이통사들이 카카오톡 서비스를 제한한다는 소문에 여론이 들끓었다. 물론 이통사들은 이용자들을 진정시키기 위해 그럴 계획이 없다고 곧 밝히긴 했지만 그 말이 곧이곧대로 들리는 것은 아니다. 이통사는, SMS는 건당 20원, MMS는 건당 30원 요금을 받고 장사를 한다. 그들에게 있어서 무료로 메시지를 주고받을 수 있는 카카오톡은 마치 무허가로 점포를 내놓고 장사를 하는 상인들을 보는 정식 점포 주인들 마음만큼이나 불편했을 것이다. 사건 당시 인터넷 이용자들은 "어차피 카카오톡 차단해봤자 왓츠앱이나 구글톡으로 넘어갈 텐데…" 하면서, 그렇게 이통사가 애플리케이션 규제를 하면 이통사 밥그릇이 지켜지는 것이 아니라 국내 스타트업만 불리해진다고 불평했다. 그러나 이통사들에게 그런 이용자들의 선택의 권리나 경제 생태계의 장기 발전이 1순위 고려 대상이 되기는 아쉽지만 어렵다. 독과점 기업으로서 자신이 시장에서 생존하고 있다면, 그들에게 무엇보다 중요한 것은 자신들의 기득권을 지키는 것이기 때문이다.[36]

그리고 이런 관점에서 봤을 때 양면시장 논리에는 양면성이 있다. 통신사 입장에서 왠지 내 덕에 장사하는 것 같은데 내가 힘들 땐 안 도와주고, 내가 슈퍼 갑인데 내 말을 안 들어주는 다른 이해관계자들이 야속할 수 있고, 그리고 그것이 양면시장 이론 같은 관점에서 보면 일부 타당성이 있는 것도 사실이다. 그러나 그렇다고 해서 이 사회가 그들의 논리를 액면가로 수용해버리면 위에서 살펴본 것과 같이 장기적으로는 그들의, 그들에 의한, 그들만을 위한 리그가 지금의 자유롭고 역동적인 인터넷 생태를 대체할 가능성이 크다.

진정한 한국형 망 중립성을 논하려면

이통사들의 세 번째 논리인 "각 나라마다 사정이 다르므로 미국과 한국의 망 중립성 원칙이 달라야 한다"는 주장은 가장 그럴듯해 보이지만 사실 가장 부실한 주장이다. 우리 것이 좋은 것임을 인정할 수는 있더라도, 건설적인 논의를 하려면 먼저 그 '우리 것이 무엇인지'부터 명확히 해야 한다. 그들은 한국적인 것을 외치지만 그들이 말하는 한국적인 것이 무엇인지부터가 애매하다.

한 예로 한 이통사 고위임원은 〈디지털타임스〉와의 인터뷰에서 "(카카오톡과 같은) mVoIP 장벽이 무너질 경우, 전 세계 업체들이 국내 시장에 무혈입성하면서 통신업계 전체가 고사할 수밖에 없을 것"이라고 토로했는데, 이 경우 한국적이란 것은 글로벌 업체들은 돈 벌어서 자기 나라로 가져가니까 그것 쓰지 말고 우리 이통사 서비스를 써 달라는 이야기로 들린다.[35] 우리의 고유한 정체성을 찾겠다는 거룩한 시도의 귀착은 결국 애국심 호소에 불과한 것인가?

그러나 이러한 이통사들의 애국심에 대한 호소도 별로 진정성 있게 들리지 않는다. 그 이유는 통신사들의 일관성 없는 태도 때문이다. 이통사들은 국내에서 개발된 카카오톡, 마이피플과 같은 모바일 애플리케이션에 대해서는 각종 견제와 위협을 아끼지 않았다. 그리고 그렇게 글로벌 서비스의 위험성 운운하면서 2012년 중반까지는 이통사의 수익 모델과 정면으로 충돌하는 애플의 페이스타임은 아무 문제 없이 수용했다. 게다가 그런 와중에 슬그머니 '올레톡'과 같은 종전의 모바일 메신저와 거의 다를 바 없는 카피캣 서비스를 시장에 내놓는 이중적 모습을 보였다. 자신들의 말과 행동도 일치시키지 못하고, 스스로 신뢰를 잃어버리고 있는데 이통사가 남 탓 할 처지는 아닌 것 같다. 나아가 같은 맥락에서 가장 근본적인 문제는, 무언가 현안을 놓고 생산적인 토론을 하려면 자료 자체가 객관적이고 구체적이어야 하는데 이통사의 정보공개가 투명하지 않다는 것이다. 3대 이통사는 자신들에게 유리한 매출 정체, 트래픽 증가, 망 증설 비용만 논하고 있지, 트래픽 증가에 따른 매출 증가분, 망 설비 첨단화에 따른 증설 비용 감소분, 이통사의 지출 내역 중 마케팅이나 망의 중복 투자에 관련된 내용에 대해서는 추가적 자료공개를 하지 않는다.

왜 정부의 망 중립성 규제가 친시장적인가

위와 같은 논리와 증거에도 불구하고 특별히 시장에 대한 막연한 이해와 신뢰를 갖고 있는 사람들은 여전히 이통사가 줄곧 이야기하는 "무임승차는 안 된다" "트래픽을 증가시켰으니 비용을 분담해야 한다"는 논리에 현혹되기도 한다. 그것이 더 시장친화적인 것처럼 느껴지고, 시장친화적인 것은 더 좋은 것으로 생각되기 때문이다. 그러나 그것은 일의 구체적인 결과를 생각해보지 않고 할 수 있는 추상적인 사고다.

생선 가게 주인이 고양이에게 생선 가게를 맡기면 과연 어떻게 될까? 정부가 독과점 기업의 독점력을 막지 않는 곳에서 번성하는 것은 자유로운 시장이 아니라 독과점 시장이다. 아이폰 강림 이전의 한국의 피처폰feature phone 시장을 생각해보자. 당시에는 국내 통신 시장에서 이통사가 사업자별로 전용 단말기 유통을 독점해 콘텐츠 시장에까지 지배력을 행사하는 것이 일반적 관행이었다. SKT의 경우 전용 MP3폰의 DRM 모듈에 폐쇄적 DRM을 적용해 음원 서비스를 멜

론으로 한정시켜 멜론을 음원서비스 시장 1위에 올려놓았다.[36]

그러나 이렇게 설명을 해도 반론을 하는 이들이 있을 수 있다. 이통사 논리가 사회 일각에서라도 수용되는 것을 보면 그런 이들이 있다는 것은 분명하다. 그리고 그들이 강력히 주장하는 근거는 여전히 이통사 주장이 자본주의에 더 걸맞다는 것이다. 그럼 이통사가 주장하는 자본주의의 성격이 과연 정확한지를 따져보자.

이통사가 정의하는 자본주의는 단순하고 그래서 이해하기도 쉽고 믿기도 쉽다. 그것은 공짜 점심은 없다는 것이다. 우리 망 썼으니 너희는 돈을 내야 한다. 물론 이렇게 자본주의를 보는 것이 크게 틀린 것은 아니다. 그러나 문제는 그들의 주장이 틀렸다는 것이 아니라 그들이 자본주의의 작은 원리만 보고 있지 그것을 움직이는 큰 동력은 보지 못한다는 점이다. 즉, 장님이 코끼리 만지는 격이다.

《블랙스완Black Swan》이란 베스트셀러를 쓴 투자가이자 철학자인 나심 탈렙에 의하면 자본주의가, 지난 동서 냉전 시기 사회주의에 우세를 점할 수 있었던 것은 계획 대신에 우연을 신뢰하는 더 아둔한 체제였기 때문이다. 사회주의는 철저히 지성적이었다. 그들은 자신의 논리를 믿고 계획경제를 펼쳤다. 반면에 자본주의는 하이에크가 1952년 그의 노벨상 수상 강연에서 말한 것처럼 시장에 편재된 지식을 자신이 다 아는 것처럼 행동하는 '지식의 교만the pretense of knowledge'을 경계하고, 대체로 계획보다는 우연을 선택했다. 예측하지 못한 일들이 끊임없이 벌어지는 시장에서 그러한 우연의 혜택을 얻은 기업은 살아남고, 그렇지 못한 기업은 도태된다는 사실을 받아들였다. 잘나가던 기업이 그동안 실적이 우수하더라도 시기를 잘못 만나 한 번에 시장에서 사라질 수 있다는 현실을 자본주의는 인정한다. 장하성 교수가 평소 말하던 것처럼 1등이 계속 1등이 아닌 것이 자본주의인 것이다.[37] 단적인 예로, 21세기 초 미국 금융위기의 주범으로 지목된 주택 시장에 자금을 제공하는 기업 패니매Fannie Mae는《좋은 기업에서 위대한 기업으로Good to Great》의 저자로 유명한 경영학자 짐 콜린스가 한때 '위대한 기업'으로 극찬했던 기업이었다.

다시 말해서 이통사가 비용 분담을 볼모로 통신 시장을 넘어서 인터넷 시장까지 자신의 독점력을 확대하려는, 시장의 우연 대신에 자사의 계획을 시장의 질서로 삼으려는 야심은 친시장적이지도 자본주의적이지도 않다. 그들이 인도하는 길은 우연을 통한 혁신에 미래를 맡기는 자본주의가 아니라 계획에 의한 통제에 미래를 거는 기업사회주의corporate socialism다. 하이에크적으로 표현하면 개인의 가장 본질적 자유인 선택의 자유를 제한하는 '예종의 길'로 가는 것이다.

앞에 언급한 나심 탈렙으로 부족하면 근대 사회과학에서 가장 출중한 학자 중 하나라 할 수 있는 막스 베버를 통해 자본주의가 무엇인지 다시 생각해보자. 막스 베버는 그의 역저《프로테스탄티즘의 윤리와 자본주의 정신The Protestant Ethic and the Spirit of Capitalism》에서 자본주의의 본질은 '탐욕'이 아니라 '이윤의 재생'이라고 했다. 자본주의가 좀더 성숙한 혹은 퇴폐한 오늘의 관점에서 본다면, 그 탐욕은 독점에 가깝고 이윤의 재생은 혁신의 지속에 가깝다. 달리 말해 자본주의가, 그리고 그 자본주의의 힘에 빌려 사는 우리 사회가 살길은 독점보다는 혁신의 지속으로 조타수를 틀어주는 것이다. 그렇게 본다면 '경쟁의 생명'을 지키려는 망 중립성에 우리가 힘을 실어주어야 할 이유는

시장에 충성된 눈으로 볼 때에도 분명하다.[38]

망 중립성은 방송통신위원회의 중립성을 증명하는 길이다

그러나 우리 정부가 망 중립성 문제에 아주 손을 놓고 있는 것도 아
니다. 그동안 사회 다양한 이해관계자들의 의견을 듣고 중지를 모은
다고 애를 썼고, 2011년 말에는 방통위가 나름의 망 중립성 정책인
'망 중립성 및 인터넷 트래픽 관리에 관한 가이드 라인'을 고상하게
내놓았다.[39] (2009년 10월 22일 미국의 연방통신위원회가 공시한 오픈 인터넷 정책을
거의 그대로 옮겨놓은 것이며, 한미 FTA 협정문의 제 15.7조 '전자상거래를 위한 인터넷
접근 및 이용에 관한 원칙'에도 엇비슷한 내용이 있다. 그렇게 1년 가까이 사회 각계의 의
견을 모은 결과가 이것이었다.).

그러나 방통위가 한 일은 가이드라인 발표뿐이었다. 이후 무선망
의 트래픽을 비롯한 실질적인 문제들에 대한 규제 책임은 분명하게
밝히지 않았고, 곧 예고된 사건이 터졌다.

2012년 2월 10일 KT는 삼성의 "스마트TV가 IPTV 대비 5~15배,
실시간 방송 중계 시 수백 배 이상의 트래픽을 '유발할 수 있고', 현
재와 같은 속도로 스마트TV가 확대된다면 머지않아 통신망 블랙아
웃을 '유발할 수 있다'"는 근거로 삼성전자의 스마트TV 서비스를 접
속제한해 수많은 이용자들에게 피해를 주었다. 여기서 흥미로운 것
은 실제로 그런 트래픽이 발생했다는 것이 아니라 발생할 수 있다는
것이고, KT가 그와 같은 부실한 근거에도 불구하고 발생한 경우에

기초한 법률을 자의 해석한 뒤, 이용자들을 볼모로 삼아 삼성과 협상을 벌이려 했다는 것이다.[40] 이것이 정부가 시장을 방관한 결과다. 갈등의 불씨가 더 잘 탈 수 있도록 바람을 넣어준 격이다.

　정부가 이통사에 손을 댈 수 없는 것도 아니다. 현재 미국은 망사업자의 법적 지위가 우편, 전화와 같은 기간통신사업자^{common carrier}와 언론매체와 같은 정보 서비스^{information service}로 분할 정의되어 있다. 2005년 미 대법원이 소규모 인터넷 서비스 제공업체인 Brand X가 1996년에 제정된 전화통신법^{Telecommunications Act}에 따라 법적으로 기간통신사업자로 정의된 케이블 회사들에게 망 개방을 요구한 사건에 대하여, 케이블 회사들의 의견을 받아들여 그들은 단순 데이터 전송 외의 정보 서비스를 제공하고 있으므로 정보 서비스 사업자^{information service}로 인정해주었기 때문이다.[41] 따라서 미국에서는 망 중립성 정책을 힘 있게 추진하려면 기간통신사업법^{common carriage law}과 같은 법안의 추가 입법이 필요하다. 그러나 우리는 전기통신사업법 시행규칙 제3조에 따라 망 사업자들의 법적 지위가 기간통신망사업자로 단일하게 정의되어 있다. 심지어 전기통신사업 회계정리 및 보고에 관한 규정 제16조에 따라 인터넷 전화도 기간통신사업자의 책임인 기간통신역무로 규정된 상황이다. 따라서 정부가 망 중립성 규제를 하려고만 한다면 이미 법적인 근거가 충분히 있기 때문에 미국 같은 고민을할 필요가 없다.

　게다가 망 중립성은 방송통신위원회의 중립성을 증명하는 길이기도 하다. 그동안 방송통신위원회는 이통사의 이해관계에 따라서 혁신과 소통의 가치를 간과한다는 지적을 들어왔다. 구체적으로

2000년 새롬기술의 다이얼패드는 세계 최초의 인터넷 전화 기술^{VoIP} 로 세간의 주목을 받았으나 당시 정부가 KT를 보호하기 위해 시장에 서 사장시켰다는 비판을 받은 바 있다. 따라서 방통위가 이통사들의 이익과 함께 새로운 혁신의 가치와 이용자의 기본적 권리에도 관심 을 갖고 있다는 것을 사회에 보여주려면, 단기적 산업 발전과 장기적 사회 발전 사이에 균형을 갖추고 망 중립성 관련 규제가 실질적인 효 력을 발휘하도록 최선을 다해야 할 것이다. 그것은 인터넷과 대한민 국뿐 아니라 방통위를 위해서도 좋은 일이다.

한국의 전자혁신재단이 필요하다

현실적으로 위원회란 조직의 성격이 책임이 분산되어 결정력이 약 하고 정치권의 바람을 많이 탄다는 것을 감안할 때, 방통위가 강력한 리더십을 발휘해 망 중립성 문제를 해결해주길 기대한다는 것이 무 리인 부분도 있다. 2012년 6월 15일에 열린 망 중립성 정책 자문위 원회에서 방통위는 망 중립성 논쟁에 관련해 이통사들의 손을 들어 주었다. 방통위의 용역을 받아 작성된 한국정보통신정책연구원^{KISDI} 의 연구안에는 망 혼잡 우려를 막기 위해, 유선에서는 P2P 사이트의 트래픽, 무선에서는 그 외의 망 혼잡을 유발할 수 있는 대용량 트래 픽을 관리할 수 있는 권한을 이통사에게 주었다. 물론 기준안일 뿐이 고 따라서 아직 확정된 사항이 아니라 하지만, 방통위가 '트래픽 관 리'라는 기존의 좁은 틀을 넘어서 '인터넷의 미래'를 생각하며 규제

방안을 정할 전망은 희미해 보인다.[42] 그런 관점에서 여기 한 가지 해결책을 더 제시한다. 그것은 한국에 인터넷 정책의 공익적 성격을 대변하는, 전문성과 대중성을 겸비한 시민단체 혹은 재단을 설립하는 것이다.

구체적인 벤치마킹 모델을 밝히기에 앞서 왜 그런 접근법이 필요한지를 다시 한 번 생각해보자. 방송통신위원회 중재로 일단락되긴 했지만 KT가 지난 2월 10일 삼성전자의 스마트TV 접속을 제한하는 이통사 고유의 초강수를 둔 이유는 이해관계의 차이 때문이다. 스마트 기기의 팽창과 함께 증가하는 스마트 콘텐츠 시장에서 패권을 놓고 양사가 서로 다른 패를 들고 있었기 때문이다. KT는 자사의 IPTV를 두고 글로벌 시장으로 뻗어나갈 교두보를 마련하고자 하고, 삼성전자는 스마트TV를 통해서 스마트 라이프의 가치 조정자로서 포지셔닝하려고 한다. 그 같은 플랫폼 경쟁이 시장의 경쟁을 넘어서 장외 기싸움으로 번진 것이다.

그러나 더 흥미로운 점은, 이러한 망 중립성 전투에 적극 끼어들지 않는 이해관계자들이다. 예를 들어 스마트TV에 대해 비슷한 문제의식을 가지고 있을 만한 LG전자는 이번 논의에 끼어들지 않았다. LG는 같은 그룹의 LG유플러스로 인해 모순된 이해관계를 갖고 있기 때문이다. 구체적으로 삼성전자 편을 들자니 LG유플러스가 울고, LG유플러스 편을 들자니 LG전자가 운다. 그와 같은 양상은 SK도 마찬가지다. 국내외 인터넷 기업, 콘텐츠 업체들의 이해관계를 대변하고 망 중립성 논의의 발전을 위해 지난 2011년 9월 19일에 설립된 오픈인터넷협의회OIA를 보면 국내 대표적 인터넷 기업 중 하나인 SK

컴즈의 이름은 쏙 빠져 있다. 같은 그룹 안에 소속된 SKT의 이해를 침해할 수 있는 가능성 때문이다.

이상의 한국형 망 중립성 논의가 보여주는 교훈은 자사 이해관계의 한계를 벗어나기 어려운 기업들 간의 협의만으로는 망 중립성의 '공공적 가치'에 대한 주장이 전개되고 관철되기가 어렵다는 것이다. 예를 들어 망 중립성은 네트워크가 콘텐츠에 대해 중립성을 지켜야 한다는 논의인데, 망은 공공 인프라의 일부이며 그를 통해서 이루어지는 행위는 개인의 표현의 자유를 실현하는 것이므로 국민의 기본권적인 측면과 맞닿은 부분이 많고, 그런 부분에서도 많은 논의가 필요하다. 그렇지만 현재 진행되는 망 중립성 논의는 지속적으로 이통사와 인터넷 업체들의 망 설비 증대와 mVoIP와 같은 파괴적 혁신의 잠재력을 가진 혁신적 기술에 대한 관용의 문제로 한정돼 있으며, 보다 공공적 가치에 관련된 주제에 대해서는 논의가 쉽게 이루어지지 못한다. 이건 방통위가 지도를 하든 중재를 하든 크게 바꿀 수 없는 상황이다. 방통위가 하는 일은 결국 이해관계의 조정에 한정되어 있기 때문이다.

그렇게 필요한 공론이 진행되지 않는 원인에 대해선 여러 이유가 있을 수 있지만, 한 가지 대표적인 이유는 국내에선 아직 오픈 인터넷의 가치와 개인의 디지털 권리를 대변하는 미국의 전자혁신재단 Electronic Frontier Foundation: EFF 같은, 전문성과 영향력을 갖추고, 소송과 입법을 중심으로 한 정보운동 관련 시민단체가 부재하기 때문일 것이다. 실제로 지난 2012년 3월 16일에 하버드 로스쿨의 요하이 벤클러 교수가 발표한 내용은 이 주장을 일부 뒷받침한다. 올해 초 온라인

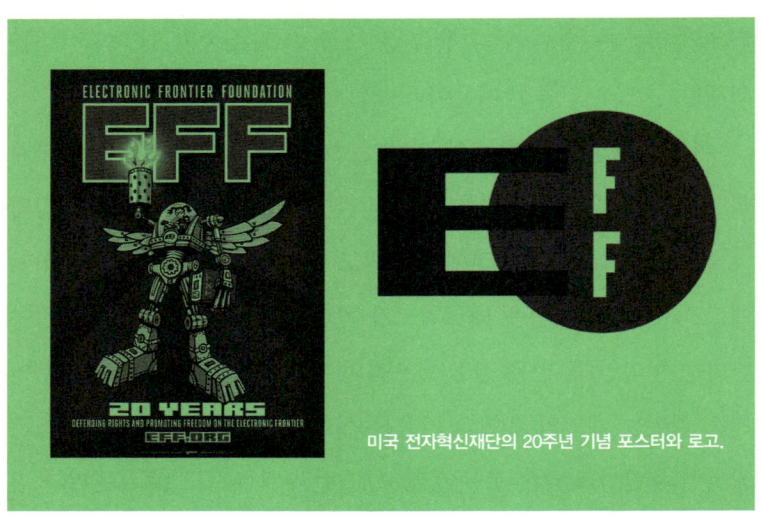

미국 전자혁신재단의 20주년 기념 포스터와 로고.

해적 방지 법안SOPA 반대 여론이 형성될 당시의 네트워크 분석 자료를 토대로 볼 때, 해당 법안의 위험성에 대해 알리고 저항하는 시민들의 움직임을 조직하는 데 전자혁신재단 같은 정보 인권 관련 시민단체가 네트워크의 허브로서 중요한 역할을 했다. 따라서 이런 상황을 분석해보면, 우리에게도 미국과 비슷한 공익 단체가 필요하다는 결론에 이르게 된다.

인터넷은 새로운 산업일 뿐 아니라 새로운 사회다. 누구나 소비자일 뿐 아니라 창조자가 될 수 있는 혁신의 기반이다. 그러나 한국형 망 중립성 논의에서 발견할 수 있는 것은 그러한 인터넷의 미래가, 적어도 이 땅에서는 산업 내 이해관계자 간 이해 조정의 문제로 국한된다는 것이다. 그리고 그러한 논의의 틀에서는 인터넷의 미래에 대한 '공공적 가치'를 논하기가 쉽지 않다. 따라서 우리에게 필요한 것은 일반 시민도 관련 문제

에 대해 객관적인 입장에서 충분한 자료를 제공받을 수 있고, 자신의 의사를 실제 정책 결정에 영향을 미치는 형태로 반영할 수 있는 전문성과 영향력을 갖춘 정보인권 관련 시민단체의 출현이다. 그리고 그러한 관점에서 볼 때, 미국의 전자혁신재단 같은 선진 사례들이 좋은 참고가 될 수 있다.

그러나 한국은 정부의 역할, 기업의 책임, 시민사회의 능력 등 많은 부분에서 미국과 차이가 있으므로 그러한 점을 감안해 인터넷 기업, 관련 정부기관 그리고 문제의식을 공유하는 유능하고 열정 있는 사람들의 참여를 바탕으로 장기적인 관점에서 접근해야 할 것이다. 물론 그 설립 과정도 만만치 않을 것이고, 운영의 독립적 재정을 확보하고 활동의 영향력을 인정받는 것도 쉽지 않을 것이다. 하지만 우리가 기억해야 할 것은 그런 수고와 노력 없이 한국의 망 중립성뿐 아니라 인터넷의 정책 결정 과정에서 공익적 입장이 대변되는 걸 기대하는 건 현실적으로 더욱 어렵다는 것이다. 이것은 우리가 할 수 있어서가 아니라 해야 하기 때문에 완수해야 할 과제다. 공짜 점심이 없다는 말이 진리라면, 그것은 이윤뿐 아니라 공익을 지키기 위한 일에도 마찬가지로 적용된다. 자유는 공짜가 아니다.

웹은 죽지 않았다, 아직은

웹은 죽었다

"웹은 죽었다." '인터넷에서 작은 수요들이 합쳐 큰 시장을 이루고', 그것이 아마존 등 소위 웹 2.0 기업의 성공을 도왔다는 《롱테일 경제학》의 저자 크리스 앤더슨('TED의 아버지' 크리스 앤더슨과는 동명이인), 그는 자신이 편집장으로 있는 《와이어드》에 2010년 8월 17일 위와 같은 도발적인 제목의 글을 실었다.

해당 글은 발표되자마자 미국 언론계에 논란을 일으켰고,[43] 국내 언론도 이를 소개한 바 있다.[44] 그러나 이를 PC·웹은 죽고 모바일·앱이 그를 대체한다는 단순한 논의로 압축하는 것은 곤란하다. 이 논란의 배후에는 그보다 더 의미심장한 것들이 많다.

그 배경은 웹이 우리에게 무엇이었는지를 좀 더 깊이 생각해보면 분명해진다. 일반인들은 인터넷과 웹을 혼동하는 경우가 많다. 웹을 인터넷 그 자체로 생각한다. 그러나 웹과 인터넷은 다르다. 인터넷은 1969년에 탄생한 개방형 네트워크이며, 웹은 1989년에 영국계 과학자인 팀 버너스 리에 의해 개발된, 인터넷상에서 작동하는 하나의 응용 프로그램에 불과하다. 그럼에도 이 웹의 영향력이 인터넷 못지않게 대단했던 것은 우리가 인터넷을 사용하는 접속 화면Interface의 대개가 웹이었기 때문이다. 상호 연결된 문서hypertext라는 개념을 토대로 한 월드와이드웹은 개방적인 인터넷을 각종 텍스트, 이미지, 비디오 및 멀티미디어의 공유의 장場으로 탈바꿈시켰고, 이전엔 연구자·기술자의 영역에 한정돼 있던 인터넷을 만인을 위한 새로운 창조와 협업의 공간으로 끌어올렸다.

따라서 웹이 죽었다는 것은 우리의 네트워크 정보 환경이 변화했다는 것을 뜻한다. 누구나 허락받지 않고 자신이 원하는 정보를 올리고 나누고 접근할 수 있던 웹에서, 애플과 같은 플랫폼 제공 업체의 영향력하에 있는 모바일이나 태블릿 혹은 이후 등장할 또 다른 휴대용 전자 기기의 앱으로 우리가 인터넷을 만나는 접점이 변한다는 것은 인터넷 권력 구조의 변화가 일어났다는 것을 말한다. 한편으로는 인터넷을 이용하기 더 편해졌고, 따라서 소비자 후생이 증가한 것이지만, 다른 한편으로는 인터넷을 통제하기 더 쉬워졌고, 따라서 시민적 권리가 후퇴한 것이다. 우리는 그 교환이 과연 가치 있는 것인지, 우리가 감수할 만한 희생인지를 생각해봐야 한다.

웹이 죽었다는 근거는 일차적으로 트래픽이다. 1990년대 들어 웹브라우저 붐을 타고 급상승하던 웹의 트래픽이 2000년대를 지나면서 급격히 감소한다. 실제로 2010년에 인터넷 전체에서 웹이 차지하는 트래픽은 불과 10년 전에 비하면 반토막인 23%밖에 되지 않았다. 개방적이고 평등한 웹의 매력이 떨어졌다. 이제는 모바일, 태블릿PC 혁명으로 성장한 앱, 그리고 구글, 페이스북 등이 구축하고 있는 자체 콘텐츠 소비 플랫폼에게 그 자리를 내주고 있다는 것이다. 즉, 이것은 단순히 인터넷의 이용, 소비 패턴의 변화뿐 아니라 분산형 네트워크에서 중앙집권형 네트워크로 변화한다는 것을 뜻한다. 서울과학기술대학교 백욱인 교수의 표현을 빌리자면, 앤더슨이 강조하는 것은 "인터넷이 사춘기를 지나 성숙기로 접어들고 있기 때문에 초기의 호환성에 입각한 웹의 세계가 폐쇄적 상업화를 위한 앱의 체계로 변화하고 있다"는 것이다. 수익 모델이 애매한 웹이란 혼돈을, 통제된 플랫폼이란 문제로 해결한 앱이란 기적의 솔루션은 개방적 인터넷을 통한 해적질에 골치아파하던 "옛 미디어 업체나 인터넷 콘텐츠를 통해 수익을 올리려는 업체"들에게 적극적으로 환영받고 있는 상황이다.[45]

웹에 대한 앱의 위협에 앞서 구글, 페이스북 등의 자체 콘텐츠 소비 플랫폼의 성장에 대해 이야기해보자. 이 성장의 배경은 근거리 통신망인 이더넷을 발명한 밥 멧칼프의 멧칼프의 법칙 때문이다. 이 법칙은 '네트워크의 효용성은 이용자 수의 제곱에 비례한다'는 것이다.[46] 이 틀에서 보면 네트워크 경제에서 규모의 경제가 얼마나 중요한지 알 수 있다.

이용자 수가 2배 많다는 것은, 2배가 아니라 4배 더 가치 있다는 것을 말하기 때문이다. 그렇게 볼 때, 구글과 페이스북의 위력은 배

가된다. 개방성을 내세우면서 실제로는 오픈을 독점해 온라인 광고 시장을 장악하는 구글, 그 구글의 최대 라이벌로 부상하고 있는 페이스북의 5억 이용자가 갖는 진정한 힘을 깨닫게 된다.

물론 여기서 왕의 귀환에 성공한 스티브 잡스의 공로를 빼놓을 수 없다. 과거 PC대전에서 MS와 IBM의 공동 전선에 밀려 할리우드로 유배당했던 잡스는 그곳에서의 경험을 바탕으로 캘리포니아의 남과 북, 실리콘밸리와 할리우드를 융합할 수 있는 지혜를 축적했다. 그 내공으로 선보인 것이 전설의 '아이' 시리즈의 시작을 알린 아이팟이었다. 그러나 아이팟으로 MP3 시장을 석권한 신화의 근본은 아이튠즈에 있었다. 미디어 산업계는 냅스터, 카자 등 P2P 파일공유 사이트들과의 전쟁에 힘이 빠졌고, 공짜이긴 하지만 질이 떨어지는 자료들 사이를 뒤지고 다녀야 하는 P2P 소비자들이 지쳤다는 것을 잡스가 제대로 읽었기 때문이다. 잡스는 정보재 거래를 위한 수요와 공급이 만나는 균형점을 아이튠즈에서 찾았다. 그리고 그 아이튠즈 모델은 아이폰의 앱스토어 모델을 통해서 음반 시장을 넘어 통신 시장으로 확대되었고, 이제는 아이패드를 통해 한 걸음 더 나아가 출판 시장을 정조준한다.

마찰 없는 경제인 인터넷의 폭발적 잠재력은 누구나 가늠하고 있었지만, 그것이 어떻게 기존 산업계를 뒤엎을 파괴적 혁신으로 등장할지는 누구도 쉽게 그 답을 내놓지 못했다. 그 답을, 돌아온 황태자 스티브 잡스가 제시한 것이다. 콘텐츠 공급자에게 던지는 잡스의 충고는 이것이다. 수익성을 원한다면 이제는 웹을 버리고 앱으로 오라. 그리고 사실 그 선택이 매력적인 것은 이용자도 아는 사실이다.

더 적은 시간을 들여, 더 안전하게, 원하는 기능과 서비스를 얻을 수 있다면, 굳이 앱이 아닌 웹을 쓸 필요가 없다. 중요한 것은 '웹'이냐 '앱'이냐가 아니라 더 큰 효용이기 때문이다.

웹 사망 선언에 대한 의문

수요자와 공급자가 함께 손을 잡고 추는 춤이니, 웹에서 앱으로의 역사적 이동은 환영할 만한 일인 것 같다. 그러나 먼저 이 이동이 사실이라는 점을 확인하기 위해서는 아직 짚고 넘어가야 할 부분이 있다.

첫째, 〈뉴욕타임스〉의 닉 빌톤이 지적한 것처럼,[47] 앤더슨의 통계해석에는 잘못된 부분이 있다. 인터넷 트래픽에서 웹의 비중이 감소한 것이 사실이긴 하다. 그러나 그동안 인터넷 전체 이용자 수가 폭발적으로 증가했다. 이를 통해 우리는 이용자들이 웹보다 앱을 더 이용함에 따라 웹의 영향력이 감소할 것이라는 앤더슨의 주장의 맹점을 찾을 수 있다.

한 장의 통계를 가지고 인터넷 역사의 대전환을 말하는 것은 사실 약간 무리가 있다. 그리고 그 이용 행태도 획기적으로 변했다. 인터넷상 웹의 이용 비율이 감소한 것은 사실이지만 그동안 웹의 절대사용량도 증가했다는 점을 보아야 한다. 그리고 이용 행태 면에서 보면, 잡스가 아이튠즈, 앱스토어 모델을 통해 온라인 정보재 거래의 새로운 경제적 균형점을 만들어준 덕분으로 P2P에 대한 이용 비율이 감소한 것은 사실이다. 그러나 대신 비디오 이용률이 급증했다.

그 이유는 간명하다. 주로 텍스트 위주의 콘텐츠 공유를 목적으로 하던 인터넷이 기술 혁신에 힘입어 음성을 넘어 이제 비디오를 주로 공유하기 시작한 것이다. 이에 따라 인터넷은 기존의 방송, 음반, 출판 등 콘텐츠 유통망을 모두 통합할 수 있는 플랫폼으로 부각되고 있다. 구글, 애플, 아마존 등이 출판 시장이나 TV 시장에 뛰어드는 것도 이 같은 IT와 미디어, 그리고 문화 산업을 통합할 인터넷의 잠재성 때문이다. 인터넷은 말 그대로 네트워크의 네트워크가 되어가고 있다.

인터넷의 미래는 무엇인가

이에 관한 앤더슨의 또 다른 지적이 있다. 앤더슨은 IT와 미디어, 그리고 문화 산업 통합이라는 인터넷의 미래에 대해, "과거 미디어 산업의 공룡들이 그랬던 것처럼, 현재 주요한 플랫폼을 쥐고 있는 애플, 구글, 페이스북 등도 독점적 산업을 구축할 것이라고 했다. 그것은 규모의 경제와 소비자의 효용에 의해 정당화된다. 그리고 그들이 독점적 행태를 보임에 따라 인터넷은 웹의 분산형 질서가 무너지고, 수개의 플랫폼에 의해 중앙집권적으로 통치될 것"이라고 전망했다.

그러나 사실은 다르다. 이용자 수에 따라 네트워크의 효용성이 제곱으로 증가한다는 맷칼프의 법칙은 맞다. 그러나 초기 인터넷 제왕이었던 야후 이래 인터넷은 수없이 그 승자를 갈아치워온 날카로운 경쟁의 무대였다. 애플을 제외한 구글, 페이스북 등은 모두 인터넷의 새로운 강자들이다. 잡스 이후의 애플, 그리고 지난 5년 동안 위협적인 서비스를 내놓지 못한 구글, 끊임없이 새로운 파트너십을 추구하는 페이스북 역시 미래가 불안하기는 마찬가지다.

이것은 두 가지 이유 때문이다. 첫째, 전통적인 미디어 산업의 공룡들은 콘텐츠뿐만 아니라 플랫폼을 보유하고 있다. 예컨대 방송망, 전화망 등은 가입자가 쉽게 이탈할 수 없는 물리적 환경이다. 그리고 초기에 그 같은 망 구축에 상당한 비용 투자가 요구되기 때문에 자본금이 빈약한 신생 기업이 덤빌 수 없는 영역이다. 그러나 구글, 페이스북 등의 플랫폼 기반이 되는 인터넷은 다르다. 인터넷 위에 또 다른 온라인 플랫폼을 구축한다고 해도 그것이 이용자들을 강력하게 구속하기는 어렵다. 인터넷은 초기 인터넷 아버지들의 망 중립성 원칙에 따라서 모든 콘텐츠를 동일하게 취급하고 있다. 따라서 인터넷에 수억의 이용자를 보유한 온라인 플랫폼을 가지고 있다고 해서 구글이나 페이스북이 인터넷 자체를 바꾸는 것은 아니다. 그들이 시작부터 다른 인터넷 서비스가 만들어내는 콘텐츠와 본질적인 차별성을 만들어낼 수는 없다.

둘째, PC가 인터넷 생태계의 중요한 역할을 하고 있는 한 인터넷이 과거 미디어의 행태를 답습하기는 어렵다. 하버드 로스쿨의 조나단 지트레인 교수에 따르면 PC는 일반적 목적general purpose에 따른 '열린 창조성generativity'을 가진 기계다. 즉, 운영체제와 소프트웨어가 분리된 PC는 제품 설계자가 설계한 목적 이외에 다른 용도로 활용될 수 있다는 것이다. 그래서 최초의 킬러 애플리케이션이었던 이메일을 비롯해 웹 등 수많은 기술적·사회적 혁신이 나올 수가 있었다. 따라서 이 PC 기반의 인터넷 생태계가 보존되는 한, 인터넷은 여전히 새로운 미래에 열려 있고, 인터넷의 개방성이 유지되는 한, 웹의 미래는 앤더슨의 예측과 다를 것이다.[48]

사실 이러한 특성이 지난 수년 동안 인터넷 강자들이 독점적 플랫폼을 만들려는 것을 막아왔다. 구글, 페이스북은 과거의 전기, 수도, 철도와 같은 인프라가 유틸리티가 된 것처럼 자신들의 서비스를 유틸리티화하려고 한다. 이용자들이 자신들의 서비스가 좋아서 쓰는 것이 아니라, 쓰지 않으면 안 되는 환경을 만들려고 한다. 그러나 전기, 수도, 철도와 IT 인프라가 같을 수 없다. 앞서 말한 것처럼 PC 기반 인터넷 생태계는 이용자 창조성에 따라서 그 응용성이 달라지기 때문이다. 아무리 구글과 페이스북이, 아니 앱이 유틸리티가 되더라도, 그것은 이용자를 배제할 수 없다. 이용자를 배제할 수 없다면 그 이용자들이 개방적이고 평등한 웹을 원하는 한, 그것을 무시할 수는 없다.

따라서 웹은 죽지 않았다. 그러나 '아직'이란 수식어가 필요하다. 웹을 죽이는 방법은 존재한다. 웹의 아킬레스건이 있다. 웹의 지속적 혁신성을 지켜주고 있는 이 인터넷 아키텍처의 기본적 원칙들을 무너뜨리면 된다. 그리고 그 일은 이미 시작되고 있다.

누가 웹을 죽이고 있는가

먼저 모든 콘텐츠는 인터넷상에서 동일하다는 망 중립성의 원칙은 서서히 깨지고 있다. 인터넷 콘텐츠, 서비스 영역의 강자가 인터넷

105

망을 제공하는 업자들과 거래를 맺는 현상이 나타나고 있다. 망은 앞서 말한 진입 장벽이 높은 사업이다. 그래서 어느 나라나 거의 예외 없이 독점 내지 과점 상태. 미국의 경우 유선 시장은 AT&T, 버라이존 Verizon, 큐웨스트 QWest가 삼분하고 있고, 무선 시장은 AT&T, 버라이존, 스프린트 넥스텔 Sprint Nextel, T-Mobile로 사분되어 있는 상황이다. 한국은 유무선시장 모두 KT, SKT, LG유플러스의 삼파전 양상이다. 이통사는 문자, 통화 등의 기존 비즈니스 모델이 모바일 메신저, mVoIP 등을 통해 위협당하고 있는 상황에서 새로운 수익 모델을 탐색하고 있는 상황이다. 인터넷 기업은 이들과 치열한 전쟁을 치루고 있는 상황이지만, 반대로 자신만 전선에서 이탈한다면 경쟁사들보다 유리한 고지를 점령할 수 있을 것 같은 유혹을 받는 상황이다. 망 사업자와 제휴를 한다면 콘텐츠와 함께 플랫폼을 손에 쥘 수 있는 가능성이 있기 때문이다. 이 유혹은 오픈 인터넷을 기업 정신으로 삼고, 그 어느 기업보다도 앞장서서 오픈 인터넷을 주장해온 구글에게도 강했다.

2010년 8월 구글은 버라이존과 함께 공동으로 오픈 인터넷 표준을 만들겠다고 발표했다. 여기서 무선 인터넷은 배제되어 있었으며 따라서 망 중립성 논의가 여기서는 적용이 안 될 수 있다. 유선 인터넷에 대해서도 법적인 콘텐츠, 애플리케이션, 장치 등에 대한 소비자의 선택권을 존중한다고 이야기했지만,[49] 전자혁신재단이 지적한 것처럼 여기서 '법적인' 것이 무엇인지에 대한 정의가 애매했다. 통신사가 '추가해야 하는' 새로운 혁신이 어디까지 허용될 수 있을지도 모호했다.[50] 구글은 자사의 정책 블로그를 통해 구글이 버라이존에게

영혼을 팔았다는 것은 낭설이라 일축했지만, 위와 같은 합리적 의심이 가시지 않는 이상, 완전히 부정할 수는 없는 비판이다.

구글도 무조건적인 선은 아니다. 그렇다면 애초에 회사의 모토가 '악하지 말자Don't be evil'일 필요가 없다. 2009년 국내에서 유튜브가 인터넷 실명제 적용 대상이 됐을 때, 구글은 과감히 한국 국가 설정을 통한 업로드 및 댓글 작성을 차단하여, 표현의 자유를 수호하는 영웅 대접을 받았지만, 정작 2011년에는 구글이 운영하는 SNS 구글 플러스의 실명 정책을 발표해 전 세계적으로 익명성에 대한 논란nymwars을 일으켰다.[51] 구글이 타 기업에 비해 덜 악할 수는 있다. 그러나 그것이 아예 악할 수 없다는 것을 의미하지는 않는다. 가장 이상적으로 보였던 기업마저 무너지는 순간, 기준은 내려가고 나머지 기업들은 더 쉽게 동맹을 배신할 수 있다.

다음 문제는 지금의 PC 단말기가 기반이 된 열린 웹 생태계를 모바일, 태블릿 단말기 기반 생태계 혹은 닫힌 앱 생태계로 대체되는 부분이다. 애플의 iOS 진영과 구글의 안드로이드 진영이 맞서고 있는 스마트폰 전쟁의 불이 꺼지지 않고 있다. 단적인 예로, 아마존의 전자책 판매고가 종이책을 추월하고, 보급형 킨들과 아이패드는 불티나게 팔리고 있다.

이 현상이 지속되면 이 대체의 미래가 우리의 오늘이 되는 것은 멀지 않을 것이다. 이것은 IT 인프라가 전기, 수도, 철도와 크게 다를 바가 없게 된다는 것을 의미한다. 사람들은 그것을 소비할 뿐, 그것을 통해서 무언가 새로운 창조를 해내는 자유를 갖기는 어렵기 때문이다. 물론 그 플랫폼 안에서도 어느 정도 창조가 이루어질 수 있다. 모든 혁신과 창조가

PC를 통해서, 인터넷을 통해서 이루어지는 것은 아니지 않은가. 그러나 적어도 온라인상에서의 혁신은 이제 해당 플랫폼 제공자의 허락에 따른 제한된 혁신으로 대체된다.

나아가 이렇게 플랫폼 제공자의 허락에 따른 생태계의 전환은 혁신만 죽이는 것이 아니다. 이것은 그동안 당연하게 여겨왔던 이용자의 권리도 죽인다. 이게 어떤 의미인지를 생각해보려면 무겁고 불편한 종이책 대신에 등장한, 가볍고 편리한 전자책이란 마법의 부작용을 생각해보면 된다.

내가 내 돈 주고 사는 전자책은 기본적으로 '소유'할 수 있는 성격의 것이 아니다. 아마존, 애플과 같은 플랫폼 사업자가 '접근'을 허용해주는 것에 불과하다. 예를 들어서 내가 킨들로 정기구독하는 잡지, 구매한 도서, 스크랩한 문서들은 내가 킨들에서 다른 전자책 사업자가 제공하는 플랫폼으로 이동하는 순간 무용지물이 된다. 이는 상식의 반격이다. 내가 교보문고에서 종이책을 산 뒤에 교보문고의 '허락을 받지 않으면', 내 책의 보관·이용·공유에 제한이 생기는 것은 아니지 않은가. 그러나 킨들은 아니다. 전자책은 다르다. 분명 내가 결제해서 구매한 도서임에도 사실상 내가 소유권을 가지고 그 사용 목적을 내가 정의할 수 있는 것이 아니다. 어디까지나 아마존이 '허락한' 사용 목적 내에서만 사용할 수 있으며, 그렇지 않을 경우 내가 구매한 킨들 콘텐츠에 대한 내 권리는 제한된다.

그리고 이렇게 일부 기업들에 의해 지식이 독과점되는 현상은 지식의 미래를 어둡게 만든다. 2012년 6월 2일 파리 루브르박물관의 장서각 2층 난간에서 기호학자 움베르트 에코는 자신이 쓴《장미의 이름》종이책과, 같은 콘텐츠가 든 킨들을 동시에 떨어뜨리는 쇼를 벌인 바 있다. 산산조각이 난 킨들에 비해 상대적으로 건재한 종이책을 과시함으로써 전자책에 대한 의존도가 높아졌을 때 지식의 보존 효과는 감소할 수 있다는 것을 보여준 것이다.[52] 인터넷을 통해 지식이 생산되고 분배되는 정도가 높아진다면 인터넷의 자유는 지켜야 한다. 인터넷의 자유가 지켜지지 않을 때, 우리의 자유도, 우리 사회의 자유도, 우리 아이들의 자유도 위험해질 수 있기 때문이다.

웹은 아직 죽지 않았다. 앤더슨의 주장은 도발적이었지만 놓친 것이 많았다. 그는 웹의 이용 비중이 감소하는 것은 제대로 짚었지만, 그 절대적 이용량이 증가했다는 사실을 간과했다. 비디오 이용량 증대가 IT와 미디어, 문화 산업을 융합하는 것을 암시한다는 것은 바로 봤다. 그러나 중앙 플랫폼에 따른 콘텐츠 소비에도 불구하고 인터넷에 기반한 플랫폼과 콘텐츠 산업의 수직 통합은 구속력이 약하다는 점을 놓쳤다. 나아가 여전히 열린 창조성이라는 일반적 목적을 위한 단말기인 PC가 웹 생태계에서 차지하는 역할이 있는 한 웹의 기반이 아직 무너지지 않았다는 것을 무시했다.

그러나 아직일 뿐이다. 망 중립성의 원칙을 위반한 콘텐츠 제공 업체와 망 제공 업체의 결탁은 새로운 기업이 인터넷 시장에 진입할 수 있는 장벽을 높이고 있다. 모바일, 태블릿의 대량 공급과 시장 확대에 의해서 PC 중심 웹 생태계가 닫힌 단말기에 기초한 웹 생태계로 변화하고 있다. IT 인프라는 전기, 수도 등의 인프라와 유사해지고 있다. 그리고 우리의 21세기는 점점 더 20세기의 어두운 면을 닮아가고 있다.

그래서 시작일 뿐이다. 우리가 진정 인터넷 네트워크의 망 중립성, 인터넷 단말기의 열린 창조성 등 오늘날 개방적이고 평등한 웹의 근간을 이루는 원칙과 질서를 간과한다면 웹 죽이기는 현실이 될 것이다. 이는 웹이 죽는다는 사실보다 더 의미심장하다. 월드와이드웹이라는 것은 1990년대에 당시 유럽입자물리연구소^{CERN}에 재직하던 팀 버너스 리 경이 인터넷상 문서 공유의 편리를 위해 만든 애플리케이션에 불과하기 때문이다.

다시 말해 웹이 웹을 만든 것이 아니다. 웹은 망 중립성과 열린 창조성의 원칙이 지켜졌기 때문에 나올 수 있었다는 것이다. 하드웨어와 소프트웨어가 분리된 PC라는 단말기를 통했기 때문에 팀 버너스 리는 해당 애플리케이션을 허락 없이 제작할 수 있었다. 또 그 웹 자체가 문서의 편집과 공유를 통한 재창조에 제한을 두지 않았기 때문에, 불과 20년 만에 전 세계로 확산됐다. 열린 창조성 원칙의 힘이다.

나아가 인터넷의 모든 콘텐츠는 동일한 대우를 받는다는 망 중립성 원칙이 웹의 확산에 힘이 됐다. 웹은 창조와 혁신이 일상적으로 일어날 수 있는 경쟁이 평등한 플랫폼이다. 웹이 위협이 된다고 해서 기존 미디어 세력이 웹을 견제하기는 쉽지 않았다. 그 플랫폼이 있었기 때문에 오늘날 웹이 나올 수 있었다.

따라서 앱이 웹을 죽인다면, 새로운 소비 콘텐츠 플랫폼이 창조성 민주화의 상징인 웹을 죽인다면, 그것은 웹의 종말만 의미하지 않는다. 그것은 인터넷 플랫폼을 통해 지속되어왔던 개방이 이룬 혁신과 공유에 의한 창조에 일퇴가 가해지는 것을 뜻한다. 그들이 바꾸는 것은 웹 이후 새로운 플랫폼만이 아니다. 그들은 웹을 통해 부상한 창조의 패러다임을 소비의 패러다임으로 대체할 수 있다.

왜 웹의 죽음이 우리 모두의 문제인가

그렇다면 이것은 누구의 문제인가? 몇몇 기술자들과 기업가들의 문제이지 일반인인 나와는 관계가 없지 않은가? 아니다. 웹이 죽는다는 것은 우리 모두의 문제다. 로버트 케너 감독의 〈푸드 주식회사Food Inc.〉라는 다큐멘터리는 먹는 음식을 소품종 대량생산한 결과가 어떤 것인지 보여준다. 슈퍼마켓에 가면 수없이 다양한 종류의 음식이 있는 것처럼 보인다. 그러나 실상 대부분의 음식은 손가락에 꼽을 수 있는 숫자의 제조사들이 만든 것이다. 그 음식은 자연에서 길러지고 사람들에 의해 만들어지는 것이 아니다. 그것들은 실험실에서 배양되고 공장에서 조합된다. 비만, 심장질환, 간질환 등 온갖 성인병, 문명병으로 고생하고 있는 현대인의 고통은 그 식단에서 시작됐다.[53]

그리고 웹이 죽고 앱이 대세를 잡는다는 이야기는 그 슈퍼마켓이 이제 물리적인 것에 제한되지 않는다는 것을 뜻한다. 열린 창조성과 망 중립성이 사라진 곳에는 더 많은 소비를 위한 플랫폼만이 잔존한다. 그곳에서는 더 많은 개인정보가 수집되고, 그것이 광고 등 상업적 목적을 위해 활용될 뿐이다. 점점 더 거대해지는 미디어 기업 앞에서 일반 시민들의 목소리는 갈수록 작아진다. 그 음식이, 그 정보가 우리에게 과연 궁극적으로 좋은 것인지에 대한 의문은 달콤한 편리의 유혹 아래 묻힌다.

앱을 구동시키는 다양한 디바이스들

웹, 그리고 인터넷의 창조와 혁신의 자유는 죽어가고 있다.
그러나 그 같은 자유는 공기와 같아서 막상 있을 때는 그 필요성을 별로 느끼지 못
한다. 우리는 인터넷과 웹의 자유를 너무 당연히 생각했기 때문에 그것이 소비와 편
리의 이름으로 대체되는 것에 대해 불안감을 느끼지 못한다. 그러나 공기가 사라진
후에도, 자유가 극히 감소한 후에도 역시 같은 생각을 가질 수 있을까?

사실 이것은 이미 경고된 미래였다. 사이버 법률의 대가인 로렌스 레식은 그의 역저《코드와 다른 사이버 공간의 법들Code and Other Laws of Cyberspace》에서 이것이 인터넷의 미래가 될 수 있다고 주장했다. 인터넷은 무한한 자유를 보장해주는 것 같다. 그러나 실제로 그 자유는 코드라는 아키텍처에 의해서 유지된다. 따라서 인터넷을 상업화하려는 세력이 그 코드를 변경할 경우, 그 자유는 제한될 수 있다.[54]

그것이 지금 우리가 보는 현실이다. 웹, 그리고 인터넷의 창조와 혁신의 자유는 죽어가고 있다. 그러나 그 같은 자유는 공기와 같아서 막상 있을 때는 그 필요성을 별로 느끼지 못한다. 우리는 인터넷과 웹의 자유를 너무 당연히 생각했기 때문에 그것이 소비와 편리의 이름으로 대체되는 것에 대해 불안감을 느끼지 못한다. 그러나 공기가 사라진 후에도, 자유가 극히 감소한 후에도 역시 같은 생각을 가질 수 있을까? 어떤 콘텐츠를 올리고 공유하기 위해서 반드시 누군가의 허락을 받아야 할 때에도 같은 기분이 느껴질까? 이것은 경제적 효용성의 논의로만 압축되어서는 안 될 우리의 근본적 시민의 자유, 표현의 자유에 대한 이야기이기도 하다.

따라서 다시 논의의 핵심은 웹의 죽음이 아니다. 웹이 죽는 것은 자연스러운 일일 수 있다. 탄생과 소멸은 자연의 법칙이기 때문이다. 그러나 문제는 그 후에 또 다른 웹이 태어날 생태계가 지금의 환경이냐는 것이다. 웹을 만들어낸 인터넷의 개방적이고 분권적인 질서가 유지되고 있느냐는 것이다. 그래서 지금이 중요하다. 아직 웹이 죽지 않았을 때, 인터넷의 개방성이 그 명맥을 유지할 때인 바로 지금, 나의 인터넷을, 우리의 웹을 지키기 위한 모두의 노력이 필요하다.

구글의 개방 역시 악할 수 있다

구글의 오픈

개방과 폐쇄는 한국 사회에 익숙한 진영 논리의 이분법으로 볼 일이 아니다. 애플의 iOS, 아마존의 킨들OS와 같은 폐쇄적 플랫폼의 문제는 앞서 말한 것처럼 제한된 혁신이다. 그러나 폐쇄는 악, 개방은 선이 아니다. 폐쇄와 개방은 주어진 상황, 혹은 그러한 시스템이 현실에 어떠한 결과를 만들어내느냐에 따라 충분히 재평가될 수 있는 개념이다. 동시에 오로지 도덕적 관념에서 이 문제를 접근할 경우, 개방이란 패러다임이 어찌 변질될 수 있을지, 그리고 그것이 개인과 사회에 어떻게 위협이 될 수 있을지에 대해서는 간과하게 될 위험성도 있다. 따라서 우리는 영국의 정치철학자 이사야 벌린이 강조한, '절대적인 권리는 있으나 절대적인 권력은 없다'는 명제를 기억할 필요가 있다.[55] 개방을 내세우는 세력 역시 부패할 수 있는 가능성이 있다면 그것을 견제하는 것 역시 필요하다.

실제로 자기 이익 보전을 목적으로 침윤할 수 있는 것은 '악하지 말자Don't be evil'라는 모토를 가진 구글도 예외가 아니다. 구글이 애플의 대항 패러다임으로 내세우고 있는 '오픈'이 과연 '오픈'인지 생각해보자. 역사적인 흐름을 보면 나눠 써도 줄지 않는 소위 비경합적 재화의 '개방적 공유'란 의미에서 오픈은 운석의 충돌로 발생한 결과가 아니다. 그것은 우리가 이제야 발견한 오래된 미래다. 생각해보자. 우리는 국가라는 새로운 조직 관리의 틀을 발견하고 그 기반 위에 시장경제라는 새로운 교환의 원리를 정립하기 훨씬 전부터 공동체로서 생활을 해왔다. 달리 말하면 재화를 생산하는 문제에 있어서 우리가 이분법적으로 생각하는 국가와 시장 이전에 공동체가 있었다는 것이다. 그리고 우리는 그 공동체를 통해서 양떼를 먹이기 위한 목초지, 사람들이 사는 지역의 산림이나 하천 같은 공유지commons resource pool를 관리해왔다.

공유지는 누가 관리해야 하나?

우리가 이 같은 지혜에 대해서 비관적 인식을 갖게 된 것은 1968년에 생물학자 가렛 하딘이 저명한 과학 학술지 《사이언스》에 기고한 '공유지의 비극The Tragedy of Commons'이라는 논문 탓이다. 그는 목초지, 물고기, 광물 등과 같은 공유지의 관리는 일괄적으로 시장에 맡겨서는 안 되며 정부의 규제 혹은 참여자의 강력한 합의를 통해 관리되어야 한다고 주장했다. 그러나 대부분의 사람들은 하딘의 주장을 반만 받아들였다. 하딘의 시장 자율의 맹점에 대한 지적은 수용했고 정부 규제의 필요성에 대해서는 공감했지만, 그가 역설한 참여자의 강력한 합의의 중요성에 대해서는 간과한 것이다. 그래서 공유 자원의 관리에 대한 주장은 시장 자율과 정부 규제의 양론으로 나뉘게 됐다. 정부 규제의 독이 심하면 시장 효율성의 약을 쓰고, 시장의 그림자가 짙으면 정부가 다시 질서를 세우는 것이다. 사람의 상호 작용이 아닌 조직의 질서가 문제를 해결한다는 것이 우리의 방법론이다. 그 바탕에는 공동체가 공유지를 관리하는 것에 대한 깊은 불신이 깔려 있다. 사람들이 인센티브도 없는데 이 같은 공동 자산을 보호하려고 할까? 사람들이 강제력도 없이 그 같은 사회적으로 긍정적인 행동에 참여하고자 할까?

그러나 그 같은 흑백논리가 우리의 오래된 상식뿐 아니라 학문적 성과에도 맞지 않다는 것이 밝혀졌다. 인니애나 대학 정치학과의 교수였던 고故 엘리노어 옴스트롬(2009년에 여성 최초로 그리고 정치학자로서 노벨경제학상을 받았다.)의 《집단행동과 자치제도 Governing the Commons》라는 책을 보면 제3의 길의 있다. 스위스의 목양지, 일본의 숲, 스페인과 필리핀의 관개 관리를 예로 볼 때 시장 혹은 정부가 답이 아니다. 그것은 공유지를 지역의 공동체가 관리하는 것이다. 전통으로 돌아가는 것이다. 물론 그녀는 이 공동체 관리가 항상 우월하다고 주장하지 않는다. 거기엔 엄격한 조건이 요구된다. 공동체의 범위가 명확히 규정되고 갈등 해결의 매커니즘을 공동체가 가지고 있어야 하며, 참여자들의 결과물에 대한 책임 의식이 동반되어야 한다. 그러나 적어도 그럴 경우에는 공동체가 공유지를 관리하는 능력은 정부나 시장보다도 더 우수하다.[56] 지금 소셜 웹 환경의 네트워크에 존재하는 콘텐츠, 애플리케이션을 비롯한 정보재도 위와 같은 공유지에 포함된다. 경제학적으로 공유지는 남이 더 가진다고 내가 덜 갖게 되지는 않는 비경합적 재화여야 하는데, 네트워크상에 존재하는 정보재도 남에게 나눠준다고 줄어들지는 않기 때문이다. 이는 네트워크상에 존재하는 정보재의 관리 역시 반드시 정부 혹은 시장에 의해서 관리될 때 더 나은 방식으로 결과가 나타나지 않는다는 것을 말한다.

그리고 실제로 컴퓨터와 인터넷 발달사에 뚜렷한 오픈의 역사는 그 같은 가정의 실효성을 보여준다. 대표적 예로 1984년 당시 대표적 운영체제였던 유닉스Unix의 상용화에 대한 반대 운동이 있었다. 이는 당시 무상으로 공개되어 있던 정보 공유지의 사유화에 대한 저항 움직임이었다. 그리고 이런 시장이 아닌 공동체의 관리를 통해서 소프트웨어 문화와 산업을 발전시키려는 운동의 상징은 MIT의 해커였던 리처드 스톨만이었다. 그가 1985년에 발표한 'GNU 선언문The GNU Manifesto'은 그 운동을 주도한 해커 정신을 잘 보여준다. 선언문에서 스톨만은 "창조가 사회에 공헌할 때는 오직 그 결과를 사회가 '자유'롭게 이용할 수 있는 조건" 아래에서라고 말했다. 그러나 예언자 스톨만과 그의 '자유 소프트웨어 재단'은 너무 고결했다. 물론 그가 유닉스에 저항해 만든 GNU라는 대안 운영체제가 사회나 산업에 기여한 바는 결코 무시할 수 없지만 일종의 도덕적·정치적·정신적 움직임으로 승화시키고자 했던 스톨만의 성향은 좀 더 단순한 동기를 가진 사람들의 참여를 제한했다.

이를 위해서 스톨만의 자유 소프트웨어 운동의 정신을 좀 더 깊이 들여다볼 필요가 있다. 예를 들어 자유 소프트웨어의 영어 이름은 'Free Software'인데, 이것은 영어 원어상으로는 가격이 '공짜'라는 의미와 '자유로운 권리'라는 뜻을 동시에 담는다. 당연히 스톨만은 후자를 주장했지만 이 운동이 사실상 '상업화에 대한 저항'으로 출발했기 때문에 이 프로젝트는 '공짜'에 대한 명백한 선호도 있었다.[57]

그러나 이 공짜와 자유라는 두 가지 의미는 리누스 토발즈와 그의 뒤를 따르는 전 세계 프로그래머들로 구성이 된 리눅스 프로젝트(보다 정확히는 GNU/리눅스 프로젝트)에 의해서 분명히 구분되기 시작한다. 1991년에 시작된 이 리눅스 프로젝트는 독점적이고 폐쇄적인 운영체제, 소프트웨어 개발의 대안에 대해서 적극적으로 공감했다. 그러나 그들은 90년대 중후반에 이르러서 상업성에 대해서는 어느 정도 타협하기를 원했다. 현실을 본 것이다. 그들은 소프트웨어 개발자들에게도 수익을 보장해야 했고, 수익성이 없이는 장기 프로젝트의 생존이 어렵다는 것을 깨달았다. 그에 따라 자유 소프트웨어와 구분하여 리눅스 프로젝트는 스스로를 오픈 소스라 부르게 된다. 《성당과 광장 The Cathedral and the Bazaar》이라는 책에서 에릭 C. 레이몽은 스톨만의 정신적 후광에서 벗어나 대안 소프트웨어 개발 운동이 오픈 소스로 정립되어 산업 전반으로 확장되었기 때문에 이 사건을 획기적이라고 부른다. 실제로 GNU가 지지부진한 가운데, 리눅스는 끊임없이 성장해 이제 서버 시장에서는 무시 못할 점유율을 가지게 되었다. 현재 모바일, 태블릿 시장 등에서 애플의 iOS 운영체제와 쌍벽을 이루고 있는 구글의 안드로이드 운영체제도 바로 이 리눅스의 피를 물려받았다. 리눅스는 공유지에 대한 공동체의 관리가 정부, 시장에 의한 관리보다 우월할 수 있다는 것을 보여준 대표적 사례다.[58]

이렇게 정부와 기업의 발달에 의해 힘을 못 쓰던 공동체가 다시 인류의 대안으로 등장한 까닭을 기술 환경의 변화에서도 생각해볼 수 있다. 하버드 로스쿨의 정보생태학자인 요하이 벤클러는 이 변화의 근거를, 정보를 생산하고 분배할 수 있는 수단인 컴퓨팅이 참여자 대다수에게 가능하고 대량의 정보가 모두에게 공유되며 대규모 프로젝트의 역할이 작게 분할된 점에서 찾는다. 그 상황에서는 파트타임 프로그래머들이 세계 최대의 IT 업체와 경쟁할 수 있는 그림이 그려진다는 것이다.[59]

넷스케이프의 부활

'패자 부활전'에 성공한 넷스케이프는 이 같은 이용자들에 의한 P2P 생산Peer to Peer production 혹은 사회적 생산social production의 명백한 성공 사례다. 인터넷 상용화의 기틀을 마련한 웹브라우저 모자이크Mosaic의 대통을 이은 넷스케이프는 MS와 반독점 법적 공방을 벌이느라 지칠 대로 지쳐버렸다. 그러다 1998년 역사적인 결정을 하는데, 바로 넷스케이프의 소스 코드를 모질라 재단을 통해 공개하기로 결정한 것이다. 그리고 넷스케이프는 파이어폭스로 변신한다. 파이어폭스는 현재 전 세계 웹 브라우저 시장에서 20%가 넘는 점유율을 기록 중이다. 죽어가던 넷스케이프를 오픈과 소셜이 살린 것이다. 따라서 공동체에 의한 관리의 효율성은 우리가 생각한 것보다 훨씬 더 많은 곳에서 조용히 증명되고 있다.

이것이 IT 산업계에 있어서 오픈의 기본적 개념이고 역사다. 그러나 더 중요한 사실은 오픈이 언제나 같은 오픈이 아니었다는 것이다. 예컨대 리처드 스톨만에게 있어서 오픈이란 자유였다. 그것은 도덕이고 정치이고 그에게는 거의 종교에 가까웠다. 그러나 리눅스에 이르러서 오픈은 관리 방식에 가까워진다. 그래서 스톨만이 반대했던 상업화 중에서 그들은 독점화만은 반대하고 상업화는 일부 수용하는 방식으로 진행되게 된다. 그러나 여기까지는 비록 타협을 이루었을지라도 여전히 공동체의 가치 증진을 위한 오픈이었다.

그럼 지금 오픈의 대표 주자라 할 수 있는 구글에 이르러서는? 구글의 오픈은 어떠한 성격의 오픈인가? 구글이 안드로이드 플랫폼을 가지고 있고, 따라서 스톨만과 리누스의 핏줄을 이어받고 있는 것은 사실이다. 구글의 페이지 랭크 알고리즘이라고 하는 것도 일부 특정인의 권위에 의존하는 것이 아닌, 다수의 선호에 따른 검색 민주주의를 실현했다는 점에서 공동체에 의한 공유지의 관리에 속한다. 그러나 구글은 다르다. 구글이 검색 시장을 석권해서 구글 어스를 통해 지도를, 구글 에디션을 통해 책 콘텐츠를 흡수하며 하고 있는 일은 점점 더 디지털화되는 사회 환경의 정보 접근information access의 문을 독점하는 것이다. 모든 길이 로마로 통하는 것처럼 그들은 모든 정보가 구글로 통하길 바란다. 그 관문을 쥐고 영향력을 발휘하려고 한다. 그리고 이것은 구글의 관점에서 본다면 합리적인 일이다. 그들에게

넷스케이프는 파이어폭스로 변신한다.
파이어폭스는 현재 전 세계 웹 브라우저 시장에서 20%가 넘는 점유율을 기록 중이다.
죽어가던 넷스케이프를 오픈과 소셜이 살린 것이다.

따라서 공동체에 의한 관리의 효율성은 우리가 생각한 것보다 훨씬 더 많은 곳에서
조용히 증명되고 있다.

이로운 비즈니스 모델이고 사업 목표다.

따라서 구글의 오픈은 그들이 오픈소스를 여전히 적극적으로 반영하고 환영하고 있다는 점에서는 오픈이지만, 그것이 명백히 구글을 위한 것이라는 점에서 다르다. 물론 구글 측에서는 구글을 위한 것이 정보 접근성을 확장시킨다는 점에서 사회를 위한 것이라 주장한다. 그러나 그들이 아마존 농부나 오픈소스 개발자들과 다른 것은, 그들은 주주와 광고주를 끊임없이 의식할 수밖에 없는 기업이라는 것이다. 그들이 공동체를 이용하는 것이지 그들 자신이 공동체는 아니다. 그 점에서 그들의 오픈은 제한적 오픈이다. 다시 말해 구글이 오픈의 질서를 개편한다고 했을 때, 그것은 구글에게 이로운 성격의 오픈이다. 그리고 불행히도 구글에게 이로운 것이 모두에게 이로운

구글의 오픈은 누구에게 이로운 오픈일까?

DON'T BE EVIL*

*Unless It's Profitable

Google

Google Search   I'm Feeling Lucky

Advanced Search
Language Tools

것은 아니다.

　여기서 다시 한 번 수년 전 버라이즌과 구글이 맺은 밀약을 기억해보자. 앞서 언급한 인터넷에서 모든 콘텐츠는 동일한 대우를 받아야 한다는 망 중립성을 모바일에서는 양보한다는 내용이었다. 이것이 한때 망 중립성 수호의 기수를 자임했던 구글의 이면이다. 전체 사회로 봤을 때는 꼭 이로운 결과일 수 없지만, 구글로서는 기업 전략 차원에서 현명한 선택이었다. 바로 이것이 그들만의 오픈의 정체다. 구글은 개방을 통해 오픈을 독점했다. 지금 추세로 보면, 정보 접근의 문을 지키면서 콘텐츠를 선별하는 것이 그들의 미래, 그들이 말하던 악하지 말아야 할 미래라고 주장하는 것도 억측과 오산은 아닐 것이다.

그들의 오픈은 제한적 오픈이다. 다시 말해 구글이 오픈의 질서를 개편한다고 했을 때,
그것은 구글에게 이로운 성격의 오픈이다.
그리고 불행히도 구글에게 이로운 것이 모두에게 이로운 것은 아니다.

Google

공동체에 의한 공유지 관리와 공동체를 이용한 공유지 관리가 차이는 없어 보인다. 그러나 IT 혁명의 초창기였던 1995년, 미래학자 제레미 리프킨은 《소유의 종말》에서 이에 대해 분명한 경고의 메세지를 보냈다. 그는 모든 것이 디지털화된 시대가 되면, 과거에는 상상할 수 없었던 정보의 사유화가 나타날 것이며, 그 방법은 우리가 생각한 것보다 직접적이지 않고 은밀할 것이라 예언했다.[60] 이 대목은 노벨문학상 후보로 여러 번 오른 바 있는 일본 작가 엔도 슈사쿠가 그의 소설 《모래꽃》에서 묘사한 중세 악마를 떠오르게 한다. 그 중세 악마는 뿔 달린 염소가 아니라 조용히 쌓여 우리의 눈을 어둡게 하는 먼지다. 악하지 말자던 구글이 악하게 된다면 그들은 그와 같은 모습을 가질 것이다.[61]

신호등 없는 거리를 만든 몬더만의 교훈

이처럼 불안하게 진행되는 오픈의 미래는 구글에게도 결코 이로운 시나리오는 아니다. 네덜란드의 교통 안전 전문가 한스 몬더만은 신호등 없는 거리로 도시를 더 안전하게 만들었다. 2003년에 네덜란드의 작은 도시 그라스텐은 각종 교통 신호를 없앴음에도 불구하고 '우측 통행자 우선 원칙' 하나로 교통 사고가 완전히 사라졌다. 이 실험 결과에 놀란 유럽 지역 곳곳에서 동일한 원리에 입각한 교통 개혁이 시행됐고, 한스 몬더만은 하루아침에 영웅이 됐다.

이 안전성의 비밀에 대해 몬더만은 차도와 인도, 차와 사람을 서로 구분한 것, 각종 교통 안내와 신호로 인간과 인간의 상호 소통을 막은 것이 애초에 문제였다고 말한다. 인간이 위험성에 대한 공통의 의식을 가지고 소통을 통해 문제를 해결하려고 한다면, 그들의 잠재력이 안정성을 충분히 높일 수 있다는 것이다. 사람을 바보로 취급하면 바보로 행동한다. 그것이 몬더만의 주장이다.[62]

사실 이것이 공동체에 의한 공유지 관리의 핵심이었다. 인간을 창조자로 대우했기 때문에, 동료로 배려했기 때문에 그 소셜, 사회적 생산 혹은 P2P 생산에 의해서 오늘날 디지털 혁명의 중심인 오픈이 등장할 수 있었다. 웹 2.0을 생각하면 쉽게 떠올리게 되는 개방, 공유, 창조란 만트라의 정체였다. 그렇다면 오픈을 자기들만의 것으로 하는 것은 구글 역시 자신의 미래를 죽이는 꼴이다.

구글이 우리의 미래가 될 수는 없다

그러므로 우리의 미래를 영리를 최우선으로 하는 기업에 전적으로 맡길 수는 없다. 오픈이 과거의 오픈일 뿐만 아니라, 현재의, 그리고 우리의 더 나은 미래로 열린 오픈이게 하려면 먼저 우리 각자가 잠들지 않고 깨어 있어야 한다. 자기 자신을 단순한 소비자로 전락시키고 창조의 본능을 포기하는 순간, 스스로를 바보 취급하는 순간, 오픈은 특정 소수만을 위한 오픈이 될 것이기 때문이다. 그러므로 우리는 아이패드와 갤럭시탭의 스펙 이야기보다 훨씬 더 큰 이야기들을 기억하고 21세기를 바라보아야 한다. 온갖 신제품과 서비스에 대한 스펙 비교 이야기는 1년 후, 3년

125

후, 그리고 10년 후가 지나면 일부 역사가나 관심을 가질 사실이지만, 기술과 사회의 변화, 그리고 그 변화가 우리에게 주는 기회와 도전의 이야기는 우리가 지금 관심을 가지지 않는다면 나중에는 우리의 삶을 옥죄는 현실로 나타날 것이다. 아이패드와 갤럭시탭 혹은 갤럭시노트의 비교는 결국 둘 중 어느 회사의 제품을 살 것이냐의 문제다. 그러나 인터넷이 어떻게 변하느냐, 지금의 오픈과 소셜이라는 트렌드가 어떠한 사회적 구조로 정착될 것인가 하는 문제는 앞서 말한 것처럼 우리가 속한 사회의 정체성, 그리고 나 자신의 본질적인 자유에 관한 문제다.

part 2

불법이 문제인가
악법이 문제인가

인터넷보다
더 위험한
인터넷 규제

미디어의 역사는 독점의 역사다

우리가 경이롭게 보는 인터넷은 사실 독립된 기술이 아니다. 전신, 전화, 라디오, 영화, TV, 케이블로 이어지는 전자 네트워크electronic network 발전사의 연장선상에 인터넷이 있다. 따라서 이 같은 전자 네트워크 발전사의 원조이며, 오늘날에도 이통사라는 형태로 그 산업이 남아 있는 전화 사업의 역사를 살펴보면 우리는 인터넷이 어떻게 발전할 것인지 예측해볼 수 있다. 구체적으로 우리는 여기에서 기술 발전에 따라 독점적 이익과 새로운 혁신 간의 갈등이 어떻게 나타나는지, 그리고 그 사이 어디쯤에 정부의 역할이 있는지, 있다면 어떤 역할이 적절한지를 따져볼 수 있다.

1875년 알렉산더 그레이엄 벨이 자석식 전화기를 발명했을 때,

이 기술이 앞으로 어떻게 쓰일지 정확히 예측할 수 있는 사람은 거의 없었다. 잘 알려져 있다시피 벨 본인은 교육자인 아버지를 따라서 농아자들이 발음을 더 잘할 수 있도록 돕는 일을 했고, 실용적 전화를 발명한 것도 그 같은 인도적 목적에서 크게 벗어나지 않았다.[63] 대체로 많은 산업의 초기 개발자들이 그랬듯, 벨 역시 순진하고 이상적인 생각을 가지고 전화를 만들었던 것이다.

그러나 당시 미디어의 대표 주자로 전신을 독점하고 있던 웨스턴 유니온이 보기에 이러한 벨의 동기가 순수하게 보이지 않았다. 오히려 그들에게 벨은 자신들의 전신 사업을 멸망시키려고 등장한 악의 축이었고 당돌한 해적이었다. 등장인물이 여기까지만 있었으면 에디슨 이상의 천재로 교류 전기를 만든 니콜라 테슬라가 그랬듯, 벨 역시 역사 속으로 조용히 사라졌을 것이다. 그러나 신은 이 역사를 심심하게 흘러가도록 놔두지 않았다. 신은 반대편에도 걸출한 인물을 허락했다. 오늘날의 스티브 잡스 같은 사람이 그때에도 있었으니, 그가 '미디어 역사의 숨은 진시황' 씨어도어 뉴튼 베일이다.

1845년 미국 오하이오에서 태어난 베일은 뉴저지에서 의학과 전신을 공부하고, 전신 회사인 웨스턴 유니온과 철도 우체국에서 경력을 쌓았다. 이후 1878년에 베일의 자질에 감명을 받은 벨의 장인 가디너 G. 허바드의 제휴를 받아, 나중에 미국 최대 이통사가 되는 아메리칸 벨 전화 회사American Bell Telephone Company의 경영자로 입사한다. 그리고 베일은 허바드가 기대한 대로 특허법을 이용해 전화의 싹이 크기 전에 자르려 했던 웨스턴 유니온의 공격을 막아낸 뒤, 결국 웨스턴 유니온을 무너뜨렸다. 그리고 그때부터 오늘날까지 전 세계 미디어사에 큰 영향력을 미치는 AT&T라는 회사를 중건한다." 그러나 여기서 기억해야 할 중대한 사실은 씨어도어 뉴튼 베일의 승리가 아니다. 그것은 AT&T란 기업의 성격이다. 베일은 폐쇄적이고 집중된, 최대한 통제할 수 있는 네트워크가 우월하다는 신념을 갖고 있었다. 자유경쟁과 민주주의란 분권화가 상식으로 자리 잡힌 시대에 살고 있는 우리들에겐 이것이 상식에 반하는 소리로 들릴 수 있겠지만, 과다경쟁의 피해가 빈번했던 당대에는 시장의 무능을 해결할 수 있는 유일한 방법으로 유행하던 기업 사상이었다. 베일만 이런 생각을 했던 것은 아니고, 록펠러, 카네기 등 베일과 어깨를 나란히 했던 당대 산업의 거인들도 같은 생각으로 자신들의 독점을 정당화했다. 그들에게 독점은 자신의 성공을 위해서만이 아니라 산업을 살리고 국가를 위하는 길이었다.

실제로 이들이 기간산업을 구축하는 데 공헌한 바가 없는 것은 아니다. 그러나 이러한 독점의 제국 아래에서 그들이 원하지 않는 혁신은 자라날 수 없다는 치명적 단점이 있었다. 대표적인 것이 1940년 개발된 허쉬어폰Hush-A-Phone에 대한 이 회사의 대응 사례다. 해리 터틀이 만든 허쉬어폰은 AT&T가 만든 전화기의 통화 소음을 줄여주는 기능을 가지고 있었다. 지금 기준으로 생각하면 아이폰에 장착하는 액세서리 같은 것이다. 그러나 AT&T의 기준에서 이것은 이용자의 편익을 증진하는 애플리케이션이 아니라, 그들의 정당한 권위에 도전하는 반역 행위였다. 구체적으로, 그들이 가진 이념으로는 네트워크의 성능을 향상시키고 가치를 증대시키는 역할은 어디까지나 AT&T가, 이통사가 해야지 이용자가 같은 권리를 가지려 하면 질서가 무너지고 혼란이 오며, 그러면 모두가 피해를 보는 것이 당연했다. 그들은 AT&T란 회사를 위해서뿐만 아니라 사회를 위해서도 허쉬어폰이 사라져야 한다고 판단했고, 자신들을 위해서 공권력을 동원하는 수단도 마다하지 않았다. AT&T는 법원에 자신들이 '허락하지 않은 부착물^{foreign attachment}'이며 네트워크의 안전을 위협하고 그래서 많은 시민들에게 피해를 줄 수 있으니, 허쉬어폰은 위법이라고 고소하고 결국 시장에서 사장시켰다.

물론 여전히 공리적으로 판단하면 허쉬어폰 하나를 잃은 것보다 인프라 전체의 안정성을 지킨 것이 더 가치가 있는 것이니, AT&T의 말이 일리가 있다고 주장하는 사람도 있을 수 있다. 그러나 그것은 어떤 기술이 어떻게 쓰임을 받을지는 아무도 모른다는 '혁신은 눈먼 것'이란 진리의 중요성을 간과한 것이다. 장기적으로 보았을 때 허쉬어폰의 침몰은 허쉬어폰만의 비극이 아니라 당대 사회의 비극이었다. 제2의 허쉬어폰인 '카터폰'이 살아났을 때 어떤 새로운 미래가 열렸는지가 그 문제점을 잘 보여준다.

1968년 토마스 카터는 전화에 라디오 기능을 추가해주는 '카터폰'을 만들었다. 역시 이때도 AT&T는 발끈했다. 발끈한 이유는 역시나 베일주의란 명분이었다. 최대한 통제하는 것이 가장 좋은 네트워크 관리이지, 거기에 이용자가 새로운 것을 붙이고 넣고 할 수 있는 권리까지 주는 것은 위험하다는 것이었다. 그러나 이때는 정치적 입장이 바뀐 정부가 다른 행동을 보였다. 1968년 연방통신위원회는 제품의 최선의 사용이 무엇일지 결정하는 것은 소비자가 스스로 할 일이고, 그것은 그들의 정당한 권리라고 인정해주었다. 그리고 카터폰이 그렇게 문을 열어준 이후, 팩스 · 모뎀 등 전화 네트워크에 부착해서 사용할 수 있는 새로운 제품과 서비스들이 줄이어 등장했다. 인터넷도 이런 전화 네트워크를 새롭게 활용할 수 있는 혁신의 생태계를 바탕으로 등장할 수 있었다. 만약에 이통사들이 인터넷은 허락받지 않은 부착물이며, 전화 네트워크의 안정성에 큰 문제가 될 수 있다고 주장하고, 그 말을 정부가 곧이곧대로 들어줬다면 애초에 인터넷이 발붙일 자리는 없었을 것이다.[65]

불법보다 더 무서운 악법

지금까지 살펴본 이야기를 통해서 우리가 얻을 수 있는 결론은 이런 기술과 산업 발전의 역사에서, 잘 보이진 않지만 정부의 역할은 피할 수도 없고, 때로는 긍정적인 역할도 한다는 것이다. 죽은 혁신이 산 혁신을 잡을 수 있는 상황에서 또 다른 혁신이 일어날 수 있게 해주려면 전향한 해적들이 새로운 해적들을 잡아먹을 수 없는 일정한 기준이 필요한데, 그것을 제시하고 또 그것을 지키게 만들 수 있는 유일한 지위와 권력을 갖춘 것이 정부이기 때문이다. 물론 정부 대신 시장이 그 역할을 해주지 않겠냐는 나이브한 기대가 나올 수도 있지만, 허쉬어폰 사례에서 보듯 그것은 정부가 '개입되어 있지 않다'는 전제하에서만 가능한 것이다. 어떤 형태로든 완전히 정부가 시장에 개입한 것을 배제할 수 없다면, 우리가 할 수 있는 현실적 대안은 그 개입을 최대한 긍정적으로 만드는 사회적 원칙을 수립하는 것이다.

그럼 이제 오늘날 우리 현실로 돌아와보자. 우리는 어떤가? 예를 들어 우리 인터넷 규제는 불가피한 점을 인정한다고 쳐도, 그것을 정당화할 수 있을 만큼 새로운 혁신을 도모하고 사회적 가치를 높이고 있을까? 그 같은 평가 기준으로 보면 냉철하게 이야기해서 우리 인터넷 규제는 좋은 점수를 주기 어렵다. 역시 이렇게 말하면 섭섭하게 생각할 정부 관계자도 많을 것이다. 그리고 과거 정보통신부 시절 IT 강국을 만들겠다는 사명감을 갖고 헌신했던 관료들이 있었던 것도 인정한다. 그러나 규제 양산이 아니라 그 같은 규제가 시장과 사회에 주는 가치를 기준으로 삼을 땐, 낮은 평가를 줄 수밖에 없는 증거들이 존재함도 부정할 수 없다.

대표적 예로 지난 2011년 겨울 큰 문제가 됐던 정부의 'SNS 규제'를 생각해보자. 방송통신심의위원회(이하 '방심위')가 2011년 12월, '방송통신심의위원회 사무처 직제규칙' 개정안을 발표하면서 SNS와 스마트폰, 태블릿PC용 애플리케이션 심의를 담당하는 '뉴미디어정보심의팀'을 신설한 것이 사건의 발단이었다. 곧 〈나는 꼼수다〉 등의 반정부적 성향을 가진 애플리케이션을 잡아 반대파를 죽이려는 것 아니냐는 여론이 들끓었고, 방심위 측은 그런 정치적 의도는 전혀 없고 "그동안 여러 팀에서 분산 추진해오던 SNS와 애플리케이션 심의를 일원화해 효율적으로 추진하기 위한 것"이라고 해명했다.[66]

그러나 그것도 속 시원한 해명이 되지 못했다. 시민들이 효율성이란 단어를 모르기 때문에 방심위의 결정에 반발하는 것이 아니다. 그들이 보기엔 그동안 방통위의 규제 행보가 그런 효율성이란 잣대만 가지고 이루어진 게 아닌 것처럼 보였기 때문이다. 그동안 SNS와 애플리케이션 심의를 분산 추진했다고 했으니, 과거에는 관련 규제를 어떻게 했는지 따져보자.

방심위 의원이기도 한, 고려대 법학전문대학원 박경신 교수에 따르면 방심위가 SNS 심의팀을 만들기 전부터 SNS 심의를 한 것은 맞다. 2011년 말, 방심위는 이미 180건 정도의 SNS를 차단했다. 그러나 그중에는 대통령 욕설을 연상시킨다며 차단시킨 트위터 아이디 '@2MB18nomA'도 포함된다. 그것도 아예 계정 자체를 막아서 '(그 트위터 이용자의) 팔로워들이 올린 글까지 차단'했다. 물론 대통령을 욕하는 것이 권장할 만한 일이라고 하긴 어렵다. 그러나 대통령의 신변에 위협이 된 것도 아니고, 일종의 풍자적 의미가 있는 상징적 행위까지 검열하면 시민의 정치적 자유가 제한될 위험이 크다.

거기다 박경신 교수가 추가적으로 지적한 것처럼 검열이 그렇게까지 가는 데에는 그런 행위를 합법화하는 법의 책임도 크다. 정보통신망법 44조 7항은 "범죄행위를 목적으로 하거나 교사·방조하는 정보"를 불법 정보로 정의하는데, 이렇게 모욕죄로 처벌을 내리면 권력자가 그 법을 남용하여 시민의 정당한 권리를 침해할 수 있는 위험성이 있다. 단적인 예로, 박경신 교수가 2011년 5월 17일 구글 코리아 강연에서 강조한 것처럼 전 세계에서 모욕죄라는 걸 가지고 있는 나라는 네 곳밖에 되지 않는다. 그것은 근대화 과정에서 독일법을 일본이, 일본법을 대만과 한국이 가져다 썼기 때문이다. 이들을 제외한 대부분의 나라가 쓰고 있는 것은 이러한 윗분들의 자존심을 지켜드리기 위한 모욕죄가 아니라 혐오죄로, 혐오죄의 기능은 인종, 계급, 성별 등으로 차별당할 가능성이 큰 소수자들을 지키기 위한 것이다.

미국 같은 경우 사람을 폭행했을 때 인종 혐오적인 발언을 하면서 폭행을 하면 이 혐오죄가 적용돼 가중처벌을 받게 돼 있다.[67]

그리고 앞의 사례를 보듯이 그 같은 사이버 모욕죄의 폐단은 가능성이 아니라 현실로, 실제 SNS 규제 사례로 이미 우리 눈앞에 있다. 그런 사례들이 정부가 SNS 전담반 설치하겠다고 했을 때 시민들이 선뜻 받아들일 수 없게 하는 분명한 이유가 되는 것이다. 이미 그렇게 신뢰를 잃은 상태에서, 어떤 미사여구가 동원되어도 국민의 마음을 돌리는 것은 쉽지 않다.[68]

또한 규제를 통해 무엇을 하려고 하는 것인지 참 애매하게 보이는 것이 이번 SNS 규제 건만은 아니다. 양치기 소년도 한 번의 거짓말로는 신뢰를 잃지 않았다. 거짓말의 역사가 길었기 때문에 마을 사람들 모두가 그를 버린 것이다. 한국판 인터넷 규제의 대표작이라고 할 수 있는 "일정 규모 이상의 사이트를 운영하는 정보통신서비스 제공자가 게시판을 운영할 때", "이용자의 본인 여부를 확인하도록 하는" 인터넷 실명제(정식 명칭은 '제한적 본인 확인제')를 생각해보자. 인터넷 실명제를 알게 되면 대한민국 인터넷 규제의 알파와 오메가를 알게 된다. 그것은 의사라고 자처해서 나선 사람이 원인이 아니고 증세만 보고 약을 썼다가, 결국은 원인을 못 잡아서 병만 깊어졌는데, 왜 병이 깊어지는지 애초에 오진을 했던 것은 아닌지 따져보지 않고, 오히려 더 강력한 수술을 감행하는 것과 같다.

2006년 7월 28일 참여정부의 정보통신부와 열린우리당이 개정한 정보통신망법에 포함되면서 힘을 갖게 된 인터넷 실명제의 발단은 언제나 그렇듯 여론을 떠들썩하게 하는 사건들이었다. 정치권은 문제가 커져야만 행동에 나서기 때문이다. 지금은 흐릿해졌지만 당시 해외에도 널리 소개된 '개똥녀 사건'을 포함한 사이버 폭력 사건들이 많았다. 정부는 그 같은 사건의 원인을 익명성으로 규정했다. 그리고 그 대안으로 인터넷 실명제를 도입한 것이다. 익명을 실명으로, 그것도 자발적으로 하는 것이 아니라, 강제로 의무로 바꾸면 인터넷이란 공간이 어떻게 바뀌는 것인지, 그렇게 되면 기존의 인터넷 사업자들이 지게 될 짐은 얼마나 무거운 것인지 등의 고민들은 없었다. 여기서 드러난 규제 철학을 한마디로 요약하면 그것은 희생이 얼마나 크든 일단 급한 불은 끄고 보자는 것이다.

그렇지만 사실 불은 안 꺼졌다. 인터넷 실명제가 약 4년 동안 충실히 시행됐지만 2010년 중반, 타블로의 학력 위조 시비를 둘러싼 온라인 대전쟁이 전국을 달구었다. 2010년 4월 서울대 행정대학원의 우지숙 교수가 발표한 〈인터넷 게시판 실명제의 효과에 대한 실증 연구〉를 보면 인터넷 게시판의 비방글이 실명제 이전 13.9%에서 이후 12.2%로 미묘하게 줄긴 했으나 그것이 실명제 덕분인지는 불분명하다.[69] 비슷한 결과는 약 2년이 지난 2012년에 발표된 연구에서도 동일하게 확인된다. 카네기멜론 대학에서 박사 과정 중인 조대곤 외 2인의 연구자 그룹이 국내 포털 업체 한 곳과 언론사 한 곳의 토론 게시판을 샘플로 시행한 연구에 따르면 실명제 도입 이후 온라인상에서 공격적·반규범적 언어를 사용하는 비율은 27%에서 20%로 다소 감소했다. 그러나 대다수의 악플 작성자들은 실명제에도 불구, 자신의 언행을 바꾸지 않았다. 오히려 같은 연구에서 자주 댓글을 남기고, 그래서 신뢰를 통해 온라인 정체성을 획득한 사람들은 그렇지 않은 사람들에 비해 6배는 덜 부정적 댓글을 남긴다는 것이 발견됐다. 여기서 확인된 것은 제도가 아니라 문화가 인터넷 사용자들의 발화 태도를 바꾼다는 것이다. 제3자에 의한 강제는 온라인의 불편한 진실을 바꾸는 데 큰 힘이 되지 못했다.[70]

그렇게 규제 효과는 애매하지만, 규제 역효과는 확실하다. 먼저 실명제의 부작용으로 개인정보 노출 부담이 커졌다. 2010년 9월 7일 민주당 최문순 의원은 인터넷 실명제 도입 이후 개인정보 침해 신고가 53%, 주민등록번호 해외 노출이 432% 증가했다고 발표했다.[71] 이것은 사실 당연한 일이다. 온라인에 주민등록번호를 포함한 개인정보가 의무적으로 올라가고 주민등록번호만 알면 각종 사생활을 캘 수 있는 현실을 생각할 때, 이것은 예고된 개인정보 침해의 공포였다. 실명제의 정체는 '강제적 개인정보 입력제'였기 때문이다.

또한 인터넷 사업자들도 실명제 덕분에 가뜩이나 졸라맸던 허리를 잘라내야 할 상황이 됐다. 2010년 7월 19일, 팀 블로그로 운영하는 인터넷 언론인 블로터닷넷Bloter.net은 웹사이트 하루 평균 방문자 수가 10만 명이 넘어 인터넷 실명제를 따라야 하는 상황이 되자 실명제 대신 트위터, 페이스북, 미투데이 등 SNS 계정을 통해 기사에 대한 의견을 남길 수 있는 소셜 댓글을 도입하기로 했다.[72] 정부의 과도한 인터넷 규제인 인터넷 실명제에 반대하기도 하고, 실명제를 하면 방대한 개인정보를 서버에 쌓아둬야 하는데, 그것을 보안하고 관리하는 데 드는 비용도 만만치 않았기 때문이다. 이렇게 이용자와 사업자에게도 득은 별로 없고 실만 많은 인터넷 실명제가 누구를 위한 것인지 모르겠다.

그러나 인터넷 실명제는 바이러스를 닮았다. 최근 정치권 변화가 있기 전까지만 해도 인터넷 실명제는, 문제가 있다고 하면 할수록 규제만 더 강해지는 독종 바이러스였다. 물론 방송통신위원회에서 정보통신망법을 개정해 이제 2012년 8월부터 주민등록번호 수집과 이용이 온라인상에서 금지돼 인터넷 실명제가 한풀 꺾이게 됐지만, 인터넷 실명제가 강화되어온 기록을 살펴보면 역사는 그 반대 방향으로 흘렀다. 2007년 7월 27일 인터넷 실명제가 효력을 발휘하기 시작했을 때, 이용자는 웹사이트에 댓글을 남기거나 게시판에 콘텐츠를 업로드할 때 본인의 이름과 주민등록번호를 입력해 가입해야 했다. 이 규정은 2008년 12월에는 모든 온라인 포럼과 채팅방으로, 2009년 4월에는 하루 평균 이용자가 10만 명이 넘는 모든 웹사이트로 확대됐다.

나아가 이 결정에 따라 2009년에는 구글이 운영하는 유튜브 역시 실명제의 적용 대상이 됐으나, 구글은 실명제를 따라가는 대신 유튜브에서 한국 국가 설정으로 업로드를 하거나 댓글을 남길 수 없도록 조치했다. 그래서 정부 기관들도 유튜브에 동영상을 올릴 때는 대한민국이 아닌 다른 국적으로 올려야 하는 해프닝이 발생하게 됐다. 그리고 이는 실명제가 역차별 규제로 지적받는 근거 중 하나로 제시되게 됐다. 피할 구멍이 있는 글로벌 인터넷 기업과 달리 한국 인터넷 기업들은 실명제를 따르지 않을 경우 사업에 큰 지장을 입기 때문이다. 실제로 서강시장경제연구소가 발표한 자료에 따르면 2009년에 인터넷 산업은 한국 경제에 63조 원을 기여했으며, 이는 전체 GDP의 5.94%를 차지한다. 이는 전기·전자 부품 제조 산업(5.71%),

자동차 산업(4.23%)이 GDP에서 차지하는 비중보다 크다. 그러나 과도한 규제 덕분에 2000년대 중반부터(닷컴 버블이 꺼진 뒤로, 한국 인터넷 산업계에서는 이 시기를 한국 벤처 빙하기라 부른다.) 최근 5년간 우리 경제에 대한 인터넷의 성장 기여율은 6%에 그쳤다. 이는 맥킨지가 2011년에 추정한 16%에 훨씬 못 미치는 수치였다.[73]

이에 따라 국회의 입법 활동을 돕는 국회입법조사처도 2012년 1월 31일에 발표한 '인터넷상 주민등록번호 수집중단정책의 현황과 조사'라는 보고서의 결론에서 "해외의 사례들은 주민등록번호의 수집 없이도, 성공적인 인터넷 서비스 사업이 가능하다는 것을 보여줬다"고 강조하면서, "특정 개인정보의 법률상 활용 강제가 우리나라 인터넷 서비스 업체의 경쟁력을 저하시키고 있는 것은 아닌지 반문할 필요가 있다"며 문제를 제기한 바 있다.[74]

그리고 앞서 이런 인터넷 실명제의 문제가 인터넷 실명제만의 문제는 아니라고 했다. 사실 이것은 한국 인터넷 규제 전체의 문제다. 다른 인터넷 규제들 역시 실명제와 마찬가지로 그 맹점이 드러나면 드러날수록 규제는 더욱더 강화된다. 2011년 11월 20일에 시행된 '만 16세 미만 청소년들은 저녁 12시부터 새벽 6시까지 온라인 게임을 할 수 없도록 한' 게임 셧다운제가 좋은 예다. 정부의 도입 근거는 게임 과몰입이다. 2010년 12월 17일 문화체육관광부가 공개한 자료에 따르면 전체 초중고생 중 약 7%, 약 51만 명이 게임 과몰입 상태에 놓여 있다. 따라서 더 이상 게임 업체들의 자율 규제에 게임 산업을 맡겨놓을 수 없으며, 정부가 직접 개입할 필요가 있다는 것이다.

이러한 주장의 첫째 문제는 논리 빈약이다. 먼저 우리 청소년의

7%가 게임 과몰입에 빠져 있다고 해서 전체 청소년들에게 과도한 게임 규제를 할 필요가 있는 건지가 의문시된다. 그리고 과몰입이 문제라 할지라도 게임을 '언제 하는지'를 규제한다고 해서 그 문제가 해결될 수 있을지도 알 수 없다. 실제로 게임 과몰입에 빠져 피해를 입는 학생들이 있다 할지라도, 그렇지 않은 학생들의 권리를 침해하는 것이 정당한 것인지, 그리고 게임 과몰입에 빠진 학생들이 게임 셧다운제로 해결될 수 있을 것인지에 대한 논리적 근거가 명확하지 않다.

2011년 4월 26일 문화연대가 개최한 온라인 게임 셧다운제에 관련된 토론회에서 이병찬 변호사는 "1993년 헌법재판소가 청소년에게 당구를 금지하는 건 헌법상 보장된 행복추구권의 침해가 될 수 있다"고 한 것을 언급하며 "프로 게이머를 지향하는 청소년이 늘어나는 것처럼 게임이 오락이 아닌 자아실현의 수단이 되어가고 있는 상황"을 정부가 이해하지 못하고 있다고 강조했다. 다른 토론 참석자인 김민규 아주대 문화콘텐츠학과 교수는 한국입법학회가 게임을 사용하는 청소년을 둔 학부모 1000명과 학생 500명을 대상으로 조사한 연구 결과를 토대로 온라인 게임 셧다운제는 가정이 책임져야 할 영역에 국가가 간섭하는 것이라고 비판했다. 관련 연구를 보면 학부모 응답자의 77%는 자녀의 게임 이용을 지도한다고 밝혔지만, 청소년 응답자의 62%는 지도를 받지 않았다고 답했다.[75]

나아가 해당 규제의 형평성, 실효성에 대해서도 논란이 많다. 여성가족부가 게임 셧다운제 시행령을 밝히는 과정에서 스마트폰과 태블릿은 규제 대상에서 2년 동안 유예됐고, 플레이스테이션이나 닌

텐도 위^{Wii}같은 콘솔 게임은 규제 대상에서 제외됐다. 중독성으로 따지면 가장 독하다고 평이 난 '문명^{civilization}'은 게임 셧다운제 대상이 아니다.(게임 이용자들은 '문명'에 빠지면 "문명하셨다"고 표현한다.) 온라인 게임 가운데서도 스타크래프트1은 적용 대상이 아니고, 스타크래프트2만 적용 대상이며, 제작·판매사이며 해외에 서버를 두고 있는 블리자드는 게임 셧다운제를 적용하면 한국에서 접속하는 사용자의 인터넷 프로토콜^{IP}을 모두 차단하겠다고 밝혔다. 규제의 기준은 원칙이 없고, 방법은 실속이 없다.[76]

그럼에도 불구하고 2012년 2월 초, 게임 셧다운제는 3중 규제가 됐다. 여성가족부가 16세 미만 청소년 대상으로 심야시간 일부 인터넷 게임을 제한하는 강제적 셧다운제, 문화체육관광부가 18세 미만 이용자 대상으로 추진하는, 본인 혹은 보호자가 요청할 경우 원하는 시간에 게임 접속을 차단하는 게임시간 선택제(본래 이름은 '선택적 셧다운제'였으나, 문화체육관광부가 2012년 7월 1일 본격 시행을 앞두고 그 전주인 2012년 6월 26일에 이름을 '게임시간 선택제'로 바꿨다.), 교육과학기술부가 추진하는, 2시간 게임 후 10분간 접속제한을 하고 1회에 한해 재접속이 가능하며 4시간 이상 게임 이용은 불가능하게 하는 쿨링오프제가 게임규제 종합판으로 시장에 나왔다. 집집마다 하나씩은 꼭 있는 게임에 빠진 아이들 문제에 대해 대책을 내놓아야 국민들의 신뢰를 얻을 수 있다는 그 급박한 심정은 이해가 간다. 그러나 게임만 잡으면 만사형통이라는 주장이 복잡한 현실에 비해 너무도 단순한 답안이었다. 보다 합리적인 원칙 중심의 사후규제라는 대안은 일고^{一考}의 여지도 없었다.

이용자가 살아야 IT가 산다

그렇다면 왜 정부는 연이어서 실책만 범할까? 왜 우리 정부의 인터넷 규제는 사후약방문, 임기응변에 그칠 뿐일까? 왜 우리는 예측 가능하고 투명하며 원칙 중심적인 규제를 보기가 어려울까? 근본적으로 우리는 무엇을 놓치고 있는 것일까? 그것은 정보통신부 이래 정부가 내세운 'IT 강국'에 대한 철학이 빈곤하기 때문이다. 'IT 강국'이라는 말은 내세웠지만, 뭘 어떻게 해야 IT 강국인 것인지에 대해선 깊은 고민이 없다. 이 문제는 쉽게 말하면 이런 것이다. 아무리 경제 수준이 높고 민주주의가 형식적으로 보장돼 있어도 실질적으로 국민이 자기 권리를 행사할 수 없다면 그 사회는 개인에게 있어 좋은 사회가 아니다. 당장 내가 살기 힘든 세상인데 그 세상이 아름답고 훌륭한 세상이라고 볼 이유가 어디에 있겠는가? 마찬가지로 아무리 훌륭한 IT 인프라를 구축하고 우수한 콘텐츠와 애플리케이션을 보급해놓아도 실질적으로 국민이 그것을 안전하고 자유롭게 사용할 수 있는 환경을 제공해주지 못한다면 그것은 반쪽짜리다.

그러나 사실 그것이 우리가 추구해온 IT 강국의 실체였다. 브로드밴드, 3G, LTE로 이어지는 IT 인프라는 잘 설치하고 있다. 세계도 부러워하고 정부도 이것을 자랑스러워한다. 나름대로 콘텐츠 확보를 위해서도 노력하고 있고 애플리케이션 제작 지원도 애를 쓴다.

그러나 여전히 산업만 보지, 그 산업을 움직이는 나머지 절반, 산업보다 더 중요한 '사람'은 못 보고 있다. 쓰는 사람이 있고 새로운 사용법을 만드는 사람들이 있어야 카터폰 같은 제품과 서비스가 계

©EPA/MONICA M. DAVEY

세계에서 프로 게임이 가장 활성화된 나라에서 3중 게임 규제가 이뤄지고 있다.

게임셧다운제와 IT 강국은 어떤 관계일까?

'IT 강국'이라는 말은 내세웠지만,
뭘 어떻게 해야 IT 강국인 것인지에 대해선 깊은 고민은 없다.
이 문제는 쉽게 말하면 이런 것이다.
아무리 경제 수준이 높고 민주주의가 형식적으로 보장돼 있어도
실질적으로 국민이 자기 권리 행사를 할 수 없다면,
그 사회는 개인에게 있어 좋은 사회가 아니다.

속 시장에 나올 수 있으며, 사회가 생명력을 잃지 않고 지속적으로
발전하는 것임을 간과하고 있다.

　그리고 아마도 이렇게 정부가 IT 강국을 생각하면서 한쪽만 보고
가는 이유 중 하나는 정보화를 제2의 산업화쯤으로 생각하고 있기
때문이 아닌가 하는 생각이 든다. 고속도로를 뚫는 것이나, 통신망
인프라를 설치하는 것이나 다를 것 없고, 산업화 시대에 대기업 몇
개를 키워 그것으로 경제 발전을 했으니 인터넷도 대표적 기업 몇 군
데를 키우면 그것이 성공이라고 정의하는 경향이 있기 때문이다. 툭
하면 나오는 '한국의 빌 게이츠' '한국의 스티브 잡스' '한국의 마크
주커버그' 같은 근거 없는 수사들이 그런 바람에서 비롯된 것이다.

　그러나 우리가 자주 쓰는 고속도로와 인터넷의 비교는 인터넷을
모르고 하는 소리다. 고속도로 위를 오가는 운전자들은 그저 통행세
를 내는 존재에 불과하지만, 인터넷을 오가는 이용자들은 그 인터넷
의 실제 가치인 애플리케이션과 콘텐츠를 만들고 평가하고 재생산
하는 주인공들이다.

　이용자 없이는 인터넷도 없다. 일반 국민들의 참여 없이 우리 인
터넷의 발전을 기대하기는 어렵다. 한국인터넷진흥원이 2008년에
발표한 한국 인터넷 백서에 의하면, 국민 중 50%는 이용자가 주도
하는 콘텐츠UCC 생산에 참여하고, 그중 30%는 한 달에 한 번 이상 그
같은 창조 행위를 한다. 한국인 67%는 뉴스 구독을 온라인에 의존하
고 있다. 쓰고 읽는 국민의 정보 소통 행위의 상당 부분이 온라인을
통해 이루어진다.[7]

　그러나 한국의 IT 정책은 이런 이용자의 권리에 대해선 소홀히

하고 있다. 단적인 예로, 국내 어느 은행 사이트를 들어가도 끝없이 팝업창으로 액티브엑스^{Active X}가 뜬다. 이를 제외하고는 간단한 은행 결제 하나도 하기 어렵다. 이런 나라에서 페이팔^{paypal}과 같은 글로벌 인터넷 결제 서비스의 탄생을 기대하는 것은 무리가 아닐까? 대한민국 정부는 전 경제 인구의 65%, 1500만 명에 가까운 사람들이 공인인증서를 쓴다고 자랑한다.

그러나 IT 칼럼니스트 김국현이 지적한 대로 전자서명법 2조는 "가입자가 생성한 정보가 가입자에 유일하게 속한다"는 것을 증명하는 전자 인감에 불과하다. 그리고 그런 전자 인감 역할을 하는 게 굳이 우리가 대한민국 인터넷에서 무언가를 결제할 때마다 몇 개나 더 깔아야 하는지 모를 플러그인일 이유는 없다(플러그인이 문제인 까닭은 보안장벽에 설치한 본인도 알기 어려운 구멍을 만들기 때문이다.). 그러나 전자금융 감독규정 및 시행규칙에는 '공인인증서의 의무화'가 명시화되어 있고 그것이 한국 인터넷을 갈라파고스로, 한국 IT를 부끄러운 규제 강국으로 만들고 있다.[78] 그리고 사실 이런 사례는 액티브엑스만으로 그치지 않는다. 합리적 규제와 기술 중립성이 부족한 것이 온라인 결제 영역만은 아닌 것이다.

한국이 전 세계에서 85번째로 아이폰이 들어온 나라인 것은 우연이 아니다. 2012년 현재 카카오를 비롯한 IT 창업 열기의 핵심인 모바일 생태계가 나온 것은 2008년 12월 10일 방송통신위원회가 위피^{Wireless Internet Platform for Interoperablity}라는 정보통신부의 나 홀로 모바일 표준을 폐지한 덕분이었다. 물론 당시 정책 담당자들은 외국산 플랫폼에 내는 로열티를 아끼고자 국산 플랫폼을 제시한 것이고,

IT
Powerful
Country?

IT 강국으로 자리 잡길 원한다면, 빠른 인터넷 못지않게 자유로운 인터넷이 중요하다. 소비자의, 이용자의 선택권 보장이 필요하다. 그것이 글로벌 스탠다드이며, 정말 국민이 자랑스러워 할 수 있는 IT 강국, 소프트웨어 강국, 벤처 강국을 만들 수 있는 길이다.

국제적으로 키우고자 한 것이지만, 운영체제[OS] 차원에서만 봐도 그런 야심이 성공한 사례는 미국 외에 아무 데도 없다. 따라서 현실적으로 결국 한국에서밖에 쓰지 않게 될 플랫폼을 만들고자 하는 건 비효율적인 자원 배분이며, 결과적으로는 우리 IT 산업만 퇴행시키고 만다. 그리고 여기서 우리가 알 수 있는 것은 통제탑으로서 정보통신부를 살린다고 한국 IT의 경쟁력이 높아지는 건 아니란 점이다. 우리 IT 산업이 퀀텀점프를 하길 원한다면, 보다 근본적인 패러다임 전환이 필요하다.

따라서 정말 IT 강국으로 자리 잡길 원한다면, 빠른 인터넷 못지않게 자유로운 인터넷이 중요하다. 소비자의, 이용자의 선택권 보장이 필요하다. 그것이 글로벌 스탠다드이며, 정말 국민이 자랑스러워할 수 있는 IT 강국, 소프트웨어 강국, 벤처 강국을 만들 수 있는 길이다. 어떤 인터넷이 더 좋은 인터넷이라고 결정하는 것은 정부가 아니라 이용자여야 하고 일반 시민이어야 한다. 그것이 미래 한국의 인터넷, 미래 한국을 만드는 제1원칙이다. *영국의 근대 철학자 존 스튜어트 밀은 그의 역저 《자유론》에서 권위주의가 때로는 자유주의보다 경제적인 측면에서 더 나은 결과를 가질지라도 "배고픈 소크라테스가 배부른 돼지보다" 낫기 때문에 시민이 자기 삶을 시험할 수 있는 폭넓은 기회를 주는 자유주의가 더 우월한 이념이라 주장했다.* 스스로를 시험해보지 않으면 소인[小人]으로 남을 수밖에 없고, 그런 소인으로 구성된 나라가 대국[大國]이 될 수는 없기 때문이다. 그리고 그 같은 이치는 IT 강국 주장에도 마찬가지로 적용된다.[79] 이용자가 살아야 IT가 산다. IT의 힘은 자유에 있다.

타블로와
인터넷을
모두 구하라

인터넷 개방성과 이용자 참여, 그 빛과 그림자

2002년 11월 3일 캐나다의 한 고등학생이 스타워즈의 제다이 기사 흉내를 내기 위해 골프공 회수기를 흔드는 장면이 학교 스튜디오에서 필름화됐다. 그의 한 친구가 이 비디오를 발견했고, 곧 이 비디오는 P2P 사이트에서 돌다가 나중에는 유튜브에 올라갔고, 지금까지 약 1800만 명이 시청했다.

그러나 불행하게도 이 인기는 당사자에게는 별로 반갑지 않은 소식이었다. 이 비디오가 온라인에서 얻은 인기 탓에 학교에서 '스타워즈 키드'로 놀림을 받게 되었기 때문이다. 결국 이 일은 피해자가 애초에 비디오의 유포를 허락하지 않은 점을 문제 삼아 법적 소송으로까지 이어졌다. 여기까지 보면 이 스타워즈 소년 사건은 사이버 폭력

cyber bullying의 전형적 사례처럼 보인다. 그리고 피해자를 궁지에 몰아넣은 인터넷은 익명 다수의 공범처럼 느껴진다. 그런데 이 사건에 감춰진 이야기가 하나 있다. 그것은 온라인 여론이 꼭 마녀사냥만 하는 것은 아니란 것을 보여준 신사들이 있다는 것이다. 그 주인공은 온라인 무료 백과사전 위키피디아의 이용자들이다.

미국 주요 언론 중 하나인 〈USA투데이〉는 피해자의 실명을 공개했다. 피해자의 부모가 아이의 장래를 생각해 이름을 익명 처리할 것을 요구했음에도 불구하고, 〈USA투데이〉는 독자의 알 권리와 자신들의 판매부수 증진을 위해 공개하기로 한 것이다. 그러나 위키피디안들은 달랐다. 그들은 격론 끝에 당사자의 명예를 존중하자는 합의에 도달했고, 지금까지 위키피디아의 해당 페이지에서 이 화제의 주인공의 이름은 익명 처리돼 있다.[80] 이 사건이 주는 교훈은 무엇일까? 인터넷엔 나쁜 사람도 있고 좋은 사람도 있다는 것인가? 이렇게 묻는 것은 허술하지만, 우리를 중요한 깨달음으로 인도한다. 다양한 가치관과 이해관계를 가진 한국 사회의 성격을 하나로 설명하기 어려운 것처럼, 오늘날의 지구촌 수억의 인구가 쓰는 인터넷 역시 하나의 엄격히 규정된 성격을 갖고 있지 않다.

1960~70년대, 개발 초기 인터넷은 전 세계를 하나로 연결시키는 거대한 소통의 망이면서도 아무도 전적으로 소유하거나 통제할 수 없는 네트워크로 설계됐다. 이것은 마치 인간을 달로 보낸다는 것처럼 허무맹랑한 소리였지만, 이 도전이 성공할 수 있었던 것은 모두에게 열린 인터넷이 이용자들 간 소통의 힘을 통해 성장했기 때문이다.

인터넷의 전신인 알파넷ARPAnet이 등장한 건 1969년이다. 그러나

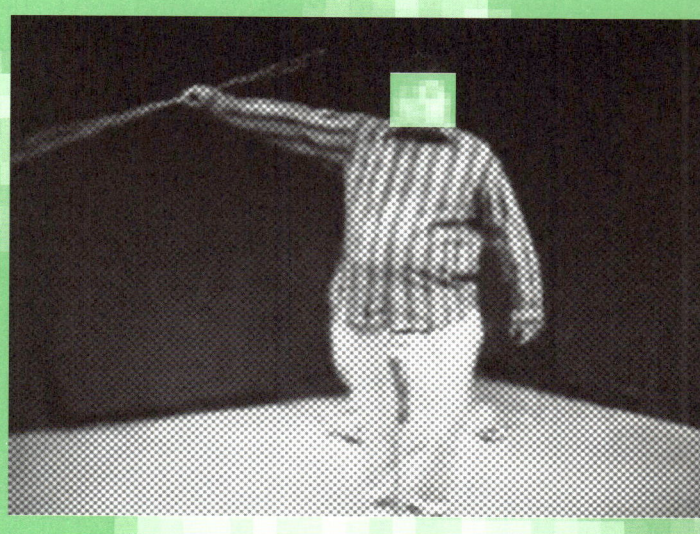

'스타워즈 키드'로 알려진 이 비디오 영상의 주인공은
뜻하지 않은 유명세로 대인기피증까지 겪어야 했다.

피해자의 부모가 아이의 장래를 생각해 이름을 익명 처리할 것을 요구하였음에도 불구하고,
〈USA 투데이〉는 독자의 알 권리와 자신들의 판매부수 증진을 위해 공개하기로 했다. 그러나
위키피디안들은 달랐다. 그들은 격론 끝에 당사자의 명예를 존중하자는 합의에 도달했고, 지금
까지 위키피디아의 해당 페이지에서 이 화제의 주인공의 이름은 익명 처리돼 있다.

그보다 4년 전인 1965년에 MIT는 컴퓨터들끼리 서로 메시지를 주고받는 메일박스 시스템mailbox system을 가지고 있었다. 인터넷의 실체가 가시화되기 전에 소통 기능이 먼저 구현됐다는 점은 처음부터 이용자들 간 '소셜'함이 네트워크 발전의 기축이었다는 것을 뜻한다. 1990년 유럽분자물리학연구소CERN 연구원 팀 버너스 리가 월드와이드웹을 개발해 공개했을 때, 그 웹에 기반해 1995년 지오시티와 트라이포드에 기초한 홈페이지 작성이 유행했다. 1997년에는 그 흐름을 '웹로그' 혹은 우리에게 더 친숙한 이름인 '블로그'가 대체한다.

연구자 중심의 인터넷이 대중이 '접근'할 수 있는 웹으로, 다시 그 웹이 전자도서관에서 누구나 다 참여할 수 있는 광장으로 변해가는 과정이다. 이 흐름을 만든 것은 언제나 이용자의 상호 협력, 요즘 말로 소셜함이었다. 21세기 초 오라일리 미디어의 팀 오라일리가 유행시킨 '웹 2.0' 마케팅 트렌드와 최근 유행한다는 트위터, 페이스북 등의 소셜 미디어 대세를 굳이 언급할 것도 없다.

그러나 이러한 직접민주주의적 성격을 가진 인터넷은 전화 등과 같이 단일한 혹은 다수의 사업자가 지배하는 과두 체제보다 질서가 불안하다. 이것을 좀 더 깊이 이해하기 위해서 우리가 오늘날 인터넷에서 보는 직접민주주의가 실현됐던 아테네의 민주정에 대한 플라톤의 비판을 생각해보자. 우리 역사에서 근대화 이후 독재를 대신할 유일한 정치제도는 민주주의였다. 그리고 그런 만큼 민주주의를 경험이 아닌 이상에 근거해 동경해왔으며, 따라서 우리 사회엔 민주주의에 대한 현실적 이해를 넘어선 과잉된 기대가 있다. 그러나 플라톤은 민주주의에 대해 다른 시각을 갖고 있었다. 플라톤이 보기에 민주주의란 스승 소크라테스를 죽게 만든 "국사를 다수의 변덕에 맡기는 체제"일 뿐이었다. 플라톤은, 일반 시민이 "즉흥적인 충동, 변덕스러운 감정, 또는 비합리적인 편견"에 따라 판단하기 때문에 "정책을 결정하는 데 필요한 지식과 자질을 결여하고 있다"고 봤고, 그들에게 국가 운영을 맡기는 민주주의란 것은 철학자나 지식인이 이상사회를 실현하기 위해 필요한 질서를 깨뜨리는 체제라고 비판했다.[81]

그리고 그것은 오늘날 인터넷에서도 부정할 수 없는 체제적 속성이다. 인터넷은 참여하는 사람의 성격에 따라 그 성격이 계속 변한다. 예를 들어 모든 인터넷 이용자들이, 월드와이드웹을 만들어 인터넷에 무료 배포한 팀 버너스 리처럼 이타적이고, 공공선을 추구하지는 않는다. 좀 더 짓궂은 악동들도 많다.

1988년 당시 미국 전역에 있던 6000대에 달하는 컴퓨터 중 상당수는 오늘날 우리가 알고 있는 개인용 컴퓨터가 아니었다. 그것들은 '메인프레임, 미니컴퓨터, 전문적 워크스테이션'으로 정부 기관, 대학, 컴퓨터 과학 연구소에 설치돼 서로 다른 사람들이 같은 시간대에 '마치 이웃이 도로를 나눠쓰듯' 서로 컴퓨팅 파워를 나눠씀으로써 작동하고 있었다.

그러던 1988년 11월 2일 저녁, 그 컴퓨터들이 원인 모를 오작동을 하기 시작했다. 원인은 바이러스, 악성 코드 등의 사촌인 '웜'이었다. 사건의 주인공은 당시 코넬대에 재학하던 22세의 로버트 태푼 모리스였다. 그는 코넬 대학이 있는 뉴욕 이타카에서 인터넷의 규모를 알고 싶다는 호기심에 MIT에 있는 컴퓨터를 감염시키는 일을 저지른 것이다.

그러나 이후 이와 비슷한 바이러스, 스파이웨어, 악성코드 등을 만드는 사람들이 모리스(현재는 MIT대 교수로 있음)처럼 순수한 동기를 갖고 있지는 않다. 오늘날 스팸, 바이러스, 웜, 악성 코드와 같은 전산 시스템을 병들게 하는 독소들을 살포하는 사람들은 그것이 단순한 악취미든, 아니면 자신이 침투한 컴퓨터 소유자의 개인정보를 팔아 이윤을 챙기려 하는 것이든 모리스식 장난의 정도를 넘어선 사람들이다.

대표적으로 최근 우리는 신문지상에서 악성코드를 침투시켜 다른 사람들의 컴퓨터를 조종하는 좀비PC 등을 운영하는 사람들을 종종 보게 된다. 그들의 목적은 모리스가 했던 것처럼 인터넷의 규모를 파악하는 것 같은 학술적인 것이 아니다. 그들의 동기는 한결 명쾌하다. 그들에게 있어 바이러스는 '귀중한 재산'이다. 2006년 6월, 전세계에 유통되는 스팸의 80%가 이 좀비PC들에서 발송됐다. 또한 이들 사이버 범죄자들은 인터넷 도박 웹 사이트와 같은 특정 사이트를 좀비PC를 통해 공격하여 수익을 내기도 한다.[82]

갈수록 인기를 얻어가고 있는 온라인 게임 사이트들도 이들이 더 많은, 그리고 더 강력한 바이러스를 개발하는 데 큰 동기를 제공한다. 개인정보를 유출할 수만 있다면 고가의 아이템을 탈취해 온라인 장터 등을 통해 매매할 수 있기 때문이다. 러시아 카스퍼스키 연구소에 따르면, 2008년 한 해에만 온라인 게임 리니지를 노리고 나온 바이러스의 일종인 트로이목마는 1248개이며, 이들 중 95%의 목적은 리니지 이용자의 아이디와 패스워드를 훔치기 위한 것이었다.[83] 그리고 이런 보안상 위험 때문에 사람들이 열린 인터넷보다는 닫힌 인터넷이라도 좀 더 안전하게 이용할 수 있는 곳을 찾는 것이 사실이다. 예를 들어 아이폰은 애플이 중앙에서 관리하는 시스템이기 때문에 PC 환경에서 인터넷에 접근하고, 애플리케이션을 제작하고 사용하는 것보다 개인이 할 수 있는 활동의 폭이 좁다. 그러나 그렇더라도 잘 가둔 양식장에서 주는 밥만 먹고 살더라도, 내 몸을 안전하게 간수할 수 있는 체제가 위험과 불안 속에서 개방적 체제를 택해 사는 것보다 더 낫다는 사람도 많을 것이다. 그렇게 플라톤이 아테네 민주정에 대해 가졌던 두려움을 21세기 현대인들도 공유하고 있고, 애플의 사례에서 보듯이 그러한 견해는 시장에서 설득력을 갖고 있다.

그러나 최선이 아닌 차악으로서 민주주의가 많은 문제점에도 불구하고, 그래도 인간의 기본권을 지키고 사회 발전을 도모하기 위한 보편적인 정치체제로 지구 상에서 인정을 받고 있다. 오늘날 인터넷 발전사도 마찬가지다. 아무리 개방성이 불안정한 측면이 있다 할지라도 지구촌 통신 체제를 일개 국가나 기업에 맡기는 것 역시 위험한 선택이며 동시에 인터넷 개방성이 우리에게 준 수많은 혁신의 혜택을 저버리기는 것도 쉽지 않은 선택이다. 그리고 민주주의의 성숙을 위해 노력하는 사람들이 있는 것처럼, 인터넷의 개방성이 순기능을 발휘할 수 있도록 노력하는 사람·조직들도 많다. 앞서 소개한 스타워즈 키드의 프라이버시를 존중해준 위키피디아의 신사·숙녀들도 그런 인터넷의 공공선을 지키는 사람들의 좋은 예다.

이렇게 인터넷 개방성과 그로 인한 부작용, 그리고 그 부작용을 개선하기 위한 네티즌의 노력을 민주정치의 맥락에서 길게 꺼낸 이유는 우리 사회가 이런 전후 사정은 생략하고 일단 온라인에서 문제만 생기면 인터넷부터 손을 보려는 습성이 있기 때문이다. 그것은 프라이버시 보호 문제에 있어서도 마찬가지다.

2010년 중반으로 돌아가 보자. 각종 유명 인사의 학력 위조 사건의 연장선에서 불거진 자신의 학력 위조 의혹을 해소하기 위한 타블로의 노력이 절정에 달했던 시점이었다. 타블로가 스탠포드 측 공문, 성적 증명서, 그리고 자신의 캐나다 시민증까지 공개했지만 많은 사람들이 이를 믿지 않았고, 이에 따라 타블로 의혹 해소를 위해 국가와 중앙 언론도 나선 상황이었다. 〈MBC 스페셜〉이 '타블로 학력 논란'을 소재로 한 다큐멘터리를 만들어 전국에 보도한 것은 이 같은 노력의 절정이었다.

그리고 그때 방송에서 약방의 감초로 나온 것이 온라인 프라이버시 침해의 주범은 인터넷이라는 만트라였다. 특별히 2010년 10월 8일 방영된 '타블로 그리고 대한민국 온라인'이라는 〈MBC 스페셜〉 '타블로 학력 논란' 2부에서는 타블로 사태를 낳은 원인으로 한국 인터넷이 지적됐다.

인터넷의 개방성과 한국 사회의 폐쇄성을 구분하라

그러나 타블로 사건의 주범으로, 타진요를 넘어서서 연좌제를 적용해 인터넷을 공격하는 건 일부 무리가 있을 수 있다. 그렇게 인터넷의 무죄 혹은 정상참작을 주장할 수 있는 데에는 다음과 같은 두 가지 이유가 있다.

첫째는, 타블로 문제의 배경이 한국 인터넷 문화라고 한다면 그것이 '인터넷'의 문제인지 아니면 '한국'의 문제인지, 그리고 둘이 어떻게 관계되는지를 구분해야 한다. 앞서 소개했듯 인터넷의 기본 성격은 개방적이고 분산적이며 중립적이다. 비유적으로 말하면 인터넷은 흰 바탕의 종이와 마찬가지다. 인터넷을 긍정적으로 쓰면 혁신의 본산인 것이고, 부정적으로 쓰면 범죄의 온상인 것이다. 그리고 그 문화를 어느 한쪽으로 발전시키는 것은 이용자의 몫이다. 인터넷의 개방적 속성은 그중에 어느 한 방향을 미리 결정하지 못한다. 그것은 어디까지나 이용자의 자유로 남아 있다. 이것은 다시 말하면 한국 인터넷이 만들어낸 잘못의 직접적 책임은 인터넷보다는 한국 사회에 있다는 것을 뜻한다.

예를 들어서 타블로의 진실 입증 노력이 연이어 실패로 끝난 것에 대해 다음과 같은 우리의 사회적 배경을 생각해보자. 2011년 상반기에도 연예인 성상납에 비관하여 자살까지 결행한 장자연 사건이 가짜 편지 이슈로 다시 부활해 세상을 떠들썩하게 했다. 연이은 부정부패로 신뢰를 잃을 데까지 잃은 정부는 대한민국 최고의 과학적 수사 기관인 국립과학수사연구원까지 동원됐는데도 일반 시민들을 설득하지 못했다. 이 사건은 타블로 사건과 중첩되는 부분이 있다. 양치기 소년의 거짓말에 너무 많이 넘어간 우리 시민들은 때로는 그들이 진실을 말해도 그것을 받아들이기 어려운 것이다.

실제로 타블로의 진실을 요구하며 1인 시위를 하던 시민은 〈MBC 스페셜〉과의 인터뷰에서 자신이 그 같은 목소리를 내야만 한다고 생각한 이유를 특권층 비리를 파헤치기 위해서라고 설명했다. 그는 "(고소 당할까봐) 물론 걱정이 되지만" "이런 거대한 힘이랄까 그런 것에 두려움을 느껴서 누구 하나 문제 제기를 하지 않는다면 사회는 언제나 그대로 돌아가지 않나" 하는 걱정이 생겨서 해외 명문대 출신 연예인 타블로를 비난의 대상으로 삼았다고 했다. 나아가 그는 "타블로의 학력 문제로 시작했지만 저희가 보고 있는 건 그 넘어 사회에 깔려 있는 거대한 세력들에 대한 의심"이라고 고백했다.[84]

또한 이와 같은 권력에 대한 불신 이외에 우리 사회는 문제를 말로 풀어나가는 의사소통의 합리성이 약하다는 점도 지적된다. 비평가 김우창은 "공격성의 정화는 개인적으로나 사회적으로나 보다 더 나은 삶을 위한 빼놓을 수 없는 과정"이라 했는데, 국회에서나 시장에서나 차분히 앉아서 이야기하는 것보다 일어나서 소리 지르는 것이 익숙한 문화는, 아직 그 같은 성숙한 민주주의에 도달하지 못한 면이 있다.[85] 그러나 본질적으로 인터넷 단독 책임론을 불식시키는 증거는 부정할 수 없이 타진요의 둥지, 우리 대형 포털의 자랑이자 중요 자산인 카페 시스템에 있다. 타진요는 운영진에게 독점적 권한의 부여가 가능한 카페 시스템을 이용해 자기 입맛에 안 맞는 회원은 가차없이 임의 탈퇴시키는 등 지극히 폐쇄적인 운영 태도를 보였다. 실제로 〈MBC 스페셜〉 인터뷰에서 타진요 운영진 중 한 명인 닉네임 '제퍼'는 "본질적으로 저희 카페 방향은 학력 위조 의혹을 제기하는 카페이기 때문에" "다른 견해는 다른 쪽에서 논의해주었으면 하는 게 저희 바람"이라고 말한 바 있다.[86]

이는 표현의 자유를 옹호한다는 점에서 자유주의적이고, 다양한

" 우리는

인터넷이 한국 사회를
어떻게 바꾸느냐가 아니라
한 국 사 회 가
어 떻 게 그 같 은
인 터 넷 의 이 상 을
변질시켜가고 있는지를

고민해봐야 한다 "

의견을 지지한다는 점에서 다원주의적인 인터넷 설계의 기본 철학과 거리가 멀다. 그리고 이것은 다시 사건의 원흉元兇은 인터넷의 개방성이 아니라는 점을, 인터넷의 개방성을 바꾼다고 해서 문제가 해결되지 않을 것임을 확인시켜준다. 거기에는 한국 인터넷 문화의 근간인 포털 카페의 사회적 기능에 대한 성찰과 그에 따른 개선이 요구된다. 따라서 우리는 인터넷이 한국 사회를 어떻게 바꾸느냐가 아니라 한국 사회가 어떻게 그 같은 인터넷의 이상을 변질시켜가고 있는지를 고민해봐야 한다.

타블로만의 문제가 아닌 이유

나아가 여기서 우리가 생각해봐야 할 것은 이 문제는 타블로만의 문제가 아니란 점이다. 2009년 중반, 한 35세의 여교사가 중학교 3학년인 자신의 제자와 상습적 성관계를 맺어 인터넷을 뜨겁게 달군 일이 있었다.[87] 자칫 G20 정상회의 등 굵직한 각종 시사에 묻힐 수도 있었던 이 사건은 인터넷 이용자들이 해당 여교사와 학생, 그리고 여교사 남편의 신상정보까지 무단 공개하면서 일이 커졌다. 이 사건을 통해 생각할 수 있는 것은 우리가 이런 문제를 고민하는 것이 타블로가 특별히 멋있고 위대해서가 아니란 점이다.

인터넷을 통해 프라이버시가 공개된 바람에 곤경에 처한 사람들은 전국에, 전 세계에 있다. 그리고 그들이 꼭 유명인은 아니었다. 2005년 지하철에 자기 애완견 배설물을 치우지 않아 온라인상에서 입담의 소재가 됐던 '개똥녀', 앞 장에서 소개한 미국의 '스타워즈 키드', 홍콩의 버스에서 한 청년과 말다툼을 벌이던 모습이 인터넷에 퍼져 '버스 엉클'이란 악명이 붙었던 한 중년 남성 등 이들과 같은 상황에 처하지 않을 것이란 보장이 우리에게는 없다.

이는 과거 초상권 침해가 사진 기술의 보급으로 발생했던 것처럼, 인터넷과 스마트폰의 대중화가 서로가 서로를 감시하는 사회로 만든 탓이다. 우리 주변 사람들, 평범한 인터넷 이용자가 내가 뜻하지 않은 정보를 온라인에 공개하고 공유해서 타블로가 겪어야 했던 것처럼 타인의 인생을 한순간에 비참하게 만들 수 있다. 그렇다면 이제 우리는 어떻게 해야 내가 나로서 숨 쉴 수 있는 공간을, 지금처럼 서로가 서로와 극도로 연결된 소셜 웹 사회에서 찾을 수 있을까?

표현의 자유를 제한하면 프라이버시가 보호된다?

표현의 자유와 프라이버시 보호의 관계에 대해서는 두 가지 대립된 의견이 존재한다. 하나는 다른 사람이 나에 대해 온라인상에서 쉽게 알고 쉽게 떠들 수 있는 것이 문제니까 그것을 어렵게 만들자는 것이다. 쉽게 말해 표현의 자유를 제한하면 프라이버시가 보호된다는 역설이 그들의 주장이다. 그리고 그 주장의 결정체는 2007년 국내에 도입된 '제한적 본인확인제' 혹은 더 쉬운 이름으로 '인터넷 실명제'다. 인터넷의 개방성이 인터넷을 통한 프라이버시 침해 문제의 원인이라 보고, 그 개방성을 이용자들이 인터넷에 접근하는 데스크톱과 같은 단말^{end-point} 차원에서 제한한 것이다.

박경신 고려대 로스쿨 교수가 〈한겨레〉 칼럼에서 쓴 표현을 빌리자면 사기 및 탈세의 위험성이 있어 실명을 강요하는 부동산 실명제와 금융 실명제처럼, 자동차의 파괴성과 이동성 때문에 역시 실명이 필수인 자동차 번호판 제도처럼, 인터넷상 글쓰기에도 실명 적용을 강제한 것이 이 인터넷 정책의 핵심이다. 그러나 거기에는 온라인 글쓰기가 왜 자동차만큼이나 위험한 것인지, 그리고 누구에게나 위험한 것인지에 대한 고려는 없었다. 이름을 감춰가며 글을 써야 하는 사람들 중에는 꼭 악플을 다는 사람들만 있는 것은 아니다. 거기에는 박경신 교수가 같은 칼럼에 쓴 것처럼 몰리에르, 볼테르, 졸라, 조지 오웰, 벤저민 프랭클린, 오 헨리, 조르주 상드, 아이작 뉴턴과 같은 시대를 대표하는 사상가들도 있다.[88]

2007년 인터넷 실명제가 도입될 때, 그 시작점이 공직선거법이란 점을 감안하면, 이 법이 애초부터 누구를 위한 것이었는지는 분명히 보인다. 프라이버시는 프라이버시지만 그것은 윗분들의 프라이버시이지, 국민 대다수의 프라이버시는 아니다.

그러나 이런 나이브한, 그리고 편향된 정책의 성공은 정책 담당자의 희망사항일 뿐이다. 실명제는 커다란 부작용이 있었다. 그것은 실명제가 인터넷상에서 개인의 프라이버시를 보호하기는커녕 도리어 더욱더 위험하게 만든다는 맹점이다. 이는 실명제란 말이 우리를 종종 혼동하게 만들지만, 실명제에 따라서 우리가 의무적으로 입력해야 하는 것은 자신의 법률적 이름만이 아니기 때문이다. 거기에는 서구에서는 프라이버시 문제 때문에 상상하기도 어렵지만, 한국에서는 각종 사회적 서비스 이용에 필수 불가결한 주민등록번호도 포함된다. 물론 다른 나라에도, 예를 들어 미국에도 사회보장번호 ^{SSN: Social Security Number} 가 있다. 그러나 그것은 어디까지나 이름이 뜻하는 바처럼 주로 복지 혜택을 받는 개인을 식별하기 위해 부여된 한정된 기능을 가진 숫자다.

하지만 한국은 다르다. 주민등록번호란 개인의 나이·성별·출생지 등을 모두 꿰뚫어 알 수 있는 개인정보의 알파와 오메가다. 이는 우리나라의 주민번호제도가 탄생한 배경 자체가 남북 대치 관계에서 비롯됐기 때문이다. 1968년 북한 특수부대의 청와대 습격사건을 계기로 간첩 식별 편의를 위해 1968년 11월 12일부터 전 국민에게 주민등록증을 발급했다. 그리고 이렇게 실질적으로 인터넷 어디를 가나 강제적으로 주민등록번호를 입력해야만 하는 실명제 덕분에 한국은 IT 규제 강국을 넘어서 졸지에 개인정보 수집 강국까지 됐다. 사실 이것은 실명제가 본격화되기 전부터 이미 학계에서는 예견된 일이었다. 2008년 한양대 로스쿨 황성기 교수가 발표한 '인터넷 실명제에 관한 헌법학적 연구'를 보면, 자기정보통제관리권이라고 하는 기본권적 관점에서 제한적 본인 확인제에 문제를 제기하는 부분이 있다. 본인 확인을 위해서는 결국 개인정보를 사용해야 하고, 개인정보를 이용하면 헌법적 한계에 부딪치게 되어 있기 때문이다.[89] 그리고 그 본인 확인 수단에 주민등록번호를 포함시킨 바람에 실명제는 의도하지 않게 한국 인터넷을 개인정보 문제가 언제든 터질 수 있는 시한폭탄으로 만들어버렸고, 2011년 수없이 터진 개인정보 노출 사건들은 악몽을 현실로 드러냈다.

황성기 교수의 같은 논문을 기초로 보았을 때, 이런 문제가 발생한 까닭은 우리가 익명과 개인정보 간의 관계를 간과했기 때문이다. 쉽게 설명하면, 익명성을 강제로 벗겨내는 것은, 강제로 개인정보를 입력시키는 것과 다를 바 없다. EU의 독립자문기관인 '데이터 보호 실무반Data Working Protection Party'이 2000년 11월 21일 채택한 〈인터넷상에서의 프라이버시Privacy on the Internet-An Integrated EU Approach to On-line Data Protection〉 중 6장은 익명성의 선택을 개인정보 남용과 통제 사이에 균형을 잡기 위한 해결책으로 제시하고 있다.[90]

　나아가 실제로 이런 실명제로 인한 개인정보 노출의 문제는 뒤늦게 정부 스스로도 깨달아가고 있다. 2011년 12월 29일에 열린 방통위 업무보고에서 인터넷상 주민보호 이용을 단계적으로 금지하기로 했으며, 실명제를 재검토하기로 발표했다.[91] 이는 정부가 갑자기 표현의 자유 등 국민의 기본권에 신경을 쓰게 된 것이 아니고, 개정되는 개인정보보호법과 인터넷 실명제가 정면충돌하기 때문이다.

그래도 우리가 프라이버시를 인터넷 개방성과 함께 지켜야 하는 이유

물론 유사한 공리주의적인 논리를 택해 이미 '공개'가 새로운 사회질서로 자리잡아가고 있으며, 스마트폰과 인터넷이 대중화돼, 사진이나 동영상을 인터넷에 공유하는 것도 너무 쉬워졌으니 프라이버시는 이제 잊으란 사람들도 있다. 그들은 프라이버시 보호에 매달리는 것은 편익보다 비용이 더 크기 때문에 이젠 무효하다고 판단한다. 한

극단에 있는 사람들이 프라이버시를 너무 애지중지하는 바람에 프라이버시를 망쳐버렸다면, 다른 극단에 있는 사람들은 프라이버시를 너무 찬밥 취급하는 바람에 프라이버시를 위기로 몰아넣고 있다.

대표적으로 2010년 논란을 일으켰던, 사상 최대의 온라인 소셜 네트워크 페이스북의 창업자 마크 주커버그의 문제성 발언을 생각해보자. 그는 각종 컨퍼런스와 언론매체에서 공공연히 "이제 사람들은 보다 많은 정보를 다른 사람과 공유하는 데 편안함을 느끼며, 개인적인 프라이버시 문제는 더 이상 사회적인 규범이 아니다. 사회규범은 시대에 따라 변할 수밖에 없다. 페이스북 창업 시에는 자신들의 페이스북 친구들에게만 개인정보를 공개할 수밖에 없던 환경이었다. 하지만 만일 지금 페이스북을 창업한다면 가입자 정보의 공개를 기본 설정으로 제공하고 싶다"고 말했다.[92]

그러나 이것은 아직 페이스북만의 상식일 뿐이며, 사회적 합의로 보기는 어렵다. 노스웨스턴 대학의 사회학자 에스처 하기타이와 MS의 연구위원인 다나 보이드는 2010년에 〈페이스북 프라이버시 설정: 누가 관심을 가지고 있나?Facebook Settings: Who Cares?〉라는 논문을 발표했다. 이 논문에 따르면 연구 대상인 18세, 19세의 10대들을 보면 프라이버시 보호에 대해 상대적으로 개방적일 것이라는 선입견과는 달리, 마크 주커버그가 선호한 페이스북의 '공개를 기본으로 설정한' 프라이버시에 공감을 표하지 않았고, 필요에 따라 자신들의 프라이버시 보호를 강화하는 모습을 보였다.[93]

2011년 7월 21일 개인정보 설정을 함부로 건드렸다가 큰코다쳤던 네이트NATE에 대한 이용자들의 반발도 프라이버시 문제가 아직 사라지지 않았음을 보여주는 좋은 사례다. 네이트는 '수집하는 개인정보 항목 및 수집방법'에 개인의 컴퓨터 위치를 알려줄 수 있는 'MAC주소'와 '컴퓨터 이름'을 추가했다가 2011년 7월 26일부터 7월 27일까지 이틀 동안 트위터에 이에 관련된 글이 800여 건이나 올라오는 치명타를 입었다. 당시 관련 언론 보도에 따르면 "이참에 네이트와 싸이월드를 탈퇴하겠다"는 이용자들도 많았다.[94]

이렇게 프라이버시 무효를 주장하는 소수와 유효를 주장하는 다수 사이에서 확인할 수 있는 것은 '시대 변화에도 변하지 않는' 프라이버시의 규범적 성격에 대한 인식이다. 프라이버시는 일단 전통적 맥락에서 볼 때 개인이 개인으로서 있을 수 있는 편안함을 갖기 위한 권리다. 예방적 차원에서 프라이버시 보호 관련 법률 제정을 요구한 새뮤얼 워렌과 훗날 유대인 중 최초로 미국 대법관에 오르는 루이스 브랜다이스의 1890년 논고 〈프라이버시에 관한 권리The Right to Privacy〉에도 그와 같은 조용히 남에게 간섭받지 않고 살 권리에 대한 내용이 담겨 있다.[95]

사실 프라이버시가 한물갔다는 것에 대해서 마크 주커버그 못지않게 큰 목소리를 내는 구글 CEO 에릭 슈미트도 정작 본인 개인정보가 노출되는 것에 대해서는 크게 반감을 드러냈다. 2005년 7월에 미국의 IT 언론지인 《시넷CNET》이 30분 구글 검색을 통해 에릭 슈미트의 재산 규모, 수입, 거주지, 파티 참석 비용, 취미 활동 등을 검색해 공개하자, 슈미트는 이에 발끈해 시넷의 구글 취재를 제한했다. 남의 프라이버시가 털리는 데에 대해선 관대하지만, 정작 본인의 프라이버시가 공개되는 데에 무척 민감한 것이다. 즉, 누구에게나 민감한 정보가 있고, 그런 정보를 공개할지 말지, 그리고 어디까지 공유할지를 스스로 결정하려는, '자기정보결정권'에 대한 권리 의식은 안티 프라이버시 진영의 선봉장에게도 있다.[96]

그리고 그러한 개인의 권리를 넘어서 공동체의 유지와 발전을 위해서도 프라이버시가 중요하다는 목소리도 있다. 정보통신 기술 발달과 프라이버시 간의 법철학적 관계를 탐구하는 헬렌 니센바움은 개인을 개인으로 만들어주는 사회적 조건인 프라이버시는 서로 다른 목소리가 적절한 균형을 이루는 다원주의적 민주사회의 기초라고 말한다. 개인 삶의 영역sphere에 있어서 정치, 경제 등이 서로 다른 분배 원리로 운영이 되고, 그것이 서로 침해될 때 정의가 손상되는 것처럼, 개인을 구성하는 정보 역시 내가 남에게 보여도 좋은 정보와 좋지 못한 정보로 구성이 되어 있어 분리성이 필요하기 때문이다. 예를 들어 개인의 성생활처럼 아주 사적인 것은 아무리 정보통신 기술이 발달해도 집 안으로 감춰지는 것이 마땅하며, 그것이 손상됐을 때는 민주사회의 토대인 상호 존중의 공적 윤리도 함께 무너진다.[97]

2010년 9월 미국 뉴저지 주 럿거스 대학에서 발생한 사건을 생각해보자. 이 학교의 재학생 레비는 자신의 룸메이트인 클레멘티가 기숙사 방에서 동성애를 하는 장면을 웹캠으로 녹화해 인터넷에 공개했다. 이 사건의 충격으로 클레멘티는 얼마 있지 않아 자살했고, 레비는 법정에 세워졌다. 이 사건에 대해 프라이버시법 권위자인 대니얼 솔로브는 가해자가 온라인을 통한 프라이버시 침해의 중대성을 몰랐던 것이 사건의 원인이라고 지적했다.[98] 그러나 가해자가 몰랐던 것은 자신의 분별없는 행동이 법적 처벌을 받을 수 있다는 사실만이 아니다. 그는 규범적 측면에서 인터넷이란 양날의 칼이 모두의 손에 들린 이 시대에 우리가 "서로 욕하면 함께 죽고, 서로 존중하면 함께 산다"는 윤리적 기율에 대해서도 무지했다. 우리가 서 있는 땅을 흔들면, 넘어지는 것은 상대방만이 아니다.

따라서 "공개가 기본이고 프라이버시는 예외public by default, privacy through efforts"인 소셜 웹 시대에 그래도 프라이버시를 말한다면 그것은 프라이버시가 개인이 개인으로서뿐만 아니라 함께 살기 위한 윤리적 토대이기 때문이다. 개인의 자유란 상호 존중과 같은 다른 가치와 관계적 맥락에서 존재한다는 것을 생각할 때, 프라이버시의 상실은 개인의 자기 정보에 대한 통제 상실을 넘어서 사회를 유지하는 기초적 공적 윤리의 균열로 이해된다. 그리고 거기에 우리가 왜 타블로와 인터넷을 함께 살려야 하는지에 대한 분명한 답이 있다. 그것은 한국의 인터넷 문제를 해결하려면 한국 사회의 성숙도 함께 생각해야 한다는 것이다. 소통 기술의 발전만으로는 부족하다. 소통의 문화와 소통의 윤리 역시 공동으로 발전해야 한다.

프라이버시 보호를 위한 사회적 합의의 원칙

그렇다면 그 같은 온라인 공간에서 상호 존중이란 목표에는 어떻게 도달할 수 있을까? 그 방법을 찾으려면, 먼저 왜 사이버 세상에서는 상호 존중이 '상대적'으로 쉽지 않은지 그 원인을 생각해봐야 한다. MIT에서 기술과 사회의 관계, 그리고 그에 접하는 인간 심리에 대한 연구를 하는 사회학자 쉐리 터클에 따르면 그 이유는 온라인은 현실이 아니라고 보는 심리 때문이다. 그녀는 1996년 《와이어드》에 기고한 '우리는 누구인가? Who Am We?'란 글에서 자신의 머드 게임 연구의 인터뷰 대상이었던 21세 미국 대학생의 정신세계를 소개한다. 그는 머드 게임상에서 자신이 다른 이용자를 강간한 행위에 대해 아무런 거리끼는 바가 없었다. 그리고 그 이유는 그가 보기에 자신의 행위가 이뤄지는 장소가 '사이버 공간'이며, 사이버 공간은 '현실 세계'가 아니기 때문이다. 소설에 '살인을 했다'고 썼다고 해서 살인죄를 적용할 수 없는 것처럼, 그는 자신이 저지른 일은 죄가 아니라 했다.

그리고 여기서 더 중요한 점은 이 같은 대학생의 선택이 충동과 우발의 산물이 아니라, 합리적인 계산의 결과란 점이다. 달리 말해, 인간은 자신의 극단적 표현의 결과에 대해서도 대가를 지불할 책임도 이유도 없다고 판단하면 스스로의 잠재된 공격적 성향을 더 쉽게 노출시킬 수 있다는 것이다.

즉, 사이버 공간이 실제 공간과 다르다 한다면 그 특징은 익명성이 아니다. 그것은 다중 정체성이다. 현실 공간에서 개인의 정체성 identity은 보통 통일성을 갖고 있다. 라틴어에서 정체성은 동질성 sameness이란 뜻을 갖는다. 그러나 온라인 세계는 그러한 개인으로부터 새로운 다양한 가능성을 끌어올린다. 그것은 표현의 자유의 밝음인 동시에 어두움이다. 오프라인에서는 철저히 신사 지킬인 사람이 온라인에서는 몬스터 하이드일 수 있고, 온라인의 한 공간에서는 지킬인 사람이 다른 한 공간에서는 하이드일 수 있다.[99]

그럼 어떻게 하면 이 다중 정체성 문제를 해결할 수 있을까? 어떻게 하면 사람들이 인터넷을 통해 자유롭고 새롭게 자기 자신을 표현하되 스스로의 행동에 책임을 질 수 있도록, 자발적으로 공격성을 정화시킬 수 있도록 할 수 있을까?

그 방법은 익명성이 아니라, 그런 다양한 정체성들이 모두 가치 있는 정체성으로 발전할 수 있도록 도와주는 것이다. 미국의 인터넷 기업인 디스커스 Disqus가 월 6억 명의 사용자가 남긴 6천만 개의 댓글을 토대로 2012년 1월에 발표한 연구 결과에 따르면, '가명'(일종의 닉네임을 사용하는) 사용자가 익명 그리고 실명 사용자보다 더 많은, 그리고 더 나은 댓글을 남긴다. 평균적으로 가명 사용자는 익명 사용자보다는 6.5배, 페이스북으로 실명을 밝힌 사용자보다는 4.7배 더 많은 댓글을 남겼다. 가명 사용자의 댓글은 61%, 익명 사용자는 34%, 실명 사용자는 51%가 긍정적인 평가를 받았다.(양적으로는 전체 댓글 수로 평가를 내렸다. 질적인 것의 평가는 페이스북 '좋아요 Like' 수와 트위터 리플라이 수로 긍정성을, 디스커스 시스템의 플래그 flag 수, 스팸 확인 수, 삭제 조치 수로 부정성을 평가했다.)

그럼 왜 사람들이 실명보다 가명으로 더 많은, 더 좋은 댓글을 남길까? 그 이유는 신뢰다. 중요한 것은 내가 쓰는 이름이 내 법적 이름이냐 닉네임이냐가 아니다. 그 이름이 나에게 얼마나 많은 책임을 부여하고 있느냐가 중요하다. 예를 들어, 나는 '김재연'이란 내 법적 이름이 있지만, '비전 디자이너'란 필명이 외부엔 더 많이 알려져 있다. 그리고 이럴 경우 가명 사용이 실명 사용보다 책임을 덜 가지는 것도 아니다. 가명으로도 충분한 신뢰와 지지를 주변 관계에서 받고 있다면, 온라인에서 실언, 망언을 할 경우, 그동안 내가 쌓아온 사회적 자본social capital을 한 번에 잃어버리기 때문이다. 따라서 해결책은 단순하다. 온라인 공간에서 상호 신뢰를 할 수 있도록 만드는 일은 사람들의 온라인 정체성이 본인들의 선택에 따라 서로 연결될 수 있고, 그 연결되는 과정을 통해서 상호 존중의 문화가 발달하도록 하는 것이다. 실제로 1인 미디어 뉴스 공동체인 블로터닷넷Bloter.net은 그 같은 다중 정체성을 통합시키는 접근법이 자정작용 효과가 있다는 것을 증명했다.

지난 2010년 4월 블로터닷넷은 그간 운영하던 댓글 게시판을 자체 폐기했다. 2010년 2월부터 블로터닷넷이 1일 방문자 10만 명 이상이 되어 인터넷 실명제 적용 대상에 포함된 것이 계기였다. 그러나 블로터닷넷은 인터넷 실명제의 정당성과 실효성 모두에 회의를 느끼고 있었기 때문에 실명제 대신 자기 살을 도려내기로 결정했다. 블로터닷넷이 실명제의 대안으로 택한 것은 국내 스타트업인 시지온이 개발한 소셜 댓글 서비스 '라이브리LiveRe'다. 트위터, 페이스북 등 자신이 가입한 소셜 네트워크 서비스SNS의 계정으로 사이트에 접속해 댓글을 다는 이 서비스는 해당 서비스들이 본인 확인을 의무화하고 있지 않기 때문에 '익명성 해체'를 요구하지는 않는다. 그러면서 동시에 '다중 정체성의 맹점'은 보완한다. 시지온 김범진 대표의 말을 빌리자면 SNS 계정과 댓글을 연결한 라이브리는 "댓글을 한 번 달면 잊혀지는 존재가 아니라 다른 사람들과 소통하는 도구"로 만들기 때문이다.¹⁰⁰ 또한 SNS에서 활동을 하려면 이름, 성별 등의 기본적인 개인정보는 노출해야 하기 때문에 라이브리는 자연스럽게 온라인의 다중 정체성뿐만 아니라, 온라인과 오프라인의 정체성도 유연하게 통합한다.

그리고 실제로 제한적 본인확인제를 대체한 소셜 댓글의 '사회적 본인 확인제'[101]를 통해 블로터닷넷 이용자들의 참여가 상호 긍정적으로 이뤄지고 있다. "소셜 댓글 도입 후 1년이 지난 2011년 7월 19일에 블로터닷넷이 발표한 기사에 의하면 2010년 7월 19일부터 2011년 6월 18일까지 작성된 댓글 수는 스팸 댓글을 제외하고 98만 8259건에 달한다. 이 수치는 소셜 댓글 도입 첫달에 댓글이 총 758 개밖에 달리지 않아, "독자들이 불편해하고 댓글을 통한 커뮤니케이션이 위축될까" 우려했던 바를 일축시키는 결과였다."[102] 2010년에 해당 플러그인을 설치한 〈매일경제〉의 경우 악성 댓글이 절반 이상 줄어들었다. 〈경향신문〉은 2011년 5월에 라이브리 도입 이후 댓글 수가 3~4배 증가했다. 정체성에 초점을 맞춰 이용자들의 상호 신뢰를 회복시킨 결과, 악성 댓글은 줄었고 온라인 소통은 활성화됐다. 또한 비슷한 결과는 2011년 11월에서 12월 사이 한국인터넷진흥원이 3600명의 국내 인터넷 이용자와 주한 외국인 이용자를 대상으로 실시한 2011년 인터넷윤리 문화실태 조사에서도 확인된다. 한 개 언론사가 아닌 국내 인터넷 이용자와 주한 외국인 이용자들을 대상으로 이루어진 연구라는 점에서 이 결과물은 더 신뢰도가 높다. 관련 보고서에 따르면 국내 인터넷 이용자의 49.6%, 그리고 주한 외국인 이용자의 54.6%가 모두 소셜 댓글을 사용할 때 일반적인 댓글을 달 때보다 더 신중해진다고 답했다.

실제 주관 부서인 방송통신위원회도 2011년 9월에 발표한 '트위터의 소셜 시스템과 제한적 본인 확인제에 대한 연구'라는 보고서에서 소셜 댓글이 대안임을 실토했다. 제한적 본인 확인제가 적용되는 네이트 판 이슈 게시판에서도 악성 댓글이 9.82%에 달하고, 다음 아고라 정치토론방에서도 악성 댓글이 8.52%에 이르기 때문이다. 반면에 소셜 댓글이 적용된 〈매일경제〉를 샘플로 한 분석 결과, 실명제로 로그인한 경우 악성 댓글이 49%인데 비해 소셜 댓글은 26.15%로 나타났다.[103]

그러나 사실 이것은 놀라운 일이 아니다. 앞서 살펴본 이용자 참여를 통해 그 순기능을 유지시켜온 인터넷 발전의 역사를 재확인해주는 것뿐이다. 법령으로 해석해 접근하기에는 애매하고 경제적으로 접근하면 부담이 너무 큰 이 인터넷 혁신성과 안정성 간의 조화 문제를 해결하기 위한 최선책이 바로 여기에 있다. *답은 무리한 정책이 아니라 긍정적 참여를 유도할 수 있는 인터넷 발전을 고민하는 것이다. 그리고 이를 통해 성숙한 온라인 문화를 만들어나가는 것이다. 타블로와 인터넷을 모두 살리는 길에 우리의 미래가 있다.*

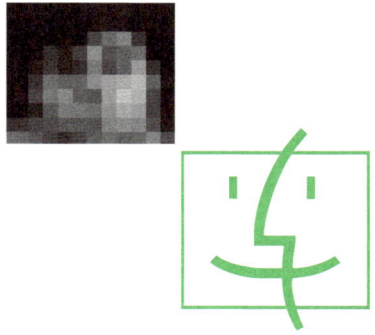

디지털 혁명의 이란성 쌍둥이, 불법 복제와 소셜 미디어

온라인 불법 복제의 탄생

2011년 3월 25일 서울중앙지검은 인터넷 사이트를 통해 불법으로 콘텐츠를 유통한 웹하드 업체 19곳을 압수수색한다고 밝혔다. 해당 기사에서 검찰 관계자는 "온라인 불법 복제물이 무분별하게 유통되는 점을 바로잡아 문화·지식 콘텐츠 산업이 위축되지 않도록 할 방침"이라고 말했다. 그러나 다른 한편에서는 소셜 미디어에 대한 열풍이 있다. 트위터, 페이스북 등의 소셜 네트워크에 대한 열기가 전 지구적으로 나타나고 있고, 마크 주커버그 페이스북 창업자와 같은 인물은 새로운 시대의 우상으로 떠오르고 있다. 그러나 서로 그렇게 다를 수밖에 없는 처지의 두 현상은, 마치 영국 19세기 소설가 로버트 루이 스티븐슨의 작품에 나오는 지킬 박사와 하이드 씨처럼, 실제로는 한 뿌리를 가지고 있다. 파일공유에서 소셜 네트워크까지 이어진, 디지털에서 태어나고 자란 그들, 디지털 네이티브의 반란사를 전한다.[104]

1980년 메사추세츠주州 브록톤에서 숀 패닝이 태어났다. 이 사람이 20세기 최대 비즈니스 중 하나인 거대 음반 산업을 상대로 전쟁을 벌일 것이라 생각한 사람은 없었다. 집안이나 학벌, 그의 어떤 스펙도 그의 실제 미래를 예견하지 못했다. 그러나 그는 1999년 초 18살에 대학 중퇴생 신분으로 체스넷Chess.net이라는 삼촌 회사에서 프로그래밍을 하고 있을 때, 자신이 세상을 바꿀 수 있을 것이라 믿고 있었다. 그해 그는 최초의 파일공유P2P 사이트인 '냅스터'를 만들었다. 냅스터는 그의 곱슬머리에 빗댄 고교 시절 별명이었다. 사실 이 냅스터의 아이디어는 단순했다. 냅스터의 존재 목적은 이용자 간 상호 협력을 통해 파일을 공유하고 확산시키는 것이었다.[105]

그러나 이 단순한 아이디어는 그의 지인조차 설득하지 못했다. 그의 친형조차 자기만의 세계에 사는 온라인 이용자들이 공유 행위를 즐기지 않을 것이라 반박했다. 그러나 냅스터는 성공했다. 역사상 가장 빠른 속도로 성장했다. 냅스터는 하룻밤 만에 전 세계인의 유틸리티가 됐다. 전기, 수도, 우편처럼 파일공유가 사람들 삶의 일부가 됐다. 그리고 그것은 거대 음반 산업과의 전쟁의 시작이었다.

숀 패닝의 문제는 두 가지였다. 첫 번째는, 그가 비트를 기반으로 한 새로운 콘텐츠 유통망을 만들었다는 것이다. PC에 기반한 이용자들의 온라인 네트워크가 그 유통망의 필요충분조건이다. 두 번째는, 그 유통망에는 원자의 세력이 끼어들 여지가 없었다는 것이다. 음악을 유통하는 것은 그때까지 음반 회사의 역할이었다. 그것이 그들의 존재 의의였다. 따라서 음반 회사를 거치지 않은 이용자 네트워크는 음반 회사의 역할을 부정하는 혁명이었다. 마치 왕이 없는 시대를 꿈꾸었던 공화주의자들 같았다. 20세기 콘텐츠 유통망이 21세기에도 존속할 수 있을지, 원자를 유통시키는 시스템이 비트를 유통시키는 시스템에도 유효할지에 대한 고민은 다음 문제였다.

음반 회사들의 대표인 전국음반협회RIAA는 정부를 이용했다. 콘텐츠 생산·유통·소비는 개인의 자유이지만 그 자유의 한계와 법적 책임을 묻는 것은 정부의 관할이며 법의 영역이기 때문이다. 반대로 이용자는 냅스터를 택했다. 냅스터는 역사상 가장 빠른 속도로 성장한 웹 사이트가 되어 그 사실을 증명했다. 그리고 이 둘 사이에서 정부는 전국음반협회의 손을 들어주었다. 2001년 P2P 기술에 대한 미국 제9항소법원의 판결은 이용자 네트워크에 의한 콘텐츠 유통망의 의의는 거대 음반 회사에서 주장한 것처럼 공정한 사용으로 볼 수 없다고 했다. 오직 지적 재산권 침해만이 있을 뿐이었다.

물론 음반 산업 입장에서 보면 이는 정의의 실현일 수 있다. 음악 도둑에 대한 음악 주인의 정당한 권리 행사이기 때문이다. 여기서 지적 재산은 물적 재산과 달리 누군가와 나눈다고 해서 줄어드는 성질이 아니라는 부분이 있어 냅스터를 음악 도둑이라 모는 것이 부당할 수 있다는 점은 일단 차치한다. 더 큰 문제는 실효성 부분이다. 제도 경제학의 아버지 로널드 코스가 이야기한 것처럼 재산권 행사의 기준을 도덕으로 삼는 것은 과다 비용을 발생시킬 수 있다. 실제로 당시 자유주의적 경향이 강한 경제학자 러셀 로버츠는 냅스터를 음악 도둑이라 볼지라도 그들을 법으로 규제하는 것은 비용 측면에서 부적절하다고 주장한다. 역사적 사례들을 놓고 볼 때 기술 혁신에 역행하는 법의 규제는 규제 비용만 증가시켰지 실효성은 떨어졌기 때문이다.

로버츠가 자신의 주장을 입증하기 위해 내세운 근거는 미국의 카스테레오 시장이다. 1980~1990년대 미국 보스턴과 뉴욕은 카스테레오 절도 사건이 극도로 빈번했다. 차 주인들은 절도범들이 카스테레오를 훔치기 위해 차 유리를 깰 것을 염려해 "이미 카스테레오를 절도당했음" 혹은 "카스테레오 없음" 같은 표지를 차에 해놓을 정도였다. 그러나 조금 시간이 지나고 절도범들의 행태가 일정 수준을 넘어서자 법원이나 경찰이 나서지 않고도, 시장이 스스로 이 같은 문제를 해결하기 시작했다. 카스테레오 제조사들이 절도범들의 재주를 능가하는 기술을 시장에 선보이기 시작한 것이다. 그들은 초기엔 이동식 카스테레오를 내보였고, 이후엔 해당 차가 아니면 작동하지 않는 카스테레오를 개발했다. 그 결과 카스테레오 절도율은 0%에 가깝게 떨어졌다. 로버츠는 이 같은 사건을 근거로 정부가 무리한 규제로 과다 비용을 만들지 않더라도 경쟁이 활발하게 존재하면 시장이 알아서 문제를 해결할 수 있다고 역설했다.[106]

그러나 법원이 냅스터에게 내린 결정은 반대의 길이었다. 법원은 경쟁을 활성화시키기보다는, 이미 있던 경쟁도 어제의 승자의 항변에 따라 죽이는 길을 택했다. 2001년 7월 냅스터는 법원 판결 사항을 이행하기 위해 일시적으로 사이트를 폐쇄했고, 저작권 침해를 명목으로 막대한 합의금을 지불한 뒤, 사이트를 유료로 전환했다. 결과는 시장에서의 퇴장이었다. 개방에서 독점으로 전환된 체제를 이용자들은 외면했다. 냅스터의 트래픽은 급감했고, 2002년 5월 17일, 결국 독일 베텔스만에 8500만 달러에 매각됐다. 2002년 6월 3일에는 법원에 파산 신청을 했다. 혁명은 그렇게 막을 내렸다.

아직 전쟁은 끝나지 않았다

이 일은 나폴레옹이 일으킨 전쟁의 결론을 맺은 빈 회의를 떠올리게 한다. 혼란한 유럽을 정리한 승전 4개국과 프랑스의 대표자들은 오스트리아 재상 메테르니히가 주재한 회의에서 전후 체제를 논의했다. 그들의 합의안은 유럽 협조 체제였다. 주요국 간의 힘의 균형을 통해서 평화를 도모한다는 것이다. 유럽은 그 덕분에 한 세기 동안 평화를 누렸다. 그러나 그 외부적 평화의 대가는 내부적 체제 유지였다.

　마찬가지로 냅스터 문제는 법원 패소와 파산 신청으로 정리되지 않았다. 단지 외부적 세력 균형을 통해 내부의 문제를 가린 것뿐이다. 20세기의 콘텐츠 유통망이 21세기에도 존속할 수 있을지, 원자를 유통시키는 시스템이 비트를 유통시키는 시스템에도 유효할지에 대한 고민은 여전히 남아 있다. 유럽 협조 체제가 나폴레옹이 사라지고 공화주의자들이 다스리던 유럽 정치 체제에 왕이 계속 필요한지에 대한 질문을 지우지 못했던 것처럼, 법원 판결과 파산 신청은 냅스터가 던진 21세기 콘텐츠 유통에 20세기 기업과 산업의 역할이 어찌해야 되느냐는 질문을 없애지는 못한다.

현재 냅스터의 지위를 이어받은 것은 비트토렌트다. 2009년 2월 통계에 따르면, 이 서비스는 인터넷 전체 트래픽의 27%에서 55%를 차지하고 있다.[107] 이것은 비트토렌트가 거대 파일을 쪼개 동시에 업로드와 다운로드를 가능하게 만든 기술을 바탕으로 하고 있기 때문이다. 다운로드하는 사람이 많을수록 업로드 속도가 빨라지고, 업로드가 늘어날수록 다운로드도 늘어난다. 콘텐츠 공유를 위한 선순환 구조를 가지고 있다. 초기 냅스터에서 몇 단계 더 진화한 것이다. 나폴레옹 이후 등장한 비스마르크는 강대국 간의 세력 균형이라는 모순을 이용해 유럽을 휘저었다. 비스마르크는 강대국의 최선은 제국이 되는 것이며, 차선책이 합의를 통한 평화라는 것을 알고 있었다. 비트토렌트도 마찬가지다. 그들은 냅스터보다 더 조심스럽고 지능적이다. 냅스터가 기존 콘텐츠 유통 구조를 전복하는 역할을 했다면, 비트토렌트는 이제 그들의 합의를 통한 체제 유지를 불가능하게 만들고 있다.

이 비트토렌트를 2001년 7월 2일에 세상에 선보인 개발자 브람 코헨은 특정 분야에는 강력한 집중력을 보이지만 대인관계에는 미숙한 야스퍼거 증후군을 가지고 있다. 그는 외부와는 소원한 삶을 살면서 퍼즐 맞추기와 프로그램 개발에 몰두했다. 그렇게 자기만의 세계가 전부였기 때문에, 20대 후반에 만든 비트토렌트의 성공은 자신이 생각해도 의외였다. 그 결과 그는 그가 알지 못하는 세상과 연결됐기 때문이다. 2006년까지 비트토렌트 소프트웨어를 다운로드한 사람은 4천만 명이 넘었다. 그리고 곧 냅스터에 이어 콘텐츠 유통 산업(이번에는 음반사뿐만 아니라 영화사까지 포함해)의 공공의 적이 되었다. 그

유럽 협조 체제가 나폴레옹이 사라지고
공화주의자들이 다스리던 유럽 정치 체제에
왕이 계속 필요한가라는 질문을 지우지 못했던 것처럼,
법원 판결과 파산 신청은 냅스터가 던진

21세기 콘텐츠 유통에
20세기 기업과 산업의 역할이
어찌해야 되느냐는
질문을 없애지는 못한다.

러나 코헨은 여전히 그 현실에 관심이 없다. 2005년 1월 코헨을 인터뷰한 미국 IT 잡지 《와이어드》의 기자 클리브 톰슨은 코헨이 유통 산업의 미래 같은 것에 전혀 관심을 보이지 않는다는 것을 느꼈다. 코헨에게 이미 그들은 과거였기 때문이다. 더 이상 왕이 없는 시대에 우리가 사는 것처럼, 코헨은 21세기의 유통 방식을 기정사실화했다. 그가 단지 신경 쓰는 것은 자신의 주 관심사인 퍼즐 맞추기와 프로그램 개발을 혹시 방해할지도 모를 불필요한 법정 공방을 막는 것뿐이다. 그래서 비트토렌트는 불법 다운로드 논란의 중심에 있지만, 그는 전혀 불법 다운로드를 하지 않는다. 챙겨 보는 몇 안 되는 TV 프로그램을 볼 때에도, 그는 비트토렌트로 다운받기보다는 정품 DVD를 구입해서 보는 것을 선호한다. 그는 자신인 만든 현실과도 동떨어진 삶을 살고 있다.[108]

디지털 네이티브들의 반란사

이렇게 거대 유통사들을 위협하는 기술 혁신의 주인공들이 할리우드와 월스트리트와 거리가 먼 삶을 산다는 것은 놀라운 일이다. 코르시카의 시골뜨기가 프랑스의 황제가 되어 유럽 전체와 전쟁을 벌인 것처럼, 늘 집 안에 앉아 컴퓨터를 붙잡고 프로그램 개발이나 하는 사람들이 세상을 바꾼다는 것은 의외다.

그러나 사실 우리는 이 의외에 익숙하다. *장래가 명확하지 않은 청년들이 단순한 아이디어를 가지고 세상을 바꾼 예들은 꾸준히 있었다. 야*

후의 제리 양이 그랬고, 구글의 세르게이 브린과 레리 페이지가 그랬다. 유튜브의 스티브 첸과 채드 헐리가 그랬다. 페이스북의 마크 주커버그가 그랬다. 숀 패닝도 브람 코헨도 마찬가지다.

그것은 첫째로 무엇보다 누구도 통제하지 않고, 누구도 소유하지 않는 인터넷이란 새로운 창업 환경이 있었기 때문이다. 제품과 서비스 개발에는 많은 자본이 필요하지 않다. 시장 진입 장벽은 낮다. 규모의 경제를 이루는 것은 쉽다. 다음으로는, 그들이 디지털 네이티브였기 때문이다. 그들은 디지털에서 태어나 자랐다. 디지털 세대들이 무엇을 당연시하며, 무엇을 불편해하고, 무엇을 욕망하는지 이들은 알고 있다.

물론 숀 패닝, 브람 코헨과 다른 역사의 주인공들 사이에는 큰 차이가 있다. 그리고 그 차이는 그들의 상업적 성공뿐 아니라 대중적 평판까지 갈랐다. 시작부터 P2P 기술은 거대 콘텐츠 유통 산업의 존재 자체를 위협했다. 그들의 성장이 자신들의 종말이 되는 상황에서 전쟁은 필연이었다. 그리고 거인과 맞선 덕분에 이들은 사업상 굴곡을 겪어야 했다. 그러나 기억하자. 그들도 같은 기업가다. 경제학자 슘페터가 이야기한 파괴적 혁신의 주인공이다. 그들은 이전의 산업구조를 부수고, 더 부가가치가 높은 새로운 산업구조를 만들어낸다. 슘페터에게는 이들이야말로 독점적 산업구조에 의해 정체되는 자본주의를 구원할 영웅이었다.[109]

사실 이것은 놀라운 이야기다. 정치적 의미에서 해석하면, 혁신이란 개인이 구조를 타파하는 기회를 말하기 때문이다. 그리고 그 맥락에서 본다면 이 구조를 타파하는 개인들이 다시 사회적 문제의 원

napster.

나폴레옹,
비스마르크,
냅스터,
토렌트.

21세기 디지털 네이티브들의 혁명은
구시대와 작별을 고할 수 있을까?

인으로 부각되는 것도 어색하지 않다. 그것마저 혁신의 일부이기 때문이다.

나폴레옹과 비스마르크의 전쟁은 구시대를 쥐고 있던 권력의 체계를 흔들어 새로운 시대의 문을 열었다. 디지털 혁명도 마찬가지다. 파일공유 혁명으로 문을 연 21세기 권력의 20세기 권력에 대해 선전포고는 트위터, 페이스북 등을 통해 일어나고 있는 소셜 미디어 혁명으로 확장되고 있다. 파일공유 혁명이 콘텐츠 공유를 위해 유통망의 전복을 목표로 했다면, 소셜 미디어는 이제 생산의 주체마저 바꾸고 있다. 음반사와 영화사를 위협하던 이용자 네트워크의 힘은 이제 언론의 영역까지 침범한다. 파일공유는 행위일 뿐이며, 그 행위의 주체가 이용자와 그들의 네트워크였다는 것을 기억한다면 그 흐름의 정체는 명확하다.

그것은 디지털 네이티브의 반란이다. 그렇게 보면 현재 우리가 논하는 웹 2.0, 소셜 웹 등의 흐름은 과거와 단절된 역사가 아니다. 구글과 냅스터, 페이스북과 비트토렌트의 차이가 그리 광활하지도 않다. 그리고 그 움직임은 인터넷이 살아 있고, 새로운 세대가 그 인터넷의 새로운 사용법을 발견하고, 공유하는 한 계속될 것이다.

참여 문화는
범죄가
아니다

한국의 다크나이트, 자원봉사 자막 제작자들

2008년 크리스토퍼 놀란 감독은 종전의 슈퍼히어로 영화에서 쉽게 볼 수 없었던 깊이를 더한 새로운 배트맨 시리즈 〈다크나이트〉를 내놓았다. 세계적으로 엄청난 흥행 기록을 세운 이 영화는 범죄가 끊이지 않는 고담시를 지키기 위해 영웅의 길을 택하지만 동시에 범법자의 그늘 속에 살 수밖에 없는 주인공의 내적 갈등을 성공적으로 묘사해 극찬을 받았다.

같은 해, 국내 대학교 휴학생 장혜영(감독명 해명)은 친구 다섯 명을 모아 '멍큐멘터리 팀'을 만들고, 청소년 미디어 창작지원 프로젝트인 '유스보이스'의 사전 제작지원을 받아 〈다크나이트를 지켜죠〉란 영화를 찍었다. 그러나 이 영화의 주인공인 다크나이트는 배트맨이 아니다. 그들은 우리가 토렌트 등의 P2P 기술을 통해 이른바 불법으로 내려받는 수많은 해외 영상 콘텐츠에 자막을 다는 자원봉사자들이다.

그들에게 다크나이트란 이름을 붙여줄 만한 이유는 있다. 그들은 아무 경제적 보상 없이 많은 시간을 들여 자막을 만든다. 그렇게 해서 해당 콘텐츠가 국내에 확산되고 구매력이 있는 팬들이 생기고 시장을 형성하는 데 힘을 보탠다. 그러나 그들이 저작권이 있는 대본을 바탕으로 2차 저작물(자막)을 만드는 이상, 그들은 범법자로 정의된다. 영화 속 다크나이트는 영웅이고 인기의 대상이지만, 실제 현실 속 다크나이트는 우리의 무관심 속에서 자신이 사랑하는 콘텐츠에 대한 자막을 통한 애정 표현과, 범법 행위로 구속될 수도 있는 제도적 장치의 압박 속에서 고민한다.

그리고 최첨단 무기를 사비로 구입하거나 제작할 수 있는 엄친아 배트맨에 비해서 현실의 다크나이트들은 너무나 평범하다. 대개가 청소년 혹은 대학생인 〈다크나이트를 지켜죠〉의 인터뷰 대상자 중 일부는 자신들의 행위가 불법인지도 몰랐다. 그들은 자신들이 불법 행위를 하는 것이 아니라고 했다. 단지 자신들이 하는 일이, 좋아하는 일이 불법일 뿐이라고 했다. 그들은 어떠한 금전적 보상도 없는 자막 제작에 짧게는 한두 시간, 길게는 여덟 시간에 이르는 막대한 자원을 투자하고 있다. 그 이유는 단지 자신들이 좋아하는 콘텐츠를 다른 사람들도 보게 하기 위해, 좋아할 수 있는 기회를 주기 위해서다. 혹은 자막 제작 행위를 통해 자기 동료 집단으로부터 인정을 받는 자아실현 욕구를 충족하기 위해서다. 그런데 그 나눔이 죄가 된다는 말인가?

다크나이트를 지켜죠

Plz Save Me

다큐멘터리 영화 〈다크나이트를 지켜죠〉,

"외화 자체 자막가, 그들은 누구인가?"
초저예산 따끈따끈 학생다큐
b y 멍 큐 멘 타 리

**다크나이트를
지 켜 죠!**

영화 속 다크나이트는 영웅이고 인기의 대상이지만,
실제 현실 속 다크나이트는
우리의 무관심 속에서
자신이 사랑하는 콘텐츠에 대한
자막을 통한 애정 표현과,
범법 행위로 구속될 수도 있는
제도적 장치의 압박 속에서 고민한다.

디지털 지식 공유의 생태계를 둘러싼 전쟁

그것은 기술, 문화 그리고 제도 간의 변화의 속도 차이 때문이다. 지난 반세기 동안 기술은 눈부시게 발전했다. 콘텐츠를 개인이 저장하고 복제하고 심지어 리믹스하는 등의 모든 과정이 혁명적으로 쉬워졌다. 다시 말해 이전에는 소수만이 할 수 있었던 콘텐츠 생산과 유통을, 이제는 전 세계 수십억 인구가 할 수 있게 된 것이다.

그렇게 참여를 부르는 기술의 성격에 따라 우리의 문화도 바뀌어 갔다. 매스미디어가 우리에게 준 소비자에 대한 고정관념이 TV 앞에 앉아 등을 기대고 멍하니 보고 있는 개인을 뜻하는 것이었다면, 뉴미디어 소비자는 그 같은 고정관념에 구속되지 않는다. 뉴미디어는 소비자가 아니라 참여자를 만든다. 웹 2.0의 '참여·공유·창조' 패러다임이 의미하듯, 그들이 주도하는 콘텐츠 생산과 공유는 이제 새로운 산업 발전을 이끄는 부가가치의 핵심이 되고 있다. 그러나 제도의 변화는 그 같은 기술과 문화 발전에 호응하지 않는다. 하버드 로스쿨의 요하이 벤클러가 그의 역저 《망부론The Wealth of Networks》에서 강조한 것처럼, 기존의 콘텐츠 생산·유통 업체들은 소비자가 여전히 소비자로 남기를 원하기 때문이다.

그들이 쓸 수 있는 가장 강력한 도구는 저작권법 등의 제도이다. 벤클러는 기술과 문화를 앞세운 이용자들과 제도를 앞세운 기성 산업 간의 공방을 '제도 생태계를 둘러싼 전쟁battles on institutional ecology'이라 부른다. 1998년 미국 의회에서 통과된 디지털 밀레니엄 저작권법DMCA, 2005년 미국 연방대법원이 내린 그록스터 판결의 제도적 강경

책에도 불구하고, 이용자 참여와 공유를 촉진하는 기술과 문화가 발전하고 확산되면서 그 전쟁은 여전히 지속되고 있다.[110]

시대의 변화를 제도로 억압하는 정책이 항상 긍정적 결과를 만드는 것은 아니다. 그 결과는 가장 강력한 지지자일 수 있는 팬을 가장 강력한 적대층으로 만들 수 있기 때문이다. 몇 년 전, 세계를 달구었던 '해리포터 전쟁'을 기억하는가? 해리포터의 작가 조앤 롤링으로부터 판권을 사들인 워너브라더스는 2010년 12월 1일 영국의 10대 소녀 클레어 필드에게 메일을 보냈다. 당신이 소유하고 있는 'The Boy WhoLived'의 URL이 'harrypotterguide.co.uk'라서 이용자들에게 해리포터의 지적 재산과 혼동을 일으킬 소지가 있으니 워너브라더스에게 그 권리를 양도하라는 것이었다. 워너브라더스와 그들이 고용한 변호사 입장에선 자신들이 정의의 편이었을 것이다. 이들에게 지적 재산권은 시대에 따라 변하는 것도, 경제적 이익에 관한 문제도 아니고, 불법을 넘어 양심의 문제이니까. 문제는 그 양심의 소유자가 단지 해리포터를 열렬히 좋아하는 10대 소녀였다는 점이다. 그녀가 해리포터 팬 사이트를 운영하면서 바라는 것은 경제적 이득이 아니었고, 단순히 자신이 사랑하는 것을 다른 사람들과 나누는 것이었다.

그래서 클레어와 그의 아버지는 법적 공방과 함께 언론을 통해 워너브라더스를 압박하기 시작했다. 그들의 움직임은 유사한 도메인 분쟁 문제 전문가인 알라스테어 알렉산더의 도움으로 전국적인 움직임으로 확산됐다. www.PotterWar.org.uk라는 포터 전쟁 사이트가 만들어졌고, 그 사이트를 중심으로 이제는 전국을 넘어 지구적인 해리포터 팬 네트워크 조직이 만들어져 저항 운동이 시작됐다. 미국에서는 '더 데일리 프로펫The Daily Prophet'이란 사이트의 운영자인 히더 로버가 암흑 마법 저항군DADA: Defense Against the DarkArts이라는 조직을 형성해 대서양 양안의 포터 저항군이 탄생했다.

결국 워너브라더스는 PR 측면에서의 손실을 고려해 기존의 강경책을 굽힐 수밖에 없었다. 오타쿠를 적극 수용해 발전해온 일본 애니메이션이나 게임 산업계의 성찰에 비하면 때늦은 깨달음이었다. 물론 이 같은 고민은 수많은 사람들의 이해관계가 걸려 있는 산업의 균형점을 한순간에 다른 한쪽으로 옮겨가자고 하는 것은 아니다. 그러나 적어도 그 균형점이 어디에 있어야 하냐는 부분에 대해서는 사회적 공론이 있어야 하지 않느냐는 의문점을 던지는 것이다. 분명 현행법과 제도에 따르면 해당 콘텐츠에 대한 저작권은 제작자 혹은 배급사에게 있다. 그러나 그 콘텐츠를 둘러싼 팬 문화, 그 팬 문화의 소산물인 각종 리믹스 영상, 팬 창작 소설 등이 저작권 위반으로 규정된다고 하는 것은 콘텐츠를 넘어 해당 문화의 권리가 누구의 것이냐 하는 문제이다.[11]

디지털 참여 문화와 21세기의 민주주의

그리고 그것은 산업계의 고민을 넘어 우리 사회체제, 민주주의에 대한 새로운 도전이다. 왜냐하면 이것은 표현의 자유에 기초한 참여 문화의 법적 성격을 결정하는 것이기 때문이다. 민주주의를 이루는 데 표현의 자유가 핵심인 것은 누구나 다 안다. 그만큼 이제는 보편적

우리는 왜 디지털 나눔을 나눔이라 부르지 못하는가?
21세기의 한국과 세계를 이끌어갈 우리의 디지털 네이티브들을 다크나이트로밖에
부를 수 없는 그 본질적 이유를 고민해야 할 시대적 책임은 우리 모두의 것이다.

권리로 인정되고 있다. 이 표현의 자유는 언론·출판·집회·결사의 자유로 구성돼 있다. 이 네 가지 권리가 상호 연관되는 까닭은 언론의 자유가 있어야 출판을 할 수 있으며, 출판의 기술은 집회의 형성을 강화시키고, 집회의 형성은 결사체의 성장을 촉진하기 때문이다.

《미국의 민주주의》를 쓴 프랑스의 정치 사상가 알렉시스 드 토크빌에 따르면 이 결사체의 형성이 민주주의의 근간이다. 19세기 초 미국을 방문했던 토크빌은 이 신생국가에 민주주의가 번창할 수 있던 것은 시민들의 수많은 자발적 조직들이 민주주의를 아래에서부터 든든히 지켜주고 있기 때문이라는 것을 알았다.[112]

MIT에 비교 미디어 연구소[CMS]를 설립해 공동 운영했던 미디어 이론가 헨리 젠킨스에 의하면, 이 자발적 결사체의 전통은 이제 대중문화의 팬덤에서, 그리고 그 팬덤이 인터넷 기술을 통해 사회 전반적으로 확장돼 나타나는 웹 2.0에서 확인된다. 사람들이 오프라인에서 정치적 시위와 투쟁, 종교 활동과 자원봉사에 참여하는 비율은 감소하고 있을지라도, 온라인을 통해 콘텐츠에 대한 개인적 관심과 애정에 기초한 새로운 사회 조직을 만들고 있다. 그리고 지난 십 수년 동안 우리가 목격한 것처럼, 그 같은 온라인 활동은 계기가 주어지면 대규모 오프라인 활동으로 쉽게 변모한다. 이들 이용자들의 온라인 활동이 가장 중요한 사회적 행위 중 하나인 콘텐츠 소비를 참여로 만드는 것인 만큼, 산업을 넘어서 참여적 민주주의적 차원에서도 중요한 현상이다.[113]

따라서 이들 팬들, 이용자들의 콘텐츠 생산과 분배에 대한 참여를 어디까지 합법이고 어디부터 불법으로 만들 것인가 하는 것은 기존의 비즈니스 모델에 기초한 한쪽의 이해관계에서만 해석될 수 있는 문제가 아니다. 인종과 성, 지역의 차별을 극복해온 지난 사회 발전사와 마찬가지로 균형적인 관점에서 접근이 되어야 하며, 산업계에서 소비자와 이용자의 새로운 사회적 지위와 역할에 대한 사회적 공론의 주제로 격상되어야 할 주제다. 우리는 왜 디지털 나눔을 나눔이라 부르지 못하는가? 21세기 한국과 세계를 이끌어갈 우리의 디지털 네이티브들을 다크나이트로밖에 부를 수 없는 그 본질적 이유를 고민해야 할 시대적 책임은 우리 모두의 것이다.

part 3

열린 인터넷
열린 창조성
그리고 열린 사회

자스민의 꽃은 아직 피지 않았다

말콤 글래드웰, 트위터 혁명은 없다

2010년 10월 4일, 아이디어 확산의 원리를 다룬 《티핑 포인트》 등의 저술로 국제적 명성을 얻은 언론인이자 경영 컨설턴트인 말콤 글래드웰이 시사평론지 《뉴요커The New Yorker》에 글을 올렸다. 제목은 '사소한 혁명small change', 부제는 '왜 혁명이 트윗되지 않는가why the revolution will not be changed'였다. 사람들 간의 간접적 관계인 약한 연결weak tie을 중심으로 한 소셜 미디어의 세계는 인종차별 등의 문제를 극복하는 데 큰 역할을 한 1960년대 시민운동 같은 사회 변화를 불러일으키기 어렵다는 주장이었고, 그 근거로 내세운 것이 이 사회에 중대한 변화를 일으키는 것은 사람들 간의 직접적 관계인 강한 연결strong tie이라는 것이었다.

말콤 글래드웰의 주장을 구체적으로 살펴보자. 1960년 미국에서 시작된 흑백 분리 문제를 중심으로 한 인종차별에 대한 저항 운동은 그해 2월 1일 시작되었다. 네 명의 흑인 청년들이 흑인을 고객으로 대우하지 않는다며 무단으로 상점 테이블을 점유했다. 하루하루가 지나면서 시위에 동참하고 지지하는 사람들의 숫자가 기하급수적으로 증가했다.

재미있는 것은 이 운동을 초기에 주도한 네 명의 흑인 청년, 데이비드 레이몬드, 프랭클린 맥케인, 이젤 블레어, 조셉 맥네일이 서로 잘 아는 사이였다는 것이다. 그들은 서로 기숙사 친구 등의 관계로 끈끈하게 묶여 있었다. 스탠포드 대학의 사회학자 도 맥아담은 시민운동에 사람들이 적극적으로 가담하는 배경에는 그들의 이념이 아니라 관계가 문제가 된다고 주장한 바 있다. 이를 인용해 글래드웰은 네 선구자들의 끈끈한 관계 혹은 (네트워크 이론에 따른 표현으로는) '강한 연결'이 변화의 발원이라고 해석했다.

그리고 이 같은 해석에 따르면, 친구가 친구를 소개하고 친구의 친구가 친구를 이어주는 트위터와 페이스북의 세계는 혁명의 무대가 되기에는 너무 취약한 기반이다. 네 친구가 목숨까지 위협할 수 있었던 인종갈등에 함께 맞섰던 것처럼, 트위터나 페이스북이 극심한 사회 변화에 맞서 싸울 수 있는 동력을 제공할 수 있을까? 트위터 친구, 소위 트친에게서 그처럼 함께 목숨이라도 나눌 수 있는 끈끈함이 있을 수 있을까? 그것이 글래드웰이 가진 의문이었다.[114]

터프키의 반론, 약한 연결이 강한 연결이 된다

이에 대해 '테크소셜로지techsociology'라는 유명 블로그를 운영하는 기술사회학자 제이넵 터프키가 글래드웰의 주장에 반론을 제기했다. 그녀는 첫째로 글래드웰이 자기 주장의 이론적 배경으로 삼은 마크 그라노버터의 〈약한 연결의 힘The Strength of Weak Ties〉이라는 논문을 잘못 이해했다고 지적했다. 그라노버터의 논문에서 약한 연결과 강한 연결은 상호 대치되는 것이 아니다. 오히려 이 둘은 상보적인 존재다. 약한 연결은 강한 연결로 묶인 그룹들을 서로 다시 묶어준다. 그렇게 해서 아이디어가 확산될 수 있는 유용한 루트가 된다.

또한 약한 연결과 강한 연결은 항상 그 상태로 머무는 것이 아니다. 약한 연결이 강한 연결이 될 수 있고, 다시 강한 연결이 약한 연결이 될 수가 있다. 그래서 글래드웰이 주장한 것처럼 강한 연결이 사회 변화의 핵심이라고 한다면, 가족·교회·국가 등 전통적 강한 연결 집단의 힘이 약해진 지금 그 강한 연결이 등장하는 발원지는 소셜 미디어 세계일 수도 있다.

그리고 현재 우리의 당면 과제는 기후변화 등을 비롯해 상호 연결된 세계 시민의 힘이 그 해결책으로서 필요한 경우가 많다. 그렇다면 그 힘이 일어날 수 있는 바탕은 어디이겠는가? 1960년 2월 미국의 인종 문제 해결에 한 획을 그은 네 명의 지역 친구들이 할 수 있는 일은 아닐 것이다. 그것은 전 세계 시민들의 하나로 소통된 채널에서 가능할 것이며, 그 소통 채널이 인터넷이고 소셜 미디어다.[115]

트위터 혁명의 현실을 보라

글래드웰과 터프키의 의견 중 누구의 말이 옳은 것일까? 소셜 미디어는 과연 중대한 사회적 변화를 촉발할 수 있을까?

둘 중 누가 옳은지를 판단하는 가장 좋은 방법은 현실의 사례들을 면밀히 검토해보는 것이다. 예컨대 현재 지구 상에 존재하는 다수 권위주의 국가들에게 소셜 미디어가 미치는 힘은 무엇인가?

소셜 미디어 혁명을 말할 때, 그 선구적 사례로 꼽히는 2009년 이란의 사례를 보자. 당시 이란에서 부정선거에 대한 반발로 시민운동이 일어났을 때, 정부의 언론 검열에 맞선 상호 소통에 트위터가 열렬히 활용됐다. 그래서 이란의 민주화 운동에 대해서 그들이 비폭력 투쟁 시 자신들을 구분하기 위해 사용했던 녹색을 따서 그린 혁명이라 부르기도 하고, 트위터가 주요한 도구가 되었다고 해서 트위터 혁명이라 부르기도 한다. 그런데 정말 트위터는 이 혁명에 중대한 공헌을 했을까?

당시 트위터에는 이란 부정선거에 대한 멘션들이 올라와 타임라인을 장식했던 것이 사실이다. 미국 정부에서도 이를 이란에 민주화를 일으킬 주요한 기회로 보고 이례적으로 트위터의 정기 점검을 일시 연기할 것을 요청했고, 트위터가 이를 승락한 바 있다. 그러나 기본적으로 이란인들이 쓰는 언어는 당시 타임라인의 이란 선거에 관한 멘션의 주요 언어였던 '영어'가 아니라 '파르시ﺴﻯ'였다. 이 단편적인 예만 봐도 외부에서 이 트위터 혁명에 걸었던 기대의 크기와 실제 영향 사이에는 차이가 있을 수 있다는 것을 짐작해

볼 수 있다. 다시 말하면 트위터가 이란 사태를 외부로 알리는 데는 큰 역할을 했지만, 정부의 검열이 충분히 가능하다는 점을 생각하면 내부의 규합을 위해 얼마나 큰 역할을 했는지는, 트위터란 표본이 그 사회 전체를 대표하는지 그 관계가 불분명하기 때문에 확답을 내기가 어렵다.

워싱톤과 실리콘밸리의 밀월 관계

이 사태에 얽힌 워싱톤과 실리콘밸리의 밀월 관계의 맹점을 파고들면 문제는 더 복잡해진다. 이 트위터 혁명 이후, 이란 정부의 인터넷 검열을 피해 트위터를 쓸 수 있게 해준 '헤이스택Haystack'이라는 인터넷 검열 우회 소프트웨어circumvention technology 개발 회사가 있다. 이 회사의 20대 창업자인 오스틴 힘은 일시에 세계적 영웅이 됐다. 언론이 좋아할 만한 배경도 있었다. 월드오브워크래프트WOW 같은 온라인 게임에 빠져 있다가 이란의 인권 위협에 대해 심각성을 느끼고, 인터넷의 정보 흐름을 통제하려는 움직임에 저항할 수 있는 소프트웨어를 개발했다고 주장했다.

그러나 정보 자유화의 양면성에 대해 끊임없이 경계의 목소리를 높여왔으며, 미국 외교전문지 《포린 폴러시Foreign Policy》에 정기적으로 기고하고 있는 에브게니 모로조프는, 기존 검열 우회 기술 개발을 뛰어넘는다는 헤이스택의 성과가 공개되어 있지 않다는 점을 지적했다. 구체적으로 헤이스택은 인터넷에 자유를 준다는 소프트웨어를

USB에 담아 이란에 밀반입한 다음 이란에 디지털을 통한 시민운동을 일으켰다고 주장했는데, 공식적으로 그 기술의 성과는 검증되지 않았으며, 그럼에도 미 국무부는 무역 제재 조치를 넘어 이 소프트웨어의 이란 수출을 이례적으로 공식 허가했다.

이 투명성 부족에 불만을 느낀 모로조프는 그의 관련 분야 인맥을 이용해 사건을 탐사했고, 결국 헤이스택의 성과는 언론이 부풀린 것이며, 그들의 기술이 기존 검열 우회 기술에 비해 우월하지 않음을 밝혀냈다. 최근에는 헤이스택의 안정성 문제 때문에 이란 내 헤이스택 이용자들에게 해당 프로그램을 사용하지 말라고 요청한 상태다. 힐러리가 국무부 장관으로 취임한 이후 적극적으로 추진하고 있는, 소셜 미디어를 통해 전 세계 민주화를 이끌어보겠다는 미국의 21세기 외교 The 21st Century Statecraft는 또 하나의 벌거숭이 임금님 사건으로 그 1장 1막의 결론을 지었다.

민주화 운동에 대한 탄압을 일시에 해결할 수 있는 기적의 소프트웨어 같은 것은 어디에도 없었다. 그런데 왜 헤이스택 같은 사건이 발생할 수 있었을까? 거기에는 정보 자유화라는 새로운 외교 상품을 수출해보려는 워싱턴과 실리콘밸리의 합작이 있다. 지난 2010년 9월 26일, 구글은 헝가리에서 인터넷 검열에 대한 반대의 목소리를 높였다. 이 자리에서 구글은 특히 중국을 구체적으로 지목했다. 그러나 여기서 생각해볼 부분이 있다. 왜 구글은 인터넷을 검열하는 40개가 넘는 국가 중에 굳이 중국을 지목했을까? 당시 기조연설을 맡았던 드러먼드 수석 부사장은 발표 전인 2010년 9월 21일 〈뉴욕타임스〉에 기고문을 썼는데, 그 글에서 그는 인터넷 검열이 불공정 무역이라는 입장을 전했다. 그 입장의 대상이 굳이 중국이어야 했을까 하는 의문과 연결시켜 생각해보면, 2006년에 중국에 진입했다가 인터넷 검열에 대한 피해를 구실로 결국 퇴진한 구글과 중국과의 관계를 떠올리게 한다.[116]

그리고 최근 국무부에서 정책 기획을 담당하던 제어드 코헨이 구글의 구글 아이디어스라는 씽크탱크로 옮긴 사실도 예사롭게 보이지 않는다. 물론 정·관·학계가 인재를 서로 공유하는 미국적 인사 시스템에서 그 같은 인적 교류는 이례적이지 않다. 그러나 모로조프가 지적한 것처럼 그것이 엔론 같은 에너지 회사와 워싱턴 정부 간에 인적 교류가 있을 때 발생하는 언론의 주목과 유사한 강도의 경계와 감시가 이루어지지 않는다는 것은 문제가 될 수 있다. 예외는 특권을 만들고 특권이 부패를 낳는다.

그렇다면 실리콘밸리와 워싱턴이 서로 가까워지는 것은 어떤 목적을 갖고 있다고 추정해볼 수 있을까? 이 같은 의문은 정보 민주화를 통해 더 나은 세계를 만들자는 힐러리 클린턴의 거룩한 말씀 이면에 있는 정치와 경제의 공동의 이해관계를 생각해볼 필요가 있다는 것을 뜻한다. 구글, 트위터 같은 기업이 중국과 같은 거대한 신흥 시장에 대해 가지고 있는 이해관계, 그리고 미국과 중국의 세계 패권 경쟁, 중동의 정치력 유지와 강화를 위해 이란 등의 핵 보유 국가를 경계하는 미국의 의도를 함께 보면, 더 이상 정보 자유화라는 명분이 순수하게 들리지만은 않는다. 말이 자유로운 사회야만 자유로운 사회일 수 있으므로, 정보 자유화가 전 세계의 자유를 증진하는 데 중요한 아젠다인 것은 사실이지만, 그 도덕적 당위성이 현실의 이해관계를 통해 희석될 때, 그 말의 진위는 명분의 분명함에서가 아니라 구체적 현실 속에서 파악되어야 한다.[117]

자스민의 꽃은 아직 피지 않았다

이젠 좀 더 본격적인 소셜 미디어 혁명의 사례다. 중동을 넘어 세계적 이슈였던 지난 2011년의 아랍의 봄을 생각해보자. 아랍의 민주화 혁명이 시작된 곳은 튀니지다. 2011년 12월 17일, 튀니지 남부 시디 보즈디에서 과거 우리의 전태일처럼 한 청년이 사회 현실에 저항해 자신을 불태우는 길을 택했을 때, 튀니지 국민은 분노했다. 결국 벤 알리의 23년 철권통치는 그렇게 막을 내렸다. 그리고 그 불길은 곧 다른 곳으로 번졌다. 그곳은 이미 높은 실업률과 인플레, 부패한 정부로 고통받는 국민들이 있던 이집트였다. 수도 카이로의 타흐리르 광장에는 정권 교체를 요구하는 시민들로 가득 찼고, 얼마 있지 않아 호스니 무라바크의 30년 독재는 종결됐다.

　여기서 튀니지보다 이집트의 시민혁명이 더 놀라웠던 것은 이집트의 지정학적 위치 때문이다. 이집트는 유럽이 태평양으로 들어가는 관문이다. 미국이 선택한 이스라엘과 팔레스타인 사이의 중재자다. 무라바크의 철권통치는 서방 국가의 이집트 정치 안정에 대한 강력한 필요 때문에 가능할 수 있었다. 그러나 그것도 쌓였던 불만이 봇물처럼 터진 이집트 시민들을 막을 수는 없었다. 그리고 이 모든 과정에 인터넷이 주요한 역할을 했던 것도 부정하기 어렵다. 위키리크스는 정부가 통제한 언론을 통해서는 결코 알 수 없었던 정부의 부패상에 대해 시민들이 알게 해주었다. 트위터와 페이스북은 단시간 내에 수많은 사람들이 일정한 장소에 집결할 수 있도록 도왔다.

그리고 여기서 사람들의 도미노 효과에 대한 기대가 나온다. 이집트도 무너졌는데, 다른 곳의 권위주의 정부도 무너지지 않을까, 소셜 미디어가 마법을 부리지 않을까 하는 희망이 나온다. 하버드대에서 경제사학을 가르치는 니알 퍼거슨 교수는 영국 제국사에 대한 그의 저서 《제국》을 통해 대영제국이 건립되는 데는 300년이 걸렸지만 그것이 붕괴되는 데는 30년이면 충분했다고 말한다. 그 본격적인 시작을 알린 것이 20세기 초반에 있었던 아일랜드의 독립과 그 뒤를 이은 인도의 독립이었다. 그렇게 해가 지지 않는 제국의 역사도 끝이 났다. 이처럼 한 국가가 먼저 모범을 보여주면, 다른 국가는 그 전철을 따라 새로운 사회상을 향해 나아간다는 역사적 경험이 있다.[118] 따라서 튀니지와 이집트 시민들이 보여준 움직임은 아랍 전역으로 확장될 가능성이 있으며, 튀니지와 이집트 주변의 예멘·이란·리비아 등지에서 벌어진 대규모 시위는 그것을 가시화하는 것처럼 보였다.

21세기의 기술에 대한 20세기의 교훈

그러나 소셜 미디어의 사용이 확대되면 권위주의 정부에 저항하는 시민운동도 확산되며 점진적으로 민주화도 증대될 수 있다는 희망은 과연 믿을 만한 것인가? 이 같은 의문에 답하기 위해, 소셜 미디어에 기초한 사회운동론의 기본적인 전제인 기술적 변화가 사회운동의 핵이라는 주장이 과거의 역사 속에서 어떻게 스스로를 증명해왔는지를 따져보자.

돌이켜 보면 지난 역사 속에서 인류의 평화와 번영을 증진시켜 줄 것이라고 믿었던 기술은 인터넷과 소셜 네트워크뿐만이 아니다. 기술사학자인 데이비드 나이에 따르면 비행기, 잠수함, 라디오, TV, 영화, 열풍선, 독가스, 지뢰, 미사일, 레이저건 등도 역시 사회적 갈등을 말소할 것이란 믿음을 주었다. 그 믿음의 근거가 해당 기술이 우리의 상호 의존성을 증대시켰기 때문이든 아니면 그 사용의 결과가 단순히 끔찍해서였든, 다음 사실은 명백하다. 우리는 어쨌든 그동안 어떤 새로운 기술이 등장해 우리의 오래된 문제를 일시에 해결해 줄 것이라는 높은 기대를 반복해왔다는 것이다.[119]

그러나 현실은 그 믿음을 배반했다. 양차대전은 인류의 과학 기술이 가진 평화적 잠재력을 재평하게 만들었다. 이는 기술의 문제라기보다는 인간의 문제다. 기술의 변화가 그만큼 놀랍지 않아서가 아니라 그에 비해 인간의 본성, 혹은 사회의 속성이 단시일에 개조될 수 있는 것이 아니었기 때문이다. 인간 사회에 뿌리 내린 '악'은 기술이라는 새로운 '선'에 의해서 쉽게 제거되지 않았고, 오히려 그러한 시도가 나치의 경우에서 보는 것처럼 더 큰 '악'을 만들어내기도 했다. 이렇게 본다면 기술적 변화가 인간 사회의 변화로 확장되는 데는 한계가 있으며, 기술의 긍정적 활용을 위해 인간의 인도적 개입이 필요하다는 명제는 새로운 세기에도 유효하다. 인간적·평화적 기술은 그것을 가능하게 하는 사회적 조건 속에서만 성취될 수 있다는 20세

트위터 등 SNS가 중요한 역할을 했다고 '알려진' 이집트 혁명의 현장.

기술적 변화가 인간 사회의 변화로
확장되는 데는 한계가 있으며,
기술의 긍정적 활용을 위해
인간의 인도적 개입이 필요하다는 명제는
새로운 세기에도 유효하다.

기의 교훈은 21세기에도 그대로 적용된다.

인터넷이 사라졌던 그 5일

2011년 1월 28일은 21세기 기술에 대한 20세기 교훈의 생명력을 여실히 보여주는 날이었다. 시민운동에 대한 정부의 반격으로, 5일 동안 이집트 전역의 인터넷 사용이 중단됐다. 이는 인터넷 검열에 대해서는 세계 최고 수준의 기술력과 실행력을 갖추고 있는 중국에서도 시도한 바 없는 대담한 결정이었다. 서방 여론의 압력과 오프라인 시위의 지속에 견디지 못해 잠금장치가 풀리기는 했지만, 소셜 네트워크가 기반을 둔 인터넷을 단번에 무력화시킬 수 있는 킬 스위치가 존재한다는 것, 전화 등의 통신망과 달리 분산형 네트워크이기 때문에 이 같은 공격에 안전하다고 생각되어온 인터넷이 일시에 차단될 수 있다는 것은 놀라운 사실이었다.

이 5일의 공포가 일어날 수 있었던 원인 중 하나는 인터넷의 분산형 네트워크라는 기술적 특성이 왜곡될 수 있는 실제적인 사회구조 때문이다. 특히 이집트처럼 권위주의 정부의 허가에 의해 인터넷 사업이 이루어지는 환경에서는 정부 입맛에 맞는 독점 기업이 인터넷을 관리하는 실정이다. 따라서 그들 사업자를 강압하는 방식으로 정부가 인터넷을 일시적으로 사라지게 하는 것이 어려운 일이 아니었다. 그리고 이번 사건을 통해 깨달을 수 있는 것은 권위주의 정부와 그 통치권자들도 자신의 안전과 정권 유지를 위해 새로운 환경에 적응하려는 노력을 아끼지 않는다는 점이다. 그들은 이번 5일의 공포를 통해 시민들의 적극적인 인터넷 사용에 맞서서, 좀 더 적극적으로 인터넷에 대한 통제를 행해야 하고, 할 수 있다는 교훈을 얻었다.

물론 일부에서는 검열의 벽이 높아져도 그것을 넘을 수 있는 기술을 개발하면 가능하지 않을까 하는 낙관론을 제시한다. 그러나 기술적 해결책이 장기적 해결책이 되지는 못한다. 위키리크스 사례를 통해 널리 알려진 토르^{Tor}를 비롯해서 많은 검열 회피 기술들이 존재한다. 그러나 하버드대 버크만 센터가 행한 자체 조사에 의하면, 온라인상의 10억 인구 중에 약 2% 정도만이 프록시 혹은 유사한 검열 회피 기술의 존재에 대해 알고 있다. 또한 검열 회피 기술의 발전과 검열 기술의 발전은 맞물린다. 칼과 방패는 같이 발전하므로, 칼이 날카로워진다 해도 방패 역시 두터워짐을 간과할 수 없다. 그리고 좀 더 일상적인 문제도 있다. 제3세계의 인구 중 상당수는 인터넷 접속이 불가능하거나, 가능하더라도 인터넷 카페 등을 통해야 한다. 이는 기술적 감시가 부재하더라도 사회적 감시가 이용자의 자유로운 인터넷 사용을 제한한다는 것을 의미한다.

그러나 이러한 여타한 문제 중에서 폭정에 저항하는 사람들을 위해 자유로운 인터넷을 공급하자는 구상의 가장 큰 문제는 비용이다. 회피 기술을 통해 인터넷에 들어올 수 있는 길을 열어준다는 것은 현실적으로는 가상의 인터넷 서비스 제공업체^{ISP}를 만든다는 것을 뜻한다. P2P 기술 같은 방식으로 전 세계 인터넷 이용자들이 그 책임과 비용을 나누어 가진다고 할지라도, 앞으로 폭증할 전 세계 수십억 인구를 위해 그 같은 사업을 집행하는 것은 미국 국방부의 예산으로도 지속가능성을 보장 못 한다. 즉, 이번에 구글과 트위터가 합작해 이집트 시민들을 도운 것과 같은 방식으로 제3세계 인터넷 이용자들이 검열 장벽을 넘을 수 있게 도와주는 일은 일시적, 부분적으로만 가능한 이벤트다. 이것이 본질적 대안이 될 수는 없다. 검열 회피 기술은 도움이 될 수는 있지만, 그것이 열린 인터넷과 열린 사회를 위한 궁극적인 답이 되지는 못한다.[120]

무엇이 중국을 무너뜨릴 것인가

이집트의 사례만으로 부족하다면, 정말 소셜 미디어 사회 운동론이 현실성이 있는지 검증할 수 있는 최적의 사례가 있다. 그것은 중국이다. 1979년 개혁·개방 이래 가파르게 성장하며 세계 패권 국가로 부상하고 있는 중국은 천안문 사태도, SARS 창궐도, 티벳 시위 탄압도 바꾸지 못했다. 이 중국을 소셜 미디어가 바꿀 수 있다면, 소셜 미디어를 통한 사회운동론은 강력한 신뢰를 얻을 수 있을 것이다.

중국에서도 트위터 혁명(?) 시도가 있었다. 중국의 인권 관련 인터넷 게시판인 보쉰닷컴에 지난 2011년 2월 중국판 트위터 혁명을 일으키자는 이야기가 나왔으며, 실제로 당일 그 시간 해당 장소에는 많은 인파가 몰렸다. 그러나 그 혁명의 실상은 아랍의 봄을 풍자한, 중국 대도시 한복판에서 벌어진 전위예술이었다.

그리고 거기에 참가한 사람들은 그 쇼를 구경하러 온 인파였다. 이와 같은 움직임을 혁명이라 정의한다면, 대한민국에서 가장 큰 사회적 운동은 롯데월드나 에버랜드에서 일어나고 있을 것이다. 오히려 우리가 여기서 진정 중국 사회 변화의 맥을 잡고자 한다면 그것은 중국 정부의 과민 반응이며, 그것을 통해 드러난 중국 정치 체제의 불안정성이다.[121]

미국 서던캘리포니아 대학[USC]의 중국 전문가인 수잔 셔크는 서방 언론에서는 중국의 강대국으로서의 부상에 주목하지만 정작 베이징 정부는 공산주의 이데올로기를 대체한 민족주의와 성장 우선론이 언제까지나 그들을 지켜줄 수 없다는 것을 알고 두려워한다고 했다. *사회적 갈등을 억압과 통제 외에는 무마시킬 수 없는 중국 정치의 제도적 한계가 그들의 아킬레스건이다. 물론 이 중국 사회의 취약점과 소셜 미디어의 잠재적 사회 변동이 맞물릴 가능성은 있지만, 그 가능성은 어디까지나 가능성으로 남아 있다.*[122]

소셜 미디어 구루인 뉴욕대 클레이 셔키 교수는 '소셜 미디어의 정치적 힘'이라는 《포린폴러시》 기고문에서 2001년 1월 17일 필리핀 마닐라에서부터 2011년 2월 이집트 카이로까지 모바일, 소셜 미디어 등 새로운 기술의 도입이 사회 변동의 핵이 되고 있다고 설명했다.[123] 적어도 대중 동원에 있어서는 정보통신 기술의 발달이 새로운 원동력을 제공한다는 것을 강조했다.

그러나 그가 진정으로 기술 결정론에 따른 사회 변동을 설명하고 싶다면, 중국처럼 시장경제에서 우수한 성과를 보이는 권위주의 국가들이 그들의 정치적 타락상에도 불구하고 왜 명맥을 유지할 수 있는지를 그들이 우려러보는 민주적·혁명적·해방적 기술의 특성으로 설명할 수 있어야 한다. 그러나 이 질문에 대해 그와 다른 소

"

불편한 진실은

인터넷, 소셜 미디어와 같은 소통의 기술들이
우후죽순으로 쏟아져나오고 있지만,
그 이면에 존재하는 그 같은 그 기술의 소유와 사용을 결정하는
정치경제적 조건들은 크게 바뀌지 않았다는 것을 말한다.

"

셜 미디어 구루들은 적절한 대답을 제공하지 못하고 있다. 그 불편한 진실은 인터넷, 소셜 미디어와 같은 소통의 기술들이 우후죽순으로 쏟아져나오고 있지만, 그 이면에 존재하는 그 같은 그 기술의 소유와 사용을 결정하는 정치·경제적 조건들은 크게 바뀌지 않았다는 것이다.

철학자 칼 포퍼는 그의 책 《열린 사회와 그 적들The Open Society and Its enermies》의 1943년판 서문에서 플라톤, 마르크스, 헤겔과 같은 인류 사회의 지적 지도자들에 대해 거칠게 비판하는 이유는 "우리 인류가 생존하기 위해서는 위대한 인간들에 대한 (성찰 없는) 존경을 회수해야만 한다고" 믿기 때문이라고 했다.[124] 마찬가지의 현실에 입각한 회의적 태도는 아랍의 봄이 새로운 희망으로, 그리고 우상으로 도약하는 지금 이 시대에도 필요하다. 미래는 우리의 순진한 믿음으로 바뀌지 않는다. 구체적 현실 조건의 변화가 새로운 미래를 만든다.

디지털
네이티브의 자유
없이는
기업가 정신도
없다

기업가 정신, 세대의 벽에 막히다

2011년 1월 27일 〈뉴욕타임스〉는 '일본 청년들 세대의 벽에 막히다 In Japan, Young Face Generational Roadblocks'라는 제목의 기사를 통해 기업가 정신이 사라져가는 일본의 이야기를 전했다. 소니, 도요타, 혼다는 오늘날의 구글, 애플과 마찬가지로 창업자들이 20대에 시작한 기업들이었다. 그러나 오늘날 일본의 기업들은 침묵하고 있다. 소니, 도요타, 혼다를 이어갈 다음 세대 일본 기업은 어디에 있는가?

기사는 기업가 정신이 사라진 원인으로 '세대의 벽'을 꼽았다. 일본 사회는 점점 더 고령화되고, 고령화된 인구는 점점 더 보수화되고 있다. 이들은 기득권을 지키기 위해 젊은 인구가 사회의 의사 결정층으로 진입하는 것을 막는다. 대표적인 것이 겐이치 호리에의 사례다.

30대 초반인 그는 바이오 연료 시스템을 만드는 데 뛰어난 기술을 가진 재원이다. 주변의 인정도 받았다. 그러나 그는 비슷한 또래의 많은 일본 젊은이들과 마찬가지로 비정규직 노동자였고, 고용 불안에 시달리다 2년 전 대만으로 자리를 옮겼다. 그곳에서 중국어를 배워 중국 대륙의 새로운 기회를 잡기 위해서다.

그러나 겐이치가 중국 시장을 노리고 대만으로 옮겨간 것도 그다지 현명한 선택은 아닐 것이다. 중국 역시 세대 간의 벽이 높아지기는 마찬가지이기 때문이다. 중국은 한 자녀 출산 운동 때문에 역사상 최대의 노령 인구 비율을 가질 것으로 예상된다. 나아가 남아선호 사상에 의해 과다 생산된 남성들은 짝을 찾지 못해 불가피한 노총각 신세를 면치 못할 것으로 보여 상황은 더 위태롭다. 인구 대국이 고령 대국으로 달려가고 있고, 세대 간 밥그릇 싸움은 더 치열해지고 있다.[125] 더구나 MIT 슬론경영대학원의 황야성 교수는 그의 저서 《중국 특색의 자본주의》에서 정부 주도의 중국 경제는 중국에서 자생적으로 다국적 기업이 성장하는 것을 저해하고 있다고 지적했다. 정부가 창의적이고 도발적인 기업보다는 정부와 이해관계가 맞물리는 기업의 발전을 선호하고, 그들을 위해서 자본의 흐름을 조정하기 때문이다. 단적인 예로, 1979년부터 1989년까지는 창업과 그 기업의 고용, 발전이 경제성장을 견인한 반면 1989년 이후부터는 정부의 공공 투자와 정부의 후원을 받는 기업들이 중국의 경제성장을 이끌고 있다. 인구의 고령화와 함께 이 왜곡된 시장질서는 중국 경제의 그늘을 더 짙게 만든다.[126]

고령화 문제는 한국도 예외가 아니다. 우리도 세대 간 갈등과 그로 인해 사회 발전이 저해되는 양상은 이미 뚜렷하다. 통계청이 발표한 자료에 따르면 1980년 3.8%였던 65세 이상의 고령 인구는 2010년 11%로 증가했고, 2026년이 되면 20.8%로 증가할 것으로 전망된다.[127] 이같이 기회는 줄고 부담은 늘어가는 상황에서 삼성, 현대, LG 같은 과거, 그리고 현재 한국의 경제성장을 견인했던 기업의 등장을 기대하기는 어렵게 됐다. NHN, 엔씨소프트, 넥슨 등 포털과 게임 업체를 제외하고 대한민국은 대기업의 반열에 들 만한 새로운 기업을 전혀 생산해내지 못하고 있다. 그리고 사실 이 같은 현상은 일본, 중국, 한국에 국한된 것이 아니다. 미국과 같이 개방적인 이민 정책을 통해서 젊은 인구를 수혈할 수 있는 나라를 제외하고는(아인슈타인은 독일에서 나치를 피해서 미국으로 왔고, 인텔을 이끌었던 앤디 그로브는 헝가리계, 구글 창업자 세르게이 브린은 러시아계다.) 많은 선진국과 개발도상국들이 비슷한 인구 문제에 당면해 있다.

왜 영월드에 희망이 있는가

폭발하는 젊은 인구를 가지고 있는 인도와 동남아, 중남미, 그리고 아프리카 국가들은 정치적 불안정, 경제적 빈곤 등의 과제들을 안고 있지만 자라나는 세대들에게서 희망을 안고 있다. 컨설턴트인 살코위츠는 1977년에서 1997년까지 21년간 출생한 젊은 세대를 '디지털 밀레니엄 세대 플러스 넷 세대'라고 정의하는데, 이 세대 중 약 8110만 명이 바로 이 지역 영월드에 밀집해 있다. 살코위츠가 그들을 새로운 글로벌 사회 동력으로 진단하는 이유는 다음과 같다.

첫째, 제3세계에 정보통신 인프라가 확대되고 있다. 세계 최빈 지역 중 하나인 아프리카 사하라 지역의 2000년 인터넷 이용률은 인구 100명당 0.5명이었다. 7년이 지난 2007년, 그 비율은 인구 100명당 4명으로 눈에 띄게 늘어났다. 물론 전체적인 비율을 놓고 보면 세계의 다른 지역들보다 현저히 낮다. 그리고 여전히 터무니없이 높은 인터넷 사용료 등 가격 장벽도 높다. 그러나 고무적인 소식도 많다. 최근 아프리카에는 고속 인터넷인 SAT-3 광케이블이 도입됐다. 2009년에는 10만 피트 상공에 열기구 풍선을 띄워 이를 통해 준궤도 무선 네트워크를 서아프리카 지역에 공급하는 서비스가 상품화됐다.

둘째, 정보통신 인프라가 그들에게 새로운 시장을 열어준다. 인도 방갈로르의 청년 기업가 수하스 고피나스의 이야기를 살펴보자. 그는 학교 생활에 적응을 못 하는 문제아였고, 부모의 골치 덩어리였다. 공부보다는 인터넷 카페에서 인터넷만 하는 그는 부모가 꾸지람을 할 때마다, 언젠가는 자신이 빌 게이츠처럼 될 것이라고 반박하곤 했다.

사실 당시 14세였던 수하스는 이미 글로벌 비즈니스에 편입되어 있었다. 그가 인터넷 카페에서 하는 것은 채팅이나 게임이 아니었다. 그는 미국 회사들의 웹 사이트 구축을 돕는 알바를 하고 있었다. 그가 집처럼 다니던 인터넷 카페 주인이 수하스의 재능을 알아봤고, 그에게 프리랜서 개발자의 길을 권했다. 수하스는 초기 시행착오 끝에 중소기업들을 상대로 그의 비즈니스를 시작했고, 글로벌스라는 회사를 창업했다. 그리고 몇 년이 지나지 않아 자신의 회사를 전 세계 12개 나라에 120여 명의 직원을 둔 세계적 기업으로 성장시 켰다. 그리고 그는 2008년에 '2008년을 빛낸 젊은 기업가'로 선정이 되어 그해 스위스 다보스에서 열린 세계경제포럼에 참석했다. 그리고 지금 영월드에는 수많은 수하스가 있다. 가나의 더소프트트라이 브theSOFTtribe, 아르헨티나의 글로반트Globant, 인도의 인포시스Infosys 같 은 이미 성숙기에 접어든 중견 기업들이 그 예다. 그리고 지금 이 순 간에도 새로운 많은 기업들이 싹을 틔우고 있다.

그리고 아랍 혁명을 통해서 이들 영월드의 디지털 네이티브들 은 그들의 기업가 정신뿐 아니라 사회적 책임의식 역시 남다름을 보 여주었다. 중동의 구글 임원인 웨일 고님은 생명의 위협을 무릅쓰고 이집트 사회의 변화를 위해 트위터, 페이스북으로 초기 시위를 주도 하는 역할을 했다. 결국 그는 이집트 정부에 의해 한동안 구금을 당 하기도 했다. 미국인 아내를 맞아 다국적 기업의 임원으로 살고 있 는 그가 스스로 자처하여 위험을 감수하는 모습에서 이들에게 돈만 이 전부가 아님을 깨닫게 된다. 그들은 진정 세상을 바꾸고 싶어한 다. 지난 2011년 1월 18일에는 블로거 출신 슬림 아마모우Slim Amamou 가 튀니지 임시정부의 청년 체육부 장관으로 임명되기도 했다. 우리 상식으로는 법관이나 기업인도 아닌, 블로거라는 경력으로 장관이 된다는 것이 이해가 안 될 수 있다. 그러나 그것은 23년 동안 부패하 고 무능한 벤 알리 정부의 철권통치를 받아온 튀니지인들에게는 납 득할 만한 일이다. 그 정부하에서 지배 엘리트들이 사회 변화에 대해 침묵해온 사이, 인권과 자유를 말해온 주요한 인물들 중 하나가 아마

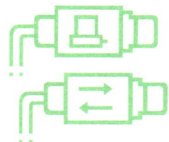

글로벌스라는 기업을 세계적으로 성장시킨 인도 청년 수하스 고파나스.

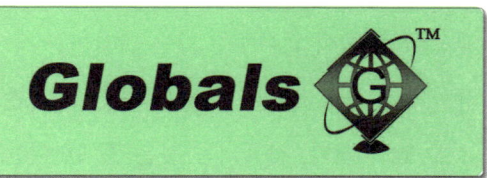

결론은 생태계다.
우리에게도 디지털 네이티브가 없는 것은 아니다.
이미 어딘가에 빌 게이츠도, 스티브 잡스도, 마크 주커버그도 있을 것이다.
문제는 그 씨앗과 싹이 자랄 수 있는 환경이 되어 있느냐는 것이다.

모우 같은 디지털 활동가였다. 그것이 디지털 네이티브들이 적극적으로 정치 무대에 등장하는 배경이다.[128]

한국의 기업가 정신의 미래는 우리 손에 달려 있다

우리의 미래는 어떤가? 우리의 디지털 네이티브들의 앞길은 어떠한가? 그것을 생각해보려면 우리가 지나온 길을 다시 한 번 되짚어볼 필요가 있다. 왜 저개발국에서 디지털 네이티브들이 기업가로 성장하고 있는 것인가? 왜 그들이 사회 변화의 주동 세력으로 자라나고 있는 것일까? 다시 말해 왜 저개발국의 성장하는 정보통신 인프라가 어른들이 아니라 아이들에게 더 큰 힘이 되어주고 있는 것일까?

그 답은 아이들이 디지털에서 자라고 태어난 특성 때문이다. 존재하는 것은 검색된다는 것을 믿는 것과, 검색되는 것은 존재한다는 것을 믿는 것의 차이다. 자라면서 컴퓨터를 접하고 말하면서 인터넷을 배운 그들에게 코드를 통해 전에 열리지 않던 세계의 문을 여는 것은 꿈이 아니다. 영국 시인 윌리엄 버틀러 예이츠의 시 한 구절이 이들을 잘 설명해준다. 그들에게는 "보이는 것이 현실이 아니며 보이지 않는 것이 꿈이 아니다."

이 같은 디지털 네이티브는 과거 정부 주도로 훌륭한 인터넷 인프라를 갖추고 있는 우리 대한민국에도 있다. 그러나 그들의 이름이 글로벌 기업의 기업가이고 사회적 변화의 혁명가인가? 아니다. 우리는 그들을 불법 복제자, 게임 중독자라 부른다. 정체성의 차이는 커

그 시각은
자기 예언적
미래를
현실화한다

우리 디지털 네이티브들이 기업가 혹은 게임 중독자, 혁명가 혹은 불법 복제자 중에서
어느 쪽에 더 가까운지는 우리가 그들을 어느 쪽에서 보느냐에 따라서 결정되고,

그 시각은 자기 예언적 미래를 현실화한다

보이지만 실제로 알고 보면 그만큼 가까운 것도 없다. 디지털 네이티브에게는 양면성이 있기 때문이다. 그들의 상상력은 한편으로는 전에 없던 새로운 비즈니스 기회를 만들기도 하지만, 다른 한편으로는 현실의 법과 질서의 구속을 벗어나기도 하기 때문이다. 다시 말하면, 우리 디지털 네이티브들이 기업가 혹은 게임 중독자, 혁명가 혹은 불법 복제자 중에서 어느 쪽에 더 가까운지는 우리가 그들을 어느 쪽에서 보느냐에 따라서 결정되고, 그 시각은 자기 예언적 미래를 현실화한다.

기존 산업의 이해관계와 어른들의 입시에 따른 염려를 제외하고 그들을 본다면 우리 아이들에게 얼마만 한 잠재력이 있는 것일까? 2009년에 '서울버스'로 대박을 터뜨릴 당시 고등학생이었던 유주완은 단지 그 혼자만의 사례일까, 아니면 그 세대의 잠재력을 드러낸 것일까? 유주완을 싹이라 보고 그 싹이 더 크게 자랄 힘이 있다고 본다면, 우리는 어떻게 그들의 잠재력을 끌어낼 수 있는 것일까?

결론은 생태계다. 우리에게도 디지털 네이티브가 없는 것이 아니다. 이미 어딘가에 빌 게이츠도, 스티브 잡스도, 마크 주커버그도 있을 것이다. 문제는 그 씨앗과 싹이 자랄 수 있는 환경이 되어 있느냐는 것이다. 우리 아이들의 미래가 자국에서 설 자리를 잃고 대만으로 떠난 일본의 겐이치 호리에, 부모의 걱정에도 불구하고 훌륭한 기업인으로 성공한 인도의 수하스 고피나스 중에서 과연 누구와 더 가까울 것인지 생각해보자.

구체적으로 한국에서 제도권 교육을 받고 직접 창업을 하는 경험을 쌓은 후, 프랑스의 일류 경영대학원인 HCE 파리에서 기술경영 석사 과정을 밟고 있는 임현균 씨의 이야기를 들어보자. 그는 자신의 블로그 포스트를 통해 한국의 디지털 네이티브들에 대해 다음과 같이 평가하고 진단한다. 먼저 그는 한국이 인터넷 산업의 물리적 기반만 놓고 본다면 우수하다는 것을 인정한다. "어디를 가든 초고속 인터넷을 접할 수 있고, 한국만큼 PC방을 저렴하게 이용할 수 있는 곳도 드물다. 학교 교실에는 컴퓨터가 없는 교실을 찾기 힘들고, 대부분의 학교에는 수십 대의 컴퓨터를 보유한 컴퓨터실이 따로 있다."

그러나 문제는 교육이다. 그렇게 훌륭한 시설이 갖춰진 대부분의 한국 제도권 교육기관에서 이루어지는 IT 교육은 자격증 위주 교육이다. 좀 더 현장 위주의 교육이 가능한 실업계는 그간 쌓인 부정적인 인식이 있어 학생들이 진학을 하려 하지 않는다. 이런 척박한 환경에서도 스스로 노력하여 내공을 쌓는 아이들도 있다. 하지만 그들 역시 곧 낮은 보수와 잦은 야근의 종합병동인 한국 IT 산업의 개발자 현실을 알게 되고, 컴퓨터학과에 진학하는 것을 기피하고 전공이나 직업을 바꾸게 된다.(사실 필자의 친형도 2000년대 후반 IT 붐이 심하게 꺼져 있었을 때, 공군 장교 전역 후 은행권으로 전직한 개발자다.) 무엇보다 애초에 근본적으로 컴퓨터에 손을 대는 것 자체가 한국에서는 크게 죄악시된다. "입시 공부를 해서 좋은 대학교에 가야 할 시기에 시간을 낭비한다"는 인식이 만연해 있기 때문이다. 필자도 생각해보면 중학교 2학년 때 큰 수술을 하고 병원에 장기 입원해 있었는데, 당시 구독하던 컴퓨터 관련 잡지 여러 권을 안고 들어가서 입원 내내 처음부터 끝까지 한 글자도 안 놓치고 광고까지 꼼꼼히 읽었던 게 기억이 난다. 개방적인 부모님은 그런 내 모습에 대해서 수용적이었지만, 주변 어른

223

들에게까지 좋은 인상을 주었던 것은 아니었다. "이제 IT는 거의 모든 사람들의 생활의 일부"이며 "세상의 대부분의 혁신은 IT를 기반으로" 일어나지만, 그런 IT의 세계에 아이들이 들어가는 것에 대해서 어른들은 걱정하고 두려워하며 심지어는 범죄시한다.

그러나 과연 그럴까? 호기심이 넘치는 시절에 IT 세계에 직접 발을 들여다보고, 코드 한 줄이라도 제대로 짜보는 경험을 해보는 것이 과연 헛된 것일까? 인터넷 바다에서 정보를 분별하는 법을 배우고, 월드오브워크래프트나 디아블로2 같은 MMORPG(다중 사용자 온라인 롤 플레잉 게임)를 하면서 리더십과 조직력을 키우는 것이 과연 아무것도 아닐까? 포르노, 불법복제, 중독성 게임의 '인터넷 3대 악툝'을 거쳐 개발자로, 경영자로 커리어를 쌓았다는 임현균 씨, 그리고 나 역시 그런 경험이 무용하다고 생각하지 않는다.[129]

그 근거는 그렇게 인터넷에서, 온라인 게임을 통해서 쌓는 경험들이 신속하게 변하는 복잡한 문제들을 정보통신 기술을 통한 고도의 협업을 통해 해결하는 데 도움을 주기 때문이다. 전 세계 산업 기술 발전을 선도하는 MIT 미디어랩의 디렉터이며, 그 스스로가 월드오브워크래프트의 길드장이기도 한 조이 이토의 표현을 빌리자면 갈수록 임기응변이 요구하고, 고도로 네트워크 조직화되어 있으며, 다양성이 뚜렷하고, 실시간 협업이 강조되는 미래 사회에 필요한 리더십과 경험의 많은 것들을 우리는 온라인 게임을 통해서 배울 수 있다.[130]

그리고 그것은 실제 내가 고려대에서 문학 학사와 정치학 학사를 받고도, 어찌 보면 생소해 보이는 IT 분야에 계속 칼럼니스트로,

자문위원으로, 전략 매니저로, 그리고 사회운동가로 발을 붙일 수 있는 배경이기도 하다. 나는 전기 기술자로서 기계에 관심이 많은 아버지 밑에서 자랐고, 초등학교 때부터 개발자인 형 밑에서, 자꾸 만져서 컴퓨터를 고장 나게 한다고 혼나면서 컸다. 지금은 어쩌다 하는 수준에 지나지 않지만, 청소년기에는 종종 밤을 지새워서 창밖으로 해가 뜨는 것을 보곤 했을 정도로 열심히 게임을 했다. 그리고 게임을 좀 더 편하게 하기 위해서, 남보다 더 잘하기 위해서 본격적으로 컴퓨터에 관심을 가졌다. 당시 유행하던 컴퓨터 관련 잡지들을 모두 정기 구독해서 읽거나 서점에서 사서 봤고, 형이 보던 개발책을 뒤적여가며 읽었다. 얼마 후 모뎀을 통해 통신망 접속이 가능해졌다. 애니메이션, 성우, 힙합 등 그 당시에는 좀 특이한 관심사가 많았기 때문에 나와 관심사가 통하는 사람을 만나고 싶은 갈증을 PC 통신을 통해 해소했다. 그리고 그때부터 온라인 공간을 통해 사람을 만나고, 행사나 모임을 조직하고, 프로젝트를 진행하는 법을 익혔다. 그런 활동을 한 게 초등학교 때부터였으니, 이러한 경험들을 경력으로 친다면 1984년생인 나도 상당한 경력을 갖고 있는 셈이다. 그리고 그런 경력이 있었기 때문에 2007년에 인터넷 서핑을 하다가 MIT의 공개 강의 프로젝트인 오픈코스웨어OCW를 발견했을 때도 이 것을 선뜻 한국에 들여와야겠다는 생각을 했던 것이고, 그런 생각을 실천에 옮길 수 있었다.

또한 지금 현재 인터넷 관련 분야에서 활발하게 활동하고 있는 사람들을 만나보면 나와 비슷한 소위 컴퓨터광geek들이 많다. 예를 들어 내가 봉사하고 있는 인터넷 자유 관련 시민단체인 크리에이티브 커먼즈 코리아의 프로젝트 리드인 윤종수 서울북부지법 부장판사도 원래 천리안 동호회의 시삽 출신이다. 그는 여전히 윤종수란 본명 못지않게 게스후(록밴드 이름)란 닉네임으로 더 친숙하다. 그리고 망 중립성의 주창자로 국제적 명성이 높은 콜롬비아 로스쿨의 팀 우 교수나, 하버드 역사상 일례가 없는 하버드 로스쿨, 하버드 케네디 스쿨, 하버드 컴퓨터학과 모두에 교수직을 두고 있는 조나단 지트레인 교수도 애플 컴퓨터를 접하면서 컴퓨터에 빠져들고, 그다음에 학자로서 대성한 인물들이다.

그렇게 실상 늘 아이들을 걱정하는 것은 기성세대이지만 어른들이 관습과 제도에 적응하면서 잃어가는 창의성을 누구보다 많이 지니고 있는 주인공들이 우리 아이들이다. 레고 블록을 통해서 창의성 교육을 시도하고 있는 *MIT 미디어랩의 미첼 레스닉은 유치원에서는 아무도 창의적인 것을 가르칠 필요가 없다고 한다. 그들은 가르치지 않아도 너무나 창의적이기 때문이다.*[131] 문제는 때로 그 창의성 때문에 질서를 잃어버리곤 한다는 것이다. *어른들이 간섭해야 할 때는 그 질서를 바로잡아야 할 때다.* 그러나 그때에도 핵심을 잃어버려서는 안 된다. 어른들이 지켜야 할 우선순위는 그들의 창의성을 생산적인 방향으로 뻗어나갈 수 있도록 지키고 키워주는 데 있다. 조선 중기의 대표적 실학자 중 한 명인 연암 박지원은 《천자문》의 '하늘 천天'자가 전혀 파랗지 않아 읽기 싫다 하는 아이를 보고, 한자를 창제한 중국 고대의 창힐蒼頡이라도 기가 죽게 만들 만큼 총명하다고 칭찬했다.[132] 그 마음의 여유는 이제 어디로 가고 없는 것일까?

인터넷 포르노, 소외된 남성의 그늘

인터넷 포르노가 인터넷 발전을 이끌었다

성인 오락 산업^{adult entertainment industry}은 텍스트에서 동영상으로 콘텐츠 품질이 발달해가는 인터넷 발전의 숨은 공신이다. 홈비디오, DVD, 재생당 과금 방식^{PPV}, 라이브 스트리밍 비디오, 그리고 주문형 비디오^{VOD}의 발달과 성장에 이 성인 오락 산업의 역할이 컸다.

성인 오락 산업이 인터넷 발전에 숨은 역할을 할 수 있었던 것은 단순하다. 일단 이 산업이 돈이 되기 때문이다. 미국 로스앤젤레스 북단, 포르노 산업의 실리콘밸리인 샌 퍼난도 밸리^{San Fernando Valley}에 근거를 둔 성인 오락 산업이 거두는 연간 이익만 해도 130억 달러, 한화로 약 14조 원에 이른다. 그러니 여성계와 종교계 등의 반발에도 불구하고 이들이 힘을 발휘해올 수 있었던 것이다. 명백한 이익은 시장 사회에서 분명한 생존과 번영의 조건이다.

또한 이들에겐 기술 발전이 자신들에게 도움이 된다는 분명한 인식과 경험이 있다. 예를 들어 쉽게 누구나 콘텐츠를 게시하고 공유하고 확산시킬 수 있는 구조를 가진 월드와이드웹이라는 애플리케이션이 인터넷에 추가되면서 이 산업은 폭발적으로 성장했다. '스마트 혁명' 시대에도 마찬가지다. 포르노에게 이것은 새로운 시장의 개막이다. 성인 사이트 동영상 검색을 도와주는 애플리케이션이 우후죽순으로 등장하는 상황이다.

인터넷 포르노는 마약보다 더 중독적이다

그러나 이 성인 오락 산업이 인터넷에 미친 영향이 사회적인 관점에서 볼 때 긍정적인 것만은 아니다. 펜실베니아 주립대학 인지치료센터에서 성적 트라우마와 정신병리 프로그램의 공동 디렉터를 맡고 있는 메리 앤 레이든은 인터넷 포르노로 인한 상황을 "오늘날 정신건강상 존재하는 가장 심각한 위기"라고 부른다. 그것은 인터넷 포르노가 강력한 중독성이라는, 마약의 속성을 가지고 있기 때문이다. 그런데 마약의 일종인 코카인 중독자는 복용을 중단하면 그만이지만, 인터넷 포르노는 그 장면들이 머릿속에서 떠나지 않는다는 점에서 문제의 심각성이 더 크다.[133] 더구나 인터넷 포르노는 완벽한 유통 시스템을 가지고 있다. 포르노는 24시간 365일, 언제 어느 때든 사회적 감시로부터 완벽히 보호되는 집으로, 그리고 어른들보다 아이들에게 더 친숙한 매개체를 통해 전달된다.

물론 이 임상 심리학에 근거를 둔 주장에 대해서 모두가 동의하는 것은 아니다. 사람들이 중독적이고 파괴적인 성향을 보이는 성적인 원인은 인터넷 포르노 외에도 기존 신문, 잡지, TV, 영화 같은 대중매체의 영향에서도 찾아볼 수 있다. 그리고 인터넷 포르노 차단을 목적으로 정부가 인터넷 검열을 하기 시작하면 인터넷 개방성이 손상되고 표현의 자유가 침해되는 더 큰 위험이 발생할 수 있다는 주장도 있다. 그리고 이 주장에도 근거가 없는 것은 아니다. 실제로 전 세계 40개국이 넘는 인터넷 검열 국가의 상당수가 인터넷 포르노 규제라는 사회적 명분에서 시작해 정치적 콘텐츠에 대한 검열로 그 목적이 바뀌었다. 베트남 같은 일부 국가에서는 사이트 검열뿐 아니라 테러까지 행하기도 했고, 접근을 제한하는 것을 넘어서 아예 인터넷상에서 실질적으로 소멸시키는 조치까지 취했다.[134]

하지만 실제로 그 같은 검열이 큰 효과가 있는 것도 아니다. 청소년들이 원하기만 하면 인터넷 포르노에 접근할 수 있는 길은 인터넷 카페부터 P2P 사이트까지 얼마든지 열려 있다. 2012년 4월 기준으로 국내 주요 웹하드에 불법 음란물은 1분에 1편꼴로 업로드된다. 이들 사이트는 주민등록번호 기준으로 성인 인증을 받는데, 청소년들도 자기 부모 혹은 인터넷에 돌아다니는 주민등록번호를 도용하면 성인물에 접근할 수 있다. 그리고 굳이 신용카드 결제를 하지 않더라도 '택배 상자와 PC방 등'을 통해 공급받는 웹하드 무료 다운로드 상품권을 사용하면 쉽게 유료 콘텐츠에도 손을 댈 수 있다.[135]

나아가 금지된 것을 욕망하는 청소년들에게 하지 말라는 말은 더 하고 싶도록 만드는 가장 좋은 방법이다. 포르노와 유사한 사례로서 게임 중독의 경우를 생각해보자. 연세대 김주환 교수에 따르면 "게임을 엄격하게 금지하면 할수록 오히려 아이들이 게임 중독에 빠질 가능성이 훨씬 더 높아진다"고 한다. 특히 관련 연구 결과에 따르면 초등학교 고학년이 대상인 경우에 "게임 중독에 빠지게 하는 가장 큰 요인은 게임을 못 하게 막고 야단치는 억압적인 부모"로 밝혀졌다. '하기 싫은 공부'의 고통을 피하고 부모에게 반항하는 수단으로 게임에 더 의존하게 되었기 때문이다.[136] 같은 맥락에서 규제를 통해 희소성이 더 높아졌기 때문에 청소년들에게 포르노가 더 매력적으로 보일 수 있다.

그러나 위와 같은 현행 정책의 맹점과 한계들이 인터넷 포르노 문제를 방관해도 된다는 걸 뜻하지는 않는다. 그러기엔 인터넷 포르노의 아동 인권 침해의 수위가 높아져가고 있다. 미디어 생태계에서 정보가 과잉되면 관심은 상대적으로 줄어들고, 그 관심을 얻기 위한 경쟁은 콘텐츠를 더 자극적이고 폭력적으로 만드는 경향이 있다. 그것은 포르노도 마찬가지다. 현재 포르노는 어느 사회에서나 합의하기 어려운 윤리적 기준인 아동 포르노 영역에까지 마수를 뻗치고 있다. 특히 태국 방콕 시내에선 아동 포르노 DVD가 버젓이 판매되고 인터넷을 통해 유통될 정도다. 이 아동 포르노의 주인공인 아이들은 해당 지역에서 소외 계층에 속하거나 인신매매를 당한 경우가 많으며, 다른 지역의 저개발 국가에서도 상황은 비슷하다. 이것은 단순한 성인물 규제 차원을 넘어서 약자 보호의 사회 정의 차원에서도 포르노 문제에 대한 해결이 필요하다는 것을 역설한다.[137]

그리고 그처럼 인권의 사각지대와 인터넷 포르노가 겹치고, 그것이 사회적으로 묵인되는 현상은 우리나라도 예외는 아니다. 1년 반 동안 3만여 건이 넘는 음란물을 유통해 '서본좌'로 불렸던 30대 청년이 구속됐을 때, 그의 개인 서버에 보관한 16TB에 달하는 음란물의 대다수는 미성년자가 출연한 동영상이었다. 당시 관련 사건을 보도한 신문의 전화방 업주 인터뷰에 따르면 "단골손님들은 갈수록 더 자극적인 영상, 기존과는 다른 것을 원하는데 고객들에게 새로 볼 만한 영상을 선보이지 못하면 오랜 손님을 다른 가게에 뺏기기 십상이다"라고 하소연했다. 그 같은 시장의 맥락에서 서본좌는 각광을 받을 수 있었던 것이고, 전국에 337개의 거래처를 거느릴 수 있었다.[138]

여기에 포르노 역시 시장에 방임하면 해결할 수 있다고 보는 사람들이 간과하는 문제점이 있다. 서본좌, 소비자, 거래처 모두는 시장의 수요와 공급의 법칙에 따라 합리적인 결정을 내렸다. 그리고 그 결과 실제로 관련 산업도 커졌고, 국가 경제 발전에도 어느 정도 기여는 했을 것이다. 그러나 이 같은 시장 거래는 앞서 설명한 것과 같은 아동의 기본권 유린과 같은 해로운 외부효과를 가격에 포함하고 있다. 따라서 포르노 시장을 방관한다고 했을 때, 자연스럽게 이런 문제까지 해결될 수 있을 것으로 기대하는 것은 무리다. 포르노 규제라는 명분으로 인터넷과 표현의 자유까지 탄압하는 것은 지양해야겠지만, 반대로 인터넷과 표현의 자유를 절대시하여 보편적 인권을 침해하는 포르노 산업의 그림자에 눈감는 것도 윤리적인 판단은 아니다.

그러나 부정적 현실에 대한 인식과 분노만으로 대안책이 나오지는 않는다. 분노는 인간의 존엄성에 대한 침해에서 나오는 것으로 정의의 기초가 될 수는 있지만 그것만으로는 부족하다. 현실에 대한 냉정한 인식과 실질적 대안에 대한 검토 없이는, 불교 경전 《육조단경六祖壇經》에 나오는 선악불이善惡不二라는 말처럼, 인간의 오류 가능성을 생각할 때 오히려 선한 동기가 악한 결과를 만들어낼 수 있다. 김본좌, 서본좌 등 야동계의 대부들을 감옥에 집어넣는 것은 일시적 쾌감은 있지만, 장래에 이런 일이 반복되지 않는다는 보장은 없다.

그렇다면 인터넷 포르노를 현실적으로 해결할 수 있는 방법은 무엇일까? 그것은 포르노의 유해성, 인터넷의 개방성에 책임을 돌리는 것이 아니라, 인터넷 포르노 이용이 증가하는 사회적 원인을 찾아보는 것이다.

이 주장의 맥락에서 첫째로 밝혀야 할 것은 그 같은 사회적 원인 중 하나가 많은 사람들이 생각하는 것처럼 개인의 도덕성 감퇴와 명백히 연결되어 있지 않다는 점이다. 2009년에 하버드 비즈니스 스쿨의 벤자민 에덜만 교수가 연구한 결과에 의하면, 미국에서 인터넷 포르노를 소비하는 10대 주 가운데 8개 주가 도덕성에 대한 강경한 주장을 많이 하는 공화당 지지 계열에 속했다. 플로리다와 하와이를 빼면 모두 2008년 대선에서 맥케인에게 표를 던진 주다. 1위를 한 유타 주는 종교적 가치나 성 역할에 대해 미국에서도 대표적으로 보수적인 곳이다.[139]

그리고 이것은 사실 아이러니한 사건도 아니다. 희소한 재화를 욕망하는 인간의 본성을 생각한다면, 이 결과는 자연스럽다. 보수적 가치가 극에 달했던 19세기 영국 빅토리아 시대는 오스카 와일드가 성을 통해 탐미주의를 논하던 시기였고, 시민사회에 대한 정부 탄압이 심하던 우리의 1970~1980년대는 한국 대중문화의 기반이 형성된 시기였다. 금지된 것은 그 욕망의 가치를 더 높일 뿐이다.

따라서 인터넷 포르노를 실질적으로 제한하고자 한다면, 개인이 어떻게 행동해야 한다는 당위에 근거를 두는 것이 아니라, 실제 개인이 사회적 맥락 속에서 어떻게 생각하고 행동하는지에 대한 직접적 이해에 근거해야 한다. 이 같은 접근법이 적절하다는 것을 보여주는 사례가 2004년 미국에서 있었던 '식품 소비에 대한 개인 책임 법안Personal Responsibility in Food Consumption Act' 논란이었다. 당시 미국인의 사망 원인 중 1순위로 비만이 꼽히는 가운데, 맥도날드 등 패스트푸드의 이용이 문제가 됐다. 그러면서 그 같은 비만 증가의 책임이 누구에게 있느냐는 논의가 확산됐다. 식품 회사는 개인이 법률로 자신의 비만에 대한 책임을 회사에게 묻는 것은 잘못됐다고 주장했다. 그리고 이 논란의 끝에 법적 소송에 따른 사회적 비용을 줄인다는 명목으로 식품 소비를 개인이 책임지는 법안이 제기됐다.

그러나 킴벌리 모랜드를 비롯한 연구자들은 비만에 개인의 윤리를 넘어선 사회적 원인이 있음을 밝혀냈다. 통계적 데이터로 확인을 해보면, 비만 청소년들이 밀집해 거주하는 곳은 보행자 도로나 공원, 농구장이 잘 설치돼 있지 않은 지역이다. 그 이유는 해당 지역이 흑인 등 인종차별을 받는 계층이 주로 사는 곳이라, 정부 측에서 범죄

유발 등을 우려해 아예 그들이 모일 수 있는 가능성을 줄이고자 한 것이다. 따라서 이들 지역 청소년들은 운동을 하려면 한참을 걸어서 나가야 하고 많은 비용이 든다. 그리고 그들이 상대적으로 쉽게 만나 모일 수 있는 곳이 바로 패스트푸드점이다. 따라서 다른 지역의 우월한 사회적 지위에 있는 청소년보다 살찔 위험성이 높다. 이를 고려한다면 청소년 비만이 개인의 윤리적 책임이라는 것은 사회적 현실을 무시한 주장인 것이다.[140]

　같은 관점에서 개인 도덕성에 인터넷 포르노 문제의 책임을 환원시키지 않고, 실제 사회적 원인을 찾기 위해 이 산업의 주된 소비자 층이 어떤 사람들인지 알아보자. 관련 분야의 심층 연구자인 게일 다인스에 의하면 포르노 콘텐츠의 주된 소비층은 남성이며, 그들의 연령은 갈수록 어려지고 있다. 다인스가 그녀의 저서 《포르노 공화국: 무엇이 우리의 성을 위협하는가Pornland: How Porn Has Hijacked Our Sexuality》에서 공개한 시장조사 결과에 따르면, 오늘날 포르노를 처음 보는 남성의 평균 연령은 11살이다. 이들 중 81%가 집에서, 61%가 모바일을 통해 포르노를 시청한다.[141]

　그러나 이 남성들이 포르노를 통해 행복을 얻은 것은 아니다. 패스트푸드를 택한 저소득층의 아이들이 제한된 선택지에서 최선의 선택을 내린 결과, 비만이란 불행한 결과를 얻었듯이, 《어머니, 마돈나, 창녀Mother, Madonna, Whore》라는 이 분야의 고전을 쓴 에스텔라 웰돈에 따르면 포르노 시청은 이들의 건강한 삶의 관계를 붕괴시킨다. 그 이유는 이들 남성들이 포르노 시청만으로 얻을 수 없는 불만족을 보충하기 위해 실제 연인이나 부부 관계를 포르노로 대체시키려는 경

234

향을 보이기 때문이며, 그 과정을 통해서 실제 관계가 변질되거나 파괴되는 사례가 나타나기 때문이다.[142] 2003년 영국 〈가디언〉 인터뷰에서 존 폴데이라는 50살 건축가는 유년 시절 포르노에 중독된 나머지 실제 성관계는 정상적으로 하지 못하는 지경에 이르렀다고 밝혔다. 그는 해당 기사에서 자신의 포르노 경험을 후회하며 "포르노는 배고픈 사람이 레스토랑 밖에서 음식을 보며 배부르다는 착각에 빠지는 것과 마찬가지다"라고 고백했다.

남성의 소외가 포르노 중독을 낳는다

그렇다면 사람들은 왜 거짓된 관계임을 알면서도 포르노에 빠져드는 것일까? 사회학적으로 그 원인을 추정해보면, 그것은 남성의 경제적·사회적 지위가 하락되어감에 따라 그들이 동등한 관계를 통해서 진실한 교제를 맺는 것을 두려워하기 때문이라고 볼 수 있다. 자기 자신의 있는 그대로의 모습을 인정하기 두려워하고, 그 결과로 왜곡된 인간관계에 중독되게 된다는 것이다. 실제로 런던 소재 포트만 센터 임상 치료 상담가인 데이비드 모건은 모든 포르노 콘텐츠의 소재가 궁극적으로 '여성에 대한 폭력성'으로 수렴하는 현상은 인터넷 포르노의 주된 소비층인 남성의 '사회적 소외감'을 대변한다고 주장한다.[143]

그러므로 수요 측면에서 본다면 인터넷 포르노를 번성하게 하는 사회적 원인은 남성의 격하된 사회적 지위와 그에 따른 소외감이며,

인터넷 포르노를 번성하게 하는 사회적 원인은 남성의 격하된 사회적 지위와 그에 따른
소외감이며, 권력과 조직, 관습 등에 밀리고 눌려, 갈 곳을 잃은 남자의 자존심이다.

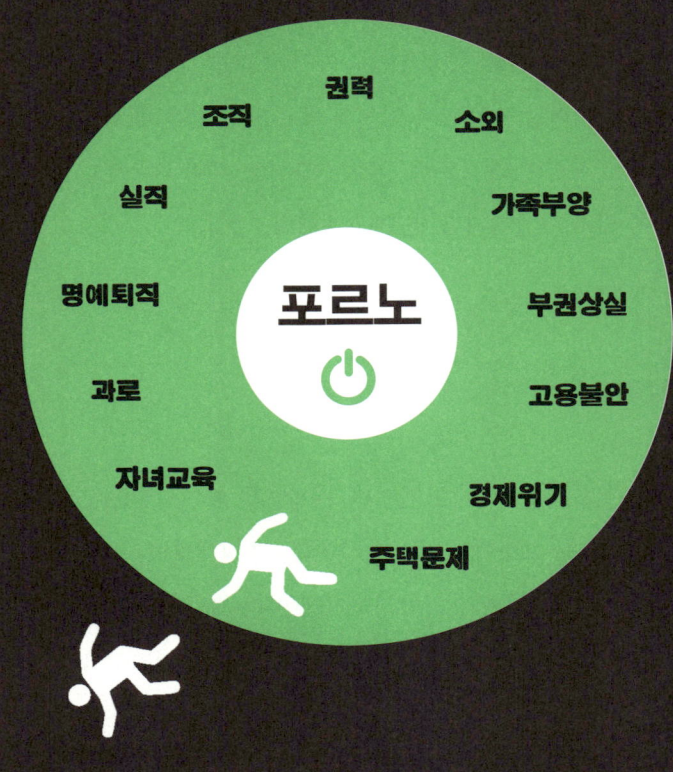

권력과 조직, 관습 등에 밀리고 눌려 갈 곳을 잃은 남자의 자존심이다. 그리고 그 자존심이 온라인 성적 판타지를 통해 재생을 시도하고 있는 것이다. 그러나 이것은 결국 현실 도피에 지나지 않는다. 말 그대로 판타지이며 일시적 효과만 있을 뿐이다. 그리고 일시적이기 때문에 더욱 중독적이다. 죄책감과 피곤함을 느낄지라도 다시 그것을 찾을 필요가 발생하기 때문이다. 따라서 이제는 문제의 증상이 아니라 뿌리를 건드릴 수 있는 실질적 대책이 마련되어야 한다. 특히 40~60대 '고개 숙인 남성'의 자살률 급증으로 2004년 이후 5년째 OECD 30개국 중 '자살 사망률 1위'를 기록하고 있는 대한민국에게는 더욱 절실한 과제이다.[144]

소설 《모모》의 저자로 널리 알려진 독일의 아동작가 미하엘 엔데는 1979년에 《끝없는 이야기》라는 작품을 발표했다. 작품 속 주인공은 아내를 잃고 실의에 빠진 아버지를 둔 비만 아동 바스티안 벨싸자 벅스다. 그는 학교에서 아이들의 따돌림을 받고 서점으로 도피하는데, 그곳에서 우연히 '판타스티카'라는 환상 세계로 들어가는 문인 비밀의 책을 발견한다. 판타스티카는 사람들의 상상력이 만들어내는 세계다. 상상력의 고갈로 위기에 처했던 판타스티카는 현실을 벗어난 몽상으로 충만한 바스티안의 등장으로 위기를 극복한다.

판타스티카에서 바스티안은 영웅 대접을 받는다. 그리고 그곳에서는 상상한 대로 무엇이든 되기 때문에 그는 훌륭한 외모, 무공, 인기 등 원하는 모든 것을 얻는다. 그러나 대가가 없는 것은 아니다. 그 대가는 그의 본래 정체성을 잃어가는 것이다.

사실 바스티안이 판타스티카에 온 첫 번째 사람은 아니었다. 그러나 먼저 온 이들 역시 바스티안처럼 자기도취를 원대로 할 수 있는 세상에 빠졌다가, 유령이 되어 자기가 속했던 세상으로 돌아가지 못하게 됐다. 바스티안도 자기 정체성의 근본인 자기 부모에 대한 기억마저 잃을 위기에 처한다. 그러나 그에겐 친구들이 있었고, 그들의 희생과 도움으로 자기 문제를 깨닫고 현실로 돌아간다. 그 후 바스티안은 용기를 되찾아 아버지와 화해를 시도하고, 그들의 관계는 회복된다. 그렇게 바스티안에게 판타스티카가 있었다면 소외된 사회의 남성 심리에는 인터넷 포르노가 있다. 이젠 바스티안과 마찬가지로 그들도 집에 돌아갈 수 있어야 한다. 그들에게도 좋은 친구가 필요하다. 남성의 심리라는 소외된 영역에도 사회적 관심이 요구된다. 그들의 자존감을 회복시킬 수 있는, 사회적 관계의 재생을 위한 구체적 대안이 절실하다.

누가 우리의 마크 주커버그를 죽였나

G20 세대와 한국의 마크 주커버그

2010년 1월 10일 대통령의 첫 라디오·인터넷 연설의 주제는 'G20 세대'였다. 공정한 경쟁을 통해 실력을 쌓은 젊은이들이 세계무대에서 두각을 나타낼 것이라는 게 요지였다. 연설 내용 가운데 G20 세대 중에서 페이스북 설립자인 마크 주커버그와 같은 20대 글로벌 기업 창업자들이 나올 수 있도록 정부가 적극 지원하겠다는 이야기가 화제가 됐다.

그러나 이 정부 지원 벤처 융성론의 논리가 성립하기 위해서는 먼저 전제가 성립해야 한다. 마크 주커버그가 미국 정부의 지원에 힘입어 성공한 인물이어야 한다. 예를 들어, 아직 20대인 페이스북 창업자의 성공 비결은 그가 1인 기업가로서 정부로부터 사무 공간을 임대받고, 경영 컨설팅을 무료로 제공받았기 때문이어야 한다.[145] 그러나 그것은 사실과 거리가 멀다. 마크 주커버그는 미국 정부로부터 직접적 창원 지원을 받은 적이 없을뿐더러, 페이스북을 포함한 대부분의 실리콘밸리 스타트업들도 1인 창조 기업과는 거리가 멀다. 스티브 잡스 같은 한 세기에 한 번 나올까 말까 한 인재도 혼자 창업할 수 없었다. 워즈니악이라는 괴물 같은 개발자의 힘이 필요했다. 대부분의 스타트업들은 최소 두 명은 있어야 사업이 가능하다. 아무리 적어도 기술 개발에 전력할 한 명과 제품 기획과 판매를 담당할 한 명은 필요하기 때문이다.

그리고 이 이슈는 사실 새로운 부가가치를 만들어낼 수 있는 산업을 육성하기 위한 문제가 무엇이냐는 질문과 직결된다. 구글의 검색 엔진과 페이스북의 소셜 네트워크와 같이 시장을 뒤흔드는 서비스를 만드는 기본이 어디에 있는지에 대한 고민이 필요하다. 과연 누가, 무엇이 마크 주커버그를 만드는가?

누가 우리의 마크 주커버그를 죽였나

우리가 첫 번째로 기억해야 할 것은 한국의 마크 주커버그는 이미 있었다는 것이다. 1999년 9월 이동형 대표는 형용준, 정태석 씨 등 여섯 명과 함께 싸이월드를 창업한다. 싸이월드는 2004년 2월 런칭한 마크 주커버그의 페이스북보다 약 4년은 더 시대를 앞선 서비스였다. 당시 급증한 국내 인터넷 이용자들은, 과거 산업화 시대에 도시로 몰려든 인구가 아파트 주민으로 수용됐듯이, 자연스럽게 싸이월드 고객이 됐다. 인터넷화는 곧 싸이월드화였고, 싸이월드는 대한민국의 국민 인터넷 서비스였다. 이것은 널리 알려진 이야기다.

그러나 여기 그만큼 널리 알려지지 않은 이야기가 있다. 이들 창업자들의 빈한한 초창기와 주커버그의 탄탄한 성공 가도는 태평양만큼의 큰 차이가 있었다. 작년에 개봉한 영화 〈소셜 네트워크〉가 극적으로 보여준 것처럼 실리콘밸리의 주목을 받은 주커버그는 초기에 충분한 벤처 자금을 받아 기록적인 속도로 성장한 기업을 만들어낸다. 반대로 싸이월드가 혁신적 서비스를 창조한 결과는 그 인기와 맞물려 증가한 빚더미였다. 여타의 신사업들이 그렇듯이, 비즈니스 모델이 명확히 세워져 있지 않은 상황에서 이용자 수가 급증했기 때문이다. 그들을 관리, 유지, 보수하는 비용 자체가 곧 적자였다. 결국 싸이월드는 17억 원이나 되는 빚에 시달리다가 서비스를 지키기 위한 궁여지책으로 국내 대기업인 SK커뮤니케이션즈에 서비스를 매각했다. 기술과 서비스의 차이를 넘어선 차이가 있었다. 그것은 투자였다. 그 차이가 싸이월드와 페이스북의 서로 다른 운명을 만들었다.[146]

그렇다면 다음 질문은 이것이다. 과연 이들 투자를 만드는 배경의 어떤 차이가 싸이월드와 페이스북 간의 운명을 가른 것인가? 그리고 한국 정부의 주장을 검증하기 위해, 이 투자의 차이를 만들어내는 데 정부의 정책은 어떤 역할을 할 수 있는 것일까?

잠시 시계의 바늘을 거꾸로 돌려보자. 인터넷이 사이버 대항해시대를 열기 전에 있었던 기술 혁신에 의한 모험과 정복의 본류, 유럽 근대의 대항해시대로 돌아가보자. 15세기부터 17세기까지 있었던 유럽의 대항해시대, 그들의 부의 근본이 된 항해와 식민지 개척의 시작은 포르투갈의 해상 왕자 앙리케부터다. 그는 미개척지인 보자도르 곶에 포르투갈 선원들을 보내는 것을 목표로 선박 개조, 지도 제작 등 각종 항해와 관련된 실질적 과학 기술을 발전시킨다. 그 결과 그의 꿈은 이후 세대에서 큰 결실을 맺었다. 크로스토퍼 콜럼버스, 바르톨로뮤 디아스, 바스코 다 가마 등과 같은 인물들은 유럽의 지도를 바꿨고, 그들의 발견은 유럽의 근대사를 인류의 미래로 확장시켰다.

동시에 이 위대한 대항해의 후원자와 함께 기억해야 할 인물은 16~17세기 유럽의 가장 뛰어난 철학자 중 한 명인 프랜시스 베이컨이다. 신적 권위, 인간적 권위를 넘어서 무엇보다도 실험과 관찰을 동반한 이성을 강조한 베이컨의 영향은 지도 밖의 암흑세계를 공포의 대상에서 적극적 탐험의 대상으로 바꾸었다. 콜럼버스의 도전이 성공할 수 있었던 기술적 기반을 앙리케 왕자가 제공해주었다면, 그를 위한 정신적·사상적 기반은 베이컨 등을 중심으로 한 르네상스인들이 제공했다. 그들은 아리스토텔레스의 고답적인 철학관을 전복하고 미지의 세계를 정복하는, 혁신과 창조의 해방적 이성의 가치를 격상시켰다.

이 대항해시대와 극적으로 상반되는 예가 14~15세기 중국 명나라에 있다. 영락제의 명령을 받아 1403년부터 1419년까지 일곱 차례 원정을 떠났던 환관이자 장군인 정화鄭和가 그 주인공이다. 아버지가 메카에 성지순례를 한 바 있는 무슬림인 그는 명의 함대를 동남아, 인도를 거쳐 아프리카에까지 보낸다. 이것은 앞서 설명한 유럽의 대항해시대보다 70년이나 앞서 있었다.

그렇다면 이 같은 앞선 업적에도 불구하고 왜 동양은 서양에게 대항해시대를 여는 영광을 양보해야만 했던 것일까? 하버드대에 중국학이 뿌리내리는 데에 공헌한 존 킹 페어뱅크 교수는 이에 관해 바스코 다 가마나 콜럼버스와는 다르게 정화와 그의 동료들의 항해는 탐험이 그 목적이 아니었으며 철저하게 조공무역에 제한되어 있었다는 것을 강조한다.

명나라 관료들의 반상업주의와 원나라 때부터 내려온 뿌리 깊은 외국인 공포증, 환관의 권력 장악에 대한 경계심이 정화의 항해를 중국 역사의 화려한 비극으로 그치게 만든 것이다.[147] 이는 명의 선박 제조술, 항해법 등 기술적 기반이 유럽에 비해 앞서 있었지만, 그 기술을 활용하는 철학의 부재가 결국 중국, 그리고 동양을 근대 역사에서 뒷걸음질치게 한 원인이었다. 이 수백 년 전의 대항해시대가 오늘날 디지털 혁명 시대에 주는 시사점은 명백하다. 기술에 투자하는 정책적 철학이 부재한 상황에서는 비록 우리가 뛰어난 기술을 개발하더라도 그 결실을 보기 어렵다는 것이다.

다시 초기 싸이월드와 페이스북의 공통점을 생각해보자. 그 공통점은 비즈니스 모델이 애매하다는 것이었다. 싸이월드는 그 이유 때문에 한국에서 투자처를 찾지 못하고 결국은 대기업에 매각되었지만, 페이스북은 그럼에도 불구하고 충분한 투자를 받을 수 있었고, 앞으로 더 크게 성장할 것으로 기대되고 있다. 그렇다면 왜 우리는 싸이월드, 크게는 소셜 네트워크의 가치를 보지 못한 것일까? 아니, 좀 더 크게 우리는 새로운 기술이 시대에 던지는 가치를 어떻게 이해하고 있는 것일까? 그 평가의 기준은 당장의 투자 이익 회수인가, 아니면 잠재적인 사회적 변화의 가능성인가?

과거 전신, 전화, 라디오, TV, 영화, 케이블, 인터넷 등 그 어느 미디어도 초기 비즈니스 모델이 애매하지 않았던 것이 없다. 마르코니는 선박들이 안갯속에서 통신을 할 수 있게 하기 위해서 전신을 개발했다. 전화가 처음 만들어졌을 때 그것은 상호 소통을 위한 것이 아니라 일방적으로 명령하기 위한 것이었다. 문자 메시지 기능이 모바일 문화의 핵심을 차지할 줄은 초기 지에스엠^{GSM: Global Systems for Mobile Communication} 기술 표준이 제정될 당시에는 예상하지 못했다. 실제로 나중에 사용된 이 비즈니스 모델은 개발자들이 고안한 것이 아니라 이용자가 창조한 것이었다.[148] 그처럼 이용자들에 의해서 해당 기술이 관심과 흥미를 받게 된 후에도, 라디오와 TV의 경우는 RCA의 사코프, 영화의 경우는 파라마운트의 아돌프 주커, 케이블의 경우는 CNN의 테드 터너, 인터넷의 경우는 넷스케이프의 마크 앤드리슨 같은 인물이 등장해 해당 기술의 상용화를 본격화하기 전까지 또 상당한 시간이 소요됐다.[149]

이상의 예들이 보여주는 것은 새로운 기술과 서비스가 실질적으로 상용화되고 대중 시장에서 성공을 거두기까지는 관련된 사람들의 많은 인내와 끝없는 노력이 필요하다는 것이다. 전신부터 인터넷에 이르기까지, 20세기의 첨단 미디어 혁명들을 당장 세속적인 성공을 거두지 못한다고 해서 매장시켜버렸다면, 꿈으로 그치고 말았을 것이다. 생텍쥐베리가 말한 것처럼 "배를 만들고 싶다면, 사람들을 불러 모아 목재를 가져오게 하고 일을 지시하고 일감을 나누어주는 대신, 저 넓고 끝없는 바다에 대한 동경심을 키워줘야" 한다.

다시 본래의 질문으로 돌아가보자. 과연 무엇이 마크 주커버그를 만드는가? 지금까지의 논의를 통해 생각해볼 때, 초기 벤처기업 생태계에서 새로운 사회적 가치를 들고 나온 벤처기업은 비즈니스 모델이 애매할 수밖에 없고, 그 기술과 서비스의 참신성을 사회의 대중적 가치로 끌어올릴 수 있도록 누군가가 지원해야 한다는 것은 분명하다. 장기적 시야를 가지고 누군가 이들의 뒤를 봐줘야 한다는 필요성은 부정하기 어렵다. 미국엔 그것이 실리콘밸리의 벤처 투자 문화이다. 한국의 경우에는 정부가 근대화 이후 해왔던 전통적 후원자 역할에 근거해 그것이 자신의 몫이라고 주장하고 있다. 그것이 지난 2010년 1월 20일에 발표된 대통령 성명, 그들의 마크 주커버그 육성론의 정체인 것이다.

아직 한국의 마크 주커버그는 없다

그러나 그 같은 역할에 대한 주장이 그 역할을 뒷받침하는 원칙과 기준이 무엇이냐는 논의를 잠들게 하지는 못한다. 그들의 마크 주커버그 육성론이 설득력을 가지게 할 만한 원칙과 기준은 무엇인가? 정

245

That's okay
when you can learn from
your failures and start over

1997년부터 2007년까지 10년 동안 미국 벤처 산업은 급성장했지만,
수익은 정체됐고 이후 오히려 감소했다.
그러나 실리콘밸리의 문화는 이들 기업가들을 포기하지 않는다.
오히려 격려한다. 실리콘밸리의 문화는

"그 실패로부터 배울 수 있다면 괜찮다"는
것이기 때문이다.

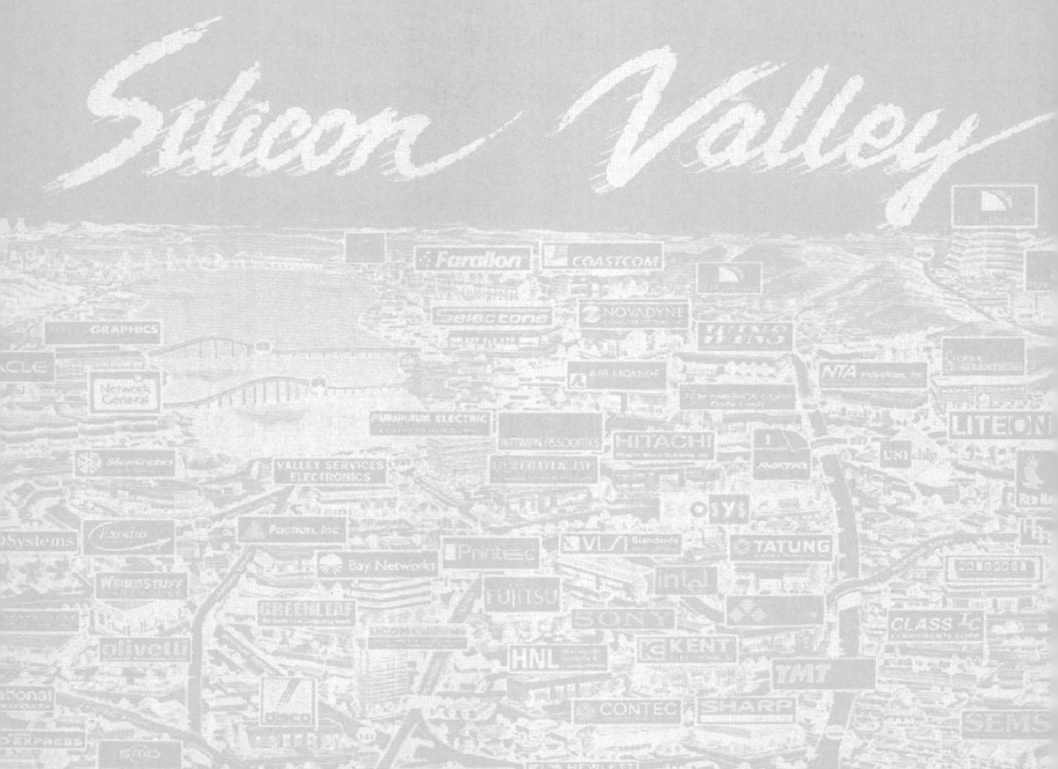

부가 견인하는 벤처 산업을 상상할 경우, 정부가 말하는 벤처기업, 소위 1인 창조 기업의 가치가 우리가 말하는 구글, 페이스북 등의 파괴적 기술을 이끄는 시장 선도 기업의 사회적 가치와 같은 것일까?

좀 더 비근한 예로서, 다시 실리콘밸리를 생각해보자. 코프만 재단Kauffman Foundation의 연구 결과에 의하면 1997년부터 2007년까지 10년 동안 미국 벤처 산업은 급성장했지만, 수익은 정체됐고 이후 오히려 감소했다.[150] 그러나 실리콘밸리의 문화는 이들 기업가들을 포기하지 않는다. 오히려 격려한다. 실리콘밸리의 문화는 "그 실패로부터 배울 수 있다면 괜찮다That's okay when you can learn from your failures and start over" 는 것이기 때문이다.[151]

실제로 이 같은 문화가 창업 정신을 뿌리내리는 데 어떠한 영향을 미치는지 알기 위해 1998년생으로 카이스트 수리과학과를 졸업한 후 '모글루Moglue'(Motion과 Glue를 합쳐 움직임이란 뜻을 가지고 있다)라는 스타트업을 경영하는 김태우 씨를 이메일로 인터뷰했다. 모글루는 누구나 상호작용이 가능한 전자책을 만들 수 있게 해주는 PC 기반 저작 도구와 그것을 모바일로 볼 수 있는 애플리케이션을 만드는 회사로 국내외에서 그 실력을 인정받는다. 그러나 그러한 회사를 운영하는 그는 1988년생으로, 페이스북을 만든 마크 주커버그보다도 네 살이 어리다. 그가 그렇게 일찍 창업에 뛰어들게 된 것은 일찍부터 사업에 관심도 있고 관련 강의를 학부 시절 듣기도 했지만, 무엇보다 학부 마지막 학기에 SK텔레콤 벤처스에서 반년 정도 근무하면서 실리콘밸리의 문화를 체험할 수 있었기 때문이다. 그곳에서 그는 창업을 꿈꾸고, 실제로 그렇게 하고 있는 스탠포드 재학생들을 비롯한 또래들을 많이 만나게 되었고, 그들로부터 자극을 받아 창업을 결단하게 됐다.

김태우 씨는 국내외를 오가며 사업을 하는 가운데 자신이 경험한 실리콘밸리와 한국의 창업 문화의 차이에 대해서도 상세한 설명을 덧붙였다. 그는 실리콘밸리와 한국은 먼저 시작할 때 '주변 인식'부터 다르다고 했다. 미국 같은 경우, 애플·구글·페이스북처럼 대규모의 성공 사례는 아니더라도 학교 친구들 중에 심심치 않게 수십억 수백억에 회사를 매각했다는 경우를 볼 수 있으니 창업을 한다고 하면 주변에서 "좋다" 혹은 "멋지다"와 같은 반응을 보인다. 그러나 한국은 다르다. 한국은 성공 사례를 떠올리기가 쉽지 않다 보니 창업을 한다고 하면 "실패" "위험"이 먼저 떠오르고, 가족이나 주변 친구들에게 이야기하면 적극적으로 말리는 것이 일반적이다. 그렇기 때문에 본인이 창업하거나 벤처기업에 합류하는 것이 쉽지 않으며 훌륭한 인재들은 대다수 벤처기업보다는 대기업에 가려고 해서, 벤처기업은 항상 구인난에 시달린다.

나아가 그는 실패를 관용하지 않는 한국 문화도 창업 정신이 자리 잡는 데 큰 걸림돌이 된다고 보았다. 미국은 실패한 사업가가 다시 사업을 시작할 경우 그것을 축적된 경험으로 보고 고평가를 해준다. 그러나 한국은 실패에 대해서 가차 없다. 한 번 실패하면 낙오자가 되기 십상이다. 회사를 인수합병M&A을 통해서 매각했을 때에도, 자기 것인데 어떻게 남에게 파냐고 보는 시각이 지배적이지 그것을 이후 더 큰 사업을 하기 위한 전략으로 인정해주지 않는다. 대기업에서 벤처기업 기술을 빼앗아 간다는 인식이 팽배하기 때문이다. 같은 맥락에서, 국내 시장에서 자본을 쥐고 있는 대기업이 벤처에 투자하고 싶어도 출자총액제한제도 때문에 출자하지 못하는 것도 문제다. 이 부분에 대해서는 예외가 필요하다.

동시에 외국 기업과 인수합병할 경우, 티켓몬스터의 신현성 대표가 2011년 8월 2일 회사를 미국의 대표적 소셜 커머스 업체 중 하나인 리빙소셜과 인수합병하고 받았던 비난처럼 먹튀 취급을 하는 것도 바람직하지 않다.[152] 기업가는 결국 수익으로 말한다. 지분, 경영권 방어를 하면 애국이고, 회사를 인수합병하거나 매각하면 매국으로 모는 것은 지나치게 단순한 벤처관, 기업관이다. 그동안 들인 노력을 좀 더 쉽게 인정받을 수 있는 중간 회수 시장이 활성화되지 않으면, 창업 활성화를 위해 가장 기본적인 '창업 동기 부여'가 취약해질 수 있다.

KT에 '엔써즈'라는 동영상 검색 전문 벤처기업을 450억 원의 기업 가치에 매각한 김길연 대표에 따르면 인수합병이라는 중간 회수 시장이 없으면 대부분의 벤처들은 성장하기도 전에 돈이 말라 죽는다. 통계적으로 한국 기업이 코스닥에 상장되는 평균 기간이 약 15년에 달하기 때문이다. 1000개의 벤처를 가정할 경우, 15년 동안 살아남을 수 있는 확률이 5%밖에 안 된다는 점을 감안할 때, 다른 숨쉴 수 있는 구멍이 없으면 대부분의 벤처는 크기도 전에 쓰러진다.[153]

또한 인수합병 시장의 부재는 벤처 창업에는 탁월한 재능이 있지만 큰 기업을 운영하는 데는 흥미가 없거나 자질이 부족한 지속적 창업가serial entrepreneur가 그다음 기회를 모색하는 데도 방해가 된다. 구글의 모바일 운영체제인 안드로이드를 개발한 앤디 루빈은 원래 애플의 엔지니어였고, 2003년 안드로이드란 회사를 창업했다가 2005년 구글에 매각했다. 그는 현재 구글의 모바일 플랫폼 사업을 지휘한다. 《딜리버링 해피니스 Delivering Happiness》란 책으로 유명한 재포스닷컴 창업자 토니 셰이는 1996년 인터넷 검색 광고 업체 '링크익스체인지'를 만들었으나 2년 만에 마이크로소프트에 2억 달러에 팔았다. 그리고 그 돈으로 재포스닷컴을 인수해 지금의 매출액 10억 달러(한화 약 1조1700억 원)의 회사로 키워냈다. 인수합병은 실리콘밸리 생태계의 핵심이고, 시장에서 인력·기술·자본이 순환하는 생태계를 만드는 기초다.[154]

그리고 지금은 관련 법 개정으로 나아질 전망이 보이긴 하나, 이전에는 정부 지원금 혹은 벤처캐피탈 투자가 지급될 때 연대보증을 요구해서, 회사가 망할 경우 개인까지 빚쟁이가 되는 문제점도 심각하다. 실리콘밸리가 투자 중심 equity financing 으로 성장해왔다면, 한국은 대출 중심 debt financing 으로 성장했다. 금융위원회가 IBK경제연구소와 공동으로 2011년 12월 25일에 발표한 '창업·중소기업 금융환경 실태조사 결과'에 따르면 창업 기업의 63.1%가 자금 조달 시 은행에서 대출받는 데 어려움을 겪었다. 연대보증에 대한 직간접 피해를 입었다는 창업 기업은 25.1%에 달했는데, 이는 네 곳 중 한 곳은 연대보증의 힘든 경험을 갖고 있다는 뜻이다.[155] 그동안 한국에 창업이 적었고, 그 열기가 약했다면 그것은 젊은이들이 패기가 부족했기 때문만은 아니다. 성공의 대가는 작고 실패의 책임은 컸기 때문이다.

김태우 씨의 실리콘밸리와 한국의 창업 문화 비교 체험을 통한 교훈은 분명하다. 그것은 마크 주커버그, 스티브 잡스가 없냐를 따지기 전에 왜 우리에겐 실리콘밸리가 없는지, 더 정확히는 더 빨리, 더 많이, 그리고 더 잘 실패할 수 있도록 만드는 실리콘밸리 문화가 왜 없는지를 따져보는 것이 문제의 핵심이라는 것이다. 이것은 다양한 정부 부처에서 벤처지원금만 쏟아붓는다고 해결될 문제가 아니다. 현장 경험도 없는 사람들이 실적만 올리겠다고 이름만 좋은 정책들을 만들어봤자, 그 눈먼 돈들은 관계자들 배만 불리고 국민 혈세의 낭비로 이어진다. 돈을 쏟아붓기 이전에 현명한 돈을 만들 수 있는 문화가 조성돼야 한다.

와이 콤비네이터 Y Combinator 란 벤처 투자 조직을 이끄는 실리콘밸리의 전설적인 벤처 투자가 폴 그레이엄이 '어떻게 실리콘밸리가 될 수 있는가 How to Be Silicon Valley'란 글에서 역설한 것처럼 실리콘밸리는 제도가 아니라, 사람이고 문화라는 것을 기억해야 한다. 지금까지 해왔던 것처럼 고용을 늘리겠다고 사업가라기보단 사기꾼에 가까운 사람들에게 돈을 안겨주는 것은 지양하고, 망할 기업은 진작에 망하게 해야 한다. 벤처는 고용 지표를 늘리기 위한 수단이 아니라 혁신의 동력이기 때문이다. 대신에 싹수와 근성이 있는 기업가들은 실패해도 재기할 수 있도록, 그리고 처음에 투자한 자금을 적기에 회수할 수 있도록 도와야 한다. 그리고 IT 산업의 가치를 평가할 때도, 제조업처럼 그 산업 일개 단위로 평가할 것이 아니라, 하나의 미래 산업의 인프라로서 그것이 어떠한 융복합 혁신을 일으키는지, 어떻게 새로운 사회적 가치를 만들어내는지 주목해야 한다. 그래서 제대로 된, 깨끗하고 현명한 돈이 괜찮은 사람들에게 흘러갈 수 있도록 도와야 한다. 그렇게 재능과 자본의 조합이 이상적으로 이뤄질 때, 나머지

마크 주커버그와 스티브 잡스. ⓒGuillaume Paumier, Matt Yohe

마크 주커버그, 스티브 잡스가 없냐를 따지기 전에

왜 우리에겐 실리콘밸리가 없는지,

더 정확히는 더 빨리, 더 많이, 그리고 더 잘 실패할 수 있도록 만드는

실리콘밸리 문화가 없는지를 따져보는 것이 문제의 핵심이라는 것이다.

일은 알아서 잘 풀린다. 실리콘밸리를 만든 것은 정부 지원도 정책도 아니고, 그곳에 있는 열정적인 기업가들과 통찰력 있는 투자가들이다. 그들의 혁신의 DNA를 복제할 수만 있다면, 이곳 서울도 실리콘밸리로 만들 수 있다.[156]

앙리케 왕자의 신념과 프랜시스 베이컨의 이상, 그리고 영락제의 야심과 정화의 한계, 그 차이가 근대사를 갈랐다. 실리콘밸리와 한국의 벤처 문화의 차이가 우리 정보 산업의 미래와 젊은 세대의 미래를 가를 수 있다. 그리고 그 같은 상황에서 우리는 우리의 미래가 싸이월드의 과거와 페이스북의 과거 중에 어느 쪽에 더 가깝다고 볼 수 있을까?

이상의 의문이 그 성명 발표가 세간에 화제를, 그리고 논란을 불러일으킨 이유다. 그리고 우리는 아직 그 의문을 불식시킬 만큼 설득력 있는 답변을, 그리고 실질적인 정책을 듣지 못했다. 그리고 그 답이 없는 이상, 적어도 아직은, 한국의 마크 주커버그는 없다.

스티브 잡스와 죽은 인문학의 사회

스티브 잡스는 인문학을 말하지 않았다

미국 현지 시간으로 2011년 3월 2일, 아직 잡스가 살아있을 때다. 샌프란시스코 어바부에 센터에서 애플의 신제품 발표회가 열렸고, 병가로 잠시 회사를 떠났던 잡스가 이곳에 모습을 드러냈다. 적어도 그 당시 잡스는 건재했다. 그곳에 시한부 인생 따윈 없었다. 잡스는 특유의 자신감과 독설을 가지고 더 빠르고, 더 가볍고, 더 매혹적인 아이패드2를 발표했다. 그의 71분 발표는 국내에서도 자주 소개되는 '기술과 인문학의 만남'을 강조할 때 절정으로 빛났다.

그러나 잡스의 신화는 그 발표로 끝나지 않았다. 잡스의 발표가 끝남과 동시에 국내 온라인 생태계 곳곳에서 잡스와 잡스의 인문학에 대한 이야기가 회자됐다. 그렇게 보면 잡스의 왕의 귀환은 애플만

살리지 않았다. 적어도 국내에서는 잡스만큼 인문학을 마케팅해주는 사람이 없었다.

그렇다면 잡스가 정말 우리 인문학의 구세주인가? 먼저 잡스의 인문학에 대한 오해를 바로잡는다. 잡스가 말하는 인문학은 우리가 생각하는 인문학과 동치가 되지 않는다. 잡스가 말한 리버럴 아츠 liberal arts와 우리가 인문학이라고 할 때 종종 연관을 짓는 문사철文史哲은 직접 대응하지 않기 때문이다. 따라서 이 잡스의 리버럴 아츠를 이해하는 데, 널리 회자되는 2005년 스탠포드 대학 졸업식 연설만으로는 부족하다. 그가 리드 대학에서 배운 동양 서예를 살려 우아한 폰트를 만들었다는 이야기에서 영감을 받는 것만으로도 모자라다. 그 같은 접근법이 옳다면, 우리도 무언가 인문학적인 소재를 탐구하게 되면 잡스처럼 시대를 바꿀 수 있어야 한다. 그러나 당연히 그렇지 않다. 그것이 길이라면 이미 전 세계 수많은 잡스의 추종자들 중에서 수많은 잡스 2세들이 나와야 한다. 그리고 그들 대부분은 인문학에서 박사학위를 받은 사람들일 것이다. 현실이 그렇지 않다는 것은, 잡스를 잡스일 수 있게 만들었던 인문학이 인문학적인 소재와 탐구에 머물지 않는다는 것을 보여준다.

그 답을 찾기 위해 다음과 같은 질문을 생각해보자. 산업 시대에는 기계와 인간의 관계가 고정되어 있었다. 그 시대에 어떻게 잡스는 정부나 회사의 지하실에 잠들어 있던 컴퓨터를 개인의 소유로 만들 수 있었을까? 그는 어떻게 컴퓨터를 계산기가 아니라 개인이 가지고 놀 수 있는 일반적 목적을 가진 기계로 볼 수 있었을까? 그는 어떻게 그 인간과 기계의 관계를 다시 상상할 수 있었을까? 이 질문이 그의 인문학을 이해하는 열쇠다. 인간과 기계의 관계가, 인간과 컴퓨터의 관계가 얼마나 더 인간적이고 얼마나 더 개인적일 수 있느냐 하는 그 호기심, 그것이 잡스를 잡스일 수 있게 만들었던 인문학, 혹은 그의 리버럴 아츠이다.

잡스의 인문학, 리버럴 아츠, 그리고 계몽주의

잡스의 인문학의 정수, 혹은 앞의 질문이 사회적으로 중요한 의미를 가지게 된 시대적 배경을 제대로 이해하려면 과거 속으로 돌아가야 한다. 하버드 대학의 개미학자로서 퓰리처상을 수상한 바 있는 에드워드 윌슨의 《통섭:지식의 대통합》을 보면 리버럴 아츠가 태동한 것은 서양 근대의 계몽주의 시대다. 그 시대에 리버럴이라는 말은 개혁적 성향을 뜻했다. 신적인 권위(교리)와 인간적인 권위(왕권)와의 급진적 작별을 의미했다. 아츠는 기술, 예술을 뜻했다. 그러나 그것은 중립적이지 않았다. 그것은 앞서 말한 목적을 위한 것이었다. 인간을 그 과거의 속박에서 해방시키기 위한, 그리고 자연과 사회를 개선하고 개조하기 위한 방법이었다. 물론 이 계몽주의의 사상과 열기는 광기로 치달린 프랑스혁명의 이슬로 일찍 막을 내렸다. 그러나 그 명맥은 오늘날까지, 스티브 잡스에게까지도 이어진다.

그 이유를 우리 시대의 혁명가 잡스에 견줄 수 있는 계몽주의 사상가에게서 찾아볼 수 있다. 그 사람은 프랜시스 베이컨이다. 계몽주의의 막을 연 프랜시스 베이컨은 잡스가 엔지니어 출신이 아닌 것과 마찬가지로 뛰어난 과학자는 아니었다. 그는 수학적 재능이 부족했다. 그러나 그는 당시 뉴미디어를 가장 잘 이해하는 사람이었다. 그는 산문(콘텐츠)과 인쇄술(플랫폼)의 결합이 사회에 어떤 파장을 일으킬지 알았다. 잡스가 기술과 디자인의 융합이 만들어낼 마력을 깨우치고 있었던 것과 비슷하다.

그리고 그 시대, 베이컨 역시 그의 재능을 발휘할 수 있는 비전을 발견했다. 그것은 아직 밝혀지지 않은 과학의 갈 길을 선포하는 것이었다. 물론 여기서 그가 말하는 과학은 스티브 잡스의 인문학과 마찬가지로 오늘날의 과학과 다르다. 그 과학은 이학, 공학뿐 아니라 인문학, 사회과학을 포괄한다. 모든 지식이 하나의 공통된 원리로 설명된다고 본 그에게 학문 간 구별은 의미가 없었다. 동시에 그는 이 과학을, 리버럴 아츠를 새로운 사회적 기회로 보았다. 그는 잡스가 컴퓨터와 디자인이 세상을 바꿀 수 있다고 본 것처럼, 이 과학을 통해 인간이 이성과 실험으로 무장해 새로운 지식의 지평을 개척할 수 있다고 보았다.

또한 잡스만큼이나 베이컨도 현실적인 사람이었다. 그는 이 새롭게 확장되는 지식의 지평선이 돈이 되고 힘이 된다는 걸 알고 있었다. 천문학을 포함한 새로운 과학의 발전은 항해술을 급진적으로 향상시킬 수 있었기 때문이다. 결과적으로 잡스가 손수 애플 제국을 건설한 것과 마찬가지로 베이컨의 영국은 대항해시대를 통해 팍스 브리태니카를 이룩했다. 그가 "아는 것이 힘이다"라고 이야기했을 때, 그 힘은 은유로만 그치지 않았다. 역시 잡스의 리버럴 아츠가 그러했던 것처럼.[157]

새로운 시대는 새로운 사상을 요구한다

그러므로 스티브 잡스의 리버럴 아츠는 우연도 행운도 아니다. 그것은 역사적인 필연이며 시대의 반복이다. 새로운 시대는 새로운 사상을 요구한다. 그리고 그 필요를 잘 이해하고 있던 사람들이 프랜시스 베이컨, 스티브 잡스 같은 인물들이었다. 여기서 다시 본래의 질문으로 돌아가보자. 그렇다면 우리의 인문학을 이 시대 최고의 인문학 대변가였던 잡스를 통해 기사회생시킬 수 있을까? 답부터 말하자면, 불가능하다.

그 이유는 간단하다. 첫째, 앞에서 보았다시피 잡스의 리버럴 아츠와 문사철은 동일한 것이 아니기 때문이다. 사물에 호기심을 가지고 접근하고, 생각의 지평을 넓히는 것은 꼭 문학을 읽고 철학을 탐구하고 역사를 꿰뚫어야 가능한 것이 아니다. 수학으로도, 생물학으로도 그 같은 접근법을 터득할 수 있다. 중요한 것은 어느 문으로 들어가느냐가 아니다. 목적지인, 대담한 질문을 정확하게 하는 경지에 도달하는 것이다.

두 번째 이유는 더 근본적이다. 많은 경우 현재 인문학 위기의 본질적 원인은 대학이 상업화되어서도, 신입생들이 다른 단과대학에 비해서 인문대학을 외면해서도 아니기 때문이다. 잡스라는 최고의 모객꾼이 있어야 인문학이 흥행할 수 있는 것이 아니라, 인문학이 변해야 인문학이 살기 때문이다. 인문학을 리버럴 아츠라 부를 수 없는 우리의 현실이 있다. 인문학이 현재의 신세가 된 까닭 중 하나는 인문학이 그동안 수없는 사회 변화에도 지체되어 있었기 때문이다. 우

259

'기술과 인문학의 만남'을 설명하고 있는 스티브 잡스

잡스의 인문학은 우리의 인문학이 놓치고 있는 것을 말한다.

그것은 인문학의 가장 큰 역할과 소명이다.

인문학이 할 일은 그들이 하지 않을 질문에 대해서,

그들의 상식으로는 존재하는 질문을 계속해서 던지는 것이다.

리 대학들의 경우 30년 전, 아니 10년 전 강의안과 교수법이 오늘날과 비교해 무엇이, 얼마나 달라졌는지 곰곰이 생각해보자. 학생들은 그러한 강의들을 통해서 자기 주변의 변화에 대해서 얼마나 깊이, 얼마나 넓게, 그리고 얼마나 대담하게 생각할 수 있을까?

물론 최신의 사례나 이론, 기술이 경영학이나 공학에서처럼 중요한 것은 아니다. 최신 장비나 교수 기법이 절대적이지도 않다. 그러나 인문학에서도 변해야 할 것은 있다. 그것은 비록 텍스트인 고전이 변하지 않더라도, 그것에 대한 질문은 계속 변해야 한다는 것이다. 우리가 이 고전을 지금 왜 여기에서 읽어야 하느냐는 질문의 배경이 되는 문제의식이 필요하다.

구체적으로, *클라우드 컴퓨팅, 모바일 컴퓨팅, 소셜 네트워크라는 최근 ICT 생태계의 3대 트렌드를 인문사회적 관점에서 심층적으로 해석하는 강의가 우리 대학에서 얼마나 이루어지고 있는가? 혹은 좀 더 사회적 측면에서, 지식의 공유가 시대적 흐름인 시대에 인문학은 이 같은 흐름을 주도하는 데 얼마나 앞장서고 있는가? 상업화되어가는 디지털 환경에 맞서 우리 대학들은 공공 지식을 확대하는 공익적 목적에 대해서 얼마나 기여하고 있으며, 그 일을 위해 인문학은 어떠한 사명과 역할을 말하고 있는가?*

미국 하버드 대학은 2007년 초부터 대학의 '일반 교육general education' 과정을 재편하는 개혁안을 발표했고, 그 핵심으로 '자유 교육liberal education'을 내세웠다. 앞서 설명한 리버럴 아츠의 전통에 따라 전문 분야에 한정되지 않고 개인이 자유롭게 자신의 지적 호기심을 발견하고 키울 수 있는 행위로서의 대학 교육을 말한다. 사실 이것은 미국의 명문대라고 하는 아이비리그가 거의 다 그렇다. 시장주의가 건국부터 강력했던 미국도 공과대학, 기술대학에 인문학부가 있으며, 그것을 그 사회의 기초적 경쟁력으로 생각한다. 그러나 우리는 사람답게 살 만한 조건을 개인이 주체적으로 찾고 고민하는 내적 과정인 교양이 인문학에서마저 경시된다. 비평가 도정일의 말을 빌리자면 "학교, 학생, 교수들이 교양 교육이라면 슬렁슬렁 놀아서 해도 되고 적당히 성적 관리나 하면 되는 쉽고 가벼운 과정"으로 여기고, "교수들 중에는 교양 교육이 전문 교육을 준비시키는 저학년 초급 과정에 불과하다는 완벽한 오해와 무지에 사로잡힌 사람들도 많은" 상황이다.

역설적이다. 그러므로 결론적으로 보면 잡스의 인문학은 우리에게 더 필요한 것을 말하지 않는다. 오히려 우리의 인문학이 놓치고 있는 것을 말한다. 그것은 인문학의 가장 큰 역할과 소명이다. 인문학이 할 일은 그들이 하지 않을 질문에 대해서, 그들의 상식으로는 존재하는 질문을 계속해서 던지는 것이다. 근대사회의 구성원이라면 갖춰야 할 비판적·해방적 합리성을 키워주는 기본 교양으로서 인문학이 자기 자리를 지키는 것이다. 그것은 각종 다른 학문들이 전통적으로 인문학이 했던 역할을 대체하고 있는 가운데 인문학이 져야 할 본질적 책임이다.

시대에 맞는 인문 정신이 뿌리내리려면

따라서 한국의 인문학이 살아나려면, 이 죽은 인문학의 사회가 부활

하려면, 우리에게도 스티브 잡스가 필요한 것이 아니다. 그보다 더 나은 모객꾼이 필요한 것이 아니다. 우리에게 필요한 것은 관객에게 감동과 전율을 줄 수 있는 콘텐츠, 그리고 시대를 통찰하고 인도할 수 있는 질문이다.

그리고 더 크게 생각해보면 그것은 비단 인문학의 위기로 압축되지 않는다. 인문학이 그 본질을 잃고 시들었다면, 부패한 토양을 제공한 것은 한국 사회다. 미국 애플 본사에서 인턴을 한 뒤, 삼성전자와 스타트업 리디북스에서 기획자로 경험을 쌓고, 모교인 연세대에서 서비스 기획을 강의하는 정은기 씨는 이메일 인터뷰에서 스티브 잡스의 인문학이 화제될 때 언급되는 서예, 음악, 동양 종교, 철학에 대한 관심을 넘어서 그가 "그런 분야에 심취하게 된 상황"을 봐야 한다고 강조한다. 애플의 문화를 직접 체험한 적이 있는 그가 보기에 잡스가 위와 같은 사상을 축적해갈 수 있었던 것은 "열심히 (학교에서) 공부하거나 특정한 목적성을 가지고 시간을 보낸 결과"가 아니었다. 그것은 "정신적 여유가 충만한 젊은 날의 도정에서 그와 같은 세계"를 마음껏 탐구하다 보니, 그것이 어쩌다 인문학의 범주에 든 것이었다. 정은기 씨가 이 인터뷰를 통해서 전하고자 하는 메시지는 간명했다. 그것은 "뚜렷한 목적의식과 구체적인 기대를 갖고 접근하기보다는 충분한 여유와 순수한 관심을 가지고 접근하는 태도"였다. 왜 우리는 그와 같은 앎을 좇는 삶의 태도를 정착시키지 못하는가?

그러한 문제의식에서 볼 때, 스티브 잡스의 인문학 사건을 통해서 여전히 확인할 수 있는 것은 변화를 이야기하면서도 변하지 않는 한국 사회의 슬픈 자화상이다. 우리는 우리에게 필요한 질문이 무엇

따라서 우리에게 필요한 것은 인문학 홍보대사로서의 잡스가 아니다.

잡스를 넘어서, 좋은 질문을 던지고 충분한 시간을 가지고 그 답을 찾는

인문 정신이 뿌리내리지는 못하는 한국 사회의 문제가 무엇이고,

그를 위해 어떤 개혁이 필요할지에 대한 고민, 그리고 무엇보다

 하나라도 더 실천하고자 하는 의지와 결단이 필요하다.

인지 고민하고 찾는 성찰의 시간을 넉넉히 갖기보다는, 하루빨리 서둘러 정답을 찾으려 하는 습관적 태도를 갖고 있다.

그 원인은 한국 현대사에 뿌리 깊은 무사상無思想의 정신이다. 우린 우리보다 우월하다 여겨지는 대상을 질시하면서도 동경했고, 내 자신을 돌아보기보다는 그들처럼 될 수만 있다면 모든 것이 해결될 것처럼 판단했다. 한때는 그것이 중화였고, 한때는 그것이 미국이었으며, 일본이었고, 또한 유럽이었다. 서강대 정치외교학과 강정인 교수에 의하면 한국의 민주주의와 경제발전 역시 그것이 우리에게 꼭 필요한 정치와 사회 발전의 모델이라는 깊은 성찰에서 비롯된 것이 아니라, 그것이 선진국의 모습이었으므로 어떻게든 따라가려 한 당위적 추종의 결과였다. 그 관성의 법칙은 스마트 혁명에도 예외 없이 적용된다.[158]

그러나 조선 중기의 실학자 연암 박지원은 이 같은 성찰 없는 모방이 희망이 될 수 없다고 지적했다. 그는 "비슷한 것은 같지 않다"고 강조했다. 한시漢詩, 당시唐詩를 흉내 내려다가 정작 가장 중요한 자기 목소리를 내는 법을 잊어버린 사람들은 본질을 잃은 것이라고 했다. 물론 연암이 무조건 자기 목소리만 낸다고 해서 그것이 아름답고 훌륭하다고 말한 것은 아니다. 그는 중화사상이 뿌리 깊어 청나라의 선진 문물을 받아들이지 못하던 주류 질서에 반대해 배울 것이 있으면 청에게도 배워야 한다고 주장한 북학파北學派였다. 또한 연암은 이 같은 대립 관계를 풀기 위해 그만의 절충점을 제시했는데, 그것이 법고창신法古創新이다. 전통의 정신은 살리되 그 바탕 위에 개성을 더하는 것이다.

그리고 사실 이러한 우리의 인문 정신은 지금껏 강조해온 현실의 조건 속에서 새로운 가능성의 방향을 타진하는 스티브 잡스의 리버럴 아츠와도 크게 다르지 않다. 따라서 우리에게 필요한 것은 인문학 홍보대사로서의 잡스가 아니다. 잡스를 넘어서, 좋은 질문을 던지고 충분한 시간을 가지고 그 답을 찾는 인문 정신이 뿌리내리지 못하는 한국 사회의 문제가 무엇이고, 그를 위해 어떤 개혁이 필요할지에 대한 고민, 그리고 무엇보다 하나라도 더 실천하고자 하는 의지와 결단이 필요하다. 그리고 그런 의지와 결단의 결실들이 하나씩, 맺어져갈 때 한국의 스티브 잡스도, 진정한 IT 강국도, 그리고 자랑스러운 대한민국도 나올 수 있을 것이다.

인터넷의 미래를 지키기 위한 조건

먼저, 크리에이티브 커먼즈 이야기

2001년 미래학자 제레미 러프킨이 《소유의 종말》이란 책을 냈을 때, 사람들이 주목한 것은 이제 소유보다 접속이 더 비용이 적게 들기 때문에 '연결'이란 새로운 삶의 방식이 주도적 흐름이 될 것이란 예측이었다. 그러나 사실 그보다 더 중요한 메시지는 따로 있었다. 소유에서 접속으로 사회의 핵심 가치가 이동한다는 이야기는 다른 각도에서 보면 그 접속하는 권리를 쥐고 있는 사람들^{gatekeepers}이 누구인지에 따라서 사회의 권력 구조가 바뀔 수 있다는 것을 뜻했다.

실제로 그런 미래 사회의 문제가 오늘의 현실로 등장한 사건이 일어났다. 1998년에 저작권 보호기간 연장법안^{Copyright Term Extension Act}이 나왔을 때, 이 법안은 일시적·배타적으로 보호받는 재산권인 저작권이 거의 영구적으로 보호받게 만드는 효과로 악명을 떨쳤다. 구체적으로 이 법안은 기존에 개인 저작자의 경우로 봤을 땐 저작자의 생애 더하기 50년으로 보호받던 저작권을 70년으로 20년 더 연장시켰고, 특별히 기업 저작자의 경우에는 저작자의 생애 더하기 75년에서 120년으로 획기적으로 연장시켰다.

이는 저작물을 통해 벌어들이는 수익으로 먹고 사는 문화 산업 등 기존 이해관계자의 입장에서 보면 좋은 일이다. 자신들의 수익원이 더 안전해졌기 때문이다. 그러나 인터넷 서비스를 만드는 이들과 대다수의 사람들에겐 좋은 소식이 아니다. 보호 측면에서만 강화된 저작권은 인터넷 서비스를 제공하는 사람들의 책임만 무거워지는 것이 아니라, 시민들에게 있어서도 인터넷의 가장 기본적인 사용 가치인 '창작과 공유'를 하는 법적·제도적 비용이 증가하기 때문이다.

따라서 이를 정치적·문화적 권리에 기초한 표현의 자유, 헌법의 정신에 어긋나는 것을 보고 당시 스탠포드 로스쿨 교수였던 로렌스 레식을 중심으로 해당 법안에 대한 항소가 행해졌다. 그러나 2002년에 나온 결과는 패소였다. 레식은 이에 포기하지 않고, 기존 저작권은 인정하되 저작권이 창조와 공유의 비용을 증가시키는 현실을 뒤집고 저작권에 참여할 수 있는 권리의 영역을 확장하고자, MIT 컴퓨터공학과의 할 애벌슨 등과 힘을 합쳐 크리에이티브 커먼즈 라이선스CCL라는 새로운 저작권 라이선스를 만든다. 저작권과 관련된 이해관계자들의 갈등을 법이 아니라 문화로, 기술 발전과 함께 권리 발전을 인정하는 자유 문화로 풀려 한 것이다.

 아마도 적어도, 한 번쯤은 인터넷에서 동영상 공유 사이트나 블로그에 자기 콘텐츠를 올리다가 위와 같은 저작권 권리 사용을 설정하라는 항목을 발견한 적이 있을 것이다. 이것이 바로 CCL이다. 국내에는 2005년에 들어왔고, 2007년 관련 공익 법인이 설립됐다. 이렇게 국내에서 CCL의 확산과 CCL을 기반으로 한 자유 문화의 확장을 위해 노력하는 단체가 크리에이티브 커먼즈 코리아다. 보통 CC Korea라 부른다.

그러나 이것은 사람들의 이야기

현재 CCL은 전 세계 70여 개 국가에서 받아들여지고 있다. 그렇게 된 이유는 여러 가지가 있다. 첫 번째는 물론 오픈소스 소프트웨어 영역에서 사용되는 GPL^{General Public License} 등에서 영감을 받은 CCL이 직관적으로 사용하기 편하고 국제적 표준으로서 공신력을 초기부터 얻은 까닭도 있다. 그러나 좋은 도구가 자동적으로 사회적 움직임을 만들어주는 것은 아니다. 국내에서뿐만 아니라 다른 곳에서도 이런 CCL과 관련된 움직임이 커져가는 까닭은, 도구를 넘어서 이 CCL의 정신을 깊이 이해하고 그것의 발전을 위해 고군분투하는 사람들이 있기 때문이다.

평일엔 소셜 벤처 시지온에서 전략 매니저로 일하고 주말엔 글을 쓰는 삶을 사는 덕분에 시간이 극히 부족한데도 지난 2012년 4월 26일 금요일 마카오 과기대학^{MUST}에서 열린 '크리에이티브 커먼즈와 저작권 보호에 관련된 국제 컨퍼런스'에 내가 참석한 이유도 내가 CC 활동가이기 때문이다. 저작권이 문화 발전에 적극적으로 참여하는 시민들의 권리로 남고 발전하는 것이 나에게는 중요한 삶의 가치다. 문화란 우리의 삶이고 CC는 그 삶을 지켜주는 도구 중 하나다.

행사가 마카오에서 열리는 바람에 주로 중국 대륙, 홍콩, 마카오, 대만에서 온 사람들이 참석했다. 포르투갈에서 온 지적 재산권 관련 일을 하는 변호사 테레사와 나를 제외하고는 모두 소위 중화권 사람들이었다. 그들의 발표는 최근에 지역화^{localization}에 초점을 맞춰 초안이 발표된 CCL 4.0의 적용과 활용에 대한 이야기가 많았다. 그 외의 발표 주제는 실제적으로 각 지역에서 어떻게 CCL을 발전시켜나가고 있는지에 대한 것들이 주를 이뤘다.

나 역시 발표자 중 한 명으로 참여하긴 했다. 그러나 대개의 컨퍼런스가 그렇듯 그런 발표가 핵심은 아니었다. 이렇게 관련 일을 하는 사람들이 주로 모인 컨퍼런스에서 발표의 목적이란 자기가 어떤 일을 하는지 대외적으로 알리고, 그 과정을 통해서 함께 일할 수 있는 사람들을 찾는 것이다.

실제로 내가 이번 컨퍼런스를 통해서 배운 가장 큰 것은 법적 지식이라기보다는 사람들이었다. 다른 곳에서 활동하는 사람들이 어떤 조건 속에서, 어떤 고민을 하며 어떤 노력을 하고 있는지를 배웠다. 그중에 가장 인상 깊었던 활동가들은 리쯔안 교수, 왕핀다 회장, 테레사였다.

레식의 제자, 리쯔안 교수

행사 전날 함께 마카오 시내 투어를 하면서 급하게 친해진 국립 대만 정치대 리쯔안 교수는 CC Taiwan의 법 분야 리드legal lead를 맡고 있다. 그는 국립 대만대 법학과를 졸업하고 잠시 변호사로 일한 후, 하버드에서 법학 석사, 스탠포드에서 법학 박사를 받았다. 앞서 소개한 로렌스 레식의 제자다. 그는 창팅뤼 박사 등 다른 대만인들과 함께 2003년(CCL이 공개된 지 불과 1년 만이다.) 대만에 CCL이 도입되는 데 주도적 역할을 했다. 대만은 내년이면 CCL 도입 10주년을 맞는다.

리쯔안 교수의 발표를 듣고, 그리고 발표 전후로 대화를 나누면
서 더 잘 알게 된 두 가지 사실은 첫째로, 대만 CCL 확산은 리눅스 등
의 기존 오픈소스 관련 커뮤니티와 깊은 연관이 있다는 점이다. 본래
소프트웨어 영역에서 오픈소스 확산을 주도하고, GPL 사용에 익숙
했던 사람들이 자연스럽게 콘텐츠 영역에서 CCL을 발견하고, CCL
이 발전하는 데 큰 역할을 했기 때문이다. 대표적으로 CC Taiwan
의 대외적 얼굴 역할을 하는 퍼블릭 리드public lead를 맡고 있는 황팅뤼
박사는 대만 자유/오픈소프트웨어 발전에도 많은 기여를 한 인물이
다.(국내에서는 오픈소스 커뮤니티와 CC Korea가 독립적으로 발전하고 있다. 사실 소
프트웨어와 콘텐츠로 영역이 다르기도 하니, 이것은 CC Taiwan의 특수한 상황으로 보는
게 정확할 것 같다.)

두 번째는 CC Taiwan은 그동안 엔터테인먼트, 문화 영역에서

CCL을 적용한 도서 출판, 음반 제작 등에서 자기 역할을 해왔고, 최근에는 CC Korea와 마찬가지로 공적 영역에서 중앙정부, 지자체와 협력하여 CCL을 정부 데이터에 적용해 행정 효율성과 투명성을 높이는 일에 앞장서고 있다는 점이다. 구체적으로 CC Taiwan은 대만 총통실에서 지원금을 받아 CCL을 적용한 총통실 자료를 대중에 공개하고, 대중이 자유롭게 그 자료를 활용할 수 있도록 돕는 데 집중하고 있었다.(CC Korea도 최근 정부 2.0과 관련된 두 권의 책을 번역 출간했고, 서울시청 등과 정부 2.0과 관련된 프로젝트 진행을 위해 협력하고 있다.)

홍콩 인터넷의 아버지, 왕핀다 회장

리쯔안 교수와 함께 행사에서 만난 인상 깊었던 인물 중 한 명은 홍콩 인터넷의 아버지, 왕핀다였다(광둥어 발음으로는 왕에 가깝게 발음이 되지만, 그의 성은 한국어로 읽었을 때는 황이다). 영국의 임페리얼 공대를 나와서 일찍이 기업가의 길을 걸은 그는 아시아·태평양 인터넷 협회Asia & Pacific Internet Association의 회장이자, 인터넷의 물리적 기반에 필요한 기기를 판매하는 기업인 시스코Cisco의 인터넷 프로토콜 저널 편집자문위원이기도 하다. 인터넷의 뿌리라 할 수 있는 도메인 주소를 나눠주는 아이칸ICANN의 이사진 중 한 명이라는 점만 봐도 그가 이 분야에서 주도적인 역할을 얼마나 지속적으로 해왔는지 짐작할 수 있다.

왕핀다 회장은 CCL의 가장 큰 과제가 "어떻게 CCL로 돈을 벌 수 있게 해줄 수 있느냐" 하는 문제라고 지적했다. 오픈소스가 소프트

웨어 영역에서 어느 정도 성공을 거둔 까닭은 리눅스의 상업적 성공이란 걸 생각할 때 이는 크게 틀린 지적이 아니었다. CCL이 대중적 설득력을 갖기 위해서는 CCL로도 많은 돈을 버는 이들이 다수 나와야 한다.

그러나 그런 통찰보다 더 인상 깊었던 점은 그의 CCL에 대한 이해와 실행력이었다. 그가 정의하는 CCL은 아이디어만 있으면 기업을 일으킬 수 있도록 만드는 도구다. 기존 지적 재산권 체제 내에서는 저작권을 갖고 있는 콘텐츠를 활용하여 새로운 사업을 하는 데 드는 비용이 방대하다. 저작자를 찾고 저작자의 허락을 받아야 하며 필요한 비용을 지불해야 한다. 이런 과정은 돈이 드는 것은 둘째 치고, 심리적으로도 부담이 크다. 그는 사전에 저작권 사용을 설정하고, 이후에는 허락 없이 저작물을 활용할 수 있도록 돕는 CCL이 이런 과정을 간소화하여 기업 활동을 도울 수 있다고 보았다. 나아가 그는 현재 저작권부터 특허에 이르기까지 지적 재산권이 공격용 목적으로 사용돼, 법과 제도가 혁신을 촉진하기보다는 저하시키는 경우가 많은데, CCL이 그런 불필요한 싸움은 피하고 서로가 더 생산적인 발전을 도모하는 데 도움을 줄 수 있다고 판단했다.

실제 그런 CCL의 활용 가능성을 현실화시키기 위해 지난 3년 동안 그가 고민하고 주목하고 있는 건 영국에서 이안 하그리브스 교수의 안을 중심으로 구체화되고 있는 지적 재산 거래소^{IP trading system}이다. 그는 이 안을 응용하여 기업이 기업 평가를 받고 상장이 되듯, 아이디어나 콘텐츠도 CCL의 저작자 표시^{attribution}를 활용해 객관적 평가 과정을 거쳐 상장되고 거래되는 지적 재산 거래소를 홍콩에 설립할 비전을 갖고 있다. 모든 홍콩 젊은이들이 아이디어만 있으면, 제로의 비용으로도 창업할 수 있는 환경을 만들어주기 위해, 2012년 4분기가 되기 전에 금융권과 함께 그런 비전을 세부적 법안으로 만들고, 홍콩 정부를 설득하는 것이 그의 목표다.

국내에서도 이민화 교수에 의해 한국기술거래소가 설립된 바 있다. 기술보다 아이디어의 활용 범위가 더 넓다는 점을 생각한다면, 이런 비전은 한국에서도 충분히 실현할 필요가 있는 안이다. 그런 부분에 대한 공감과 함께 인터넷과 CCL을 디딤돌로 하여 더 다양하고 창의적인 다음 사회가 어떻게 이루어질 수 있을지에 대해서도 상호 의견 교류가 필요한 것 같아 왕핀다 회장과 점심시간을 이용해 대화를 나누었다. 대화 도중 왕핀다 회장이 한국 인터넷의 아버지인 전길남 교수, 그의 수제자인 허진호 회장을 알고 있어서 그분들이 한국과 아시아 인터넷 발전에 남긴 업적에 대해 많은 대화를 나누며 쉽게 마음을 열고 더 깊은 이야기를 나눌 수 있었다. 이후 메일을 주고받으면서는 지적 재산권 거래소를 비롯한 아이디어를 실현해 개인 기업personal corporation을 만들 수 있는 비용을 낮춰서, 청년들이 더 많은 일을 할 수 있는 사회를 실제 행동으로 만들어보자며 의기투합했다.

포르투갈에서 온 변호사, 테레사

해당 컨퍼런스에서 나를 제외하고 유일한 비중화권 인물이었던 테레사는 독일의 막스플랑크 연구소에서 지적 재산권 관련 연구로 석사학위를 받은 바 있다. 그녀는 지적 재산권 관련 변호사이긴 하지만, 포르투갈의 한 대학에서 OER(교육 자료 개방)과 관련된 프로젝트를 진행하면서 저작권법의 부당함을 보았다. 포르투갈 저작권법이 저작권 보호의 예외적 영역인 공적 이용fair use을 협소하게 정의해놓아서 인터넷을 통해 새로운 교육을 실험할 수 있는 기회들을 놓치고 있다는 것을 깨달았다. 그것이 그녀가 CCL에 관심을 갖게 된 계기였다.

내가 CCL을 처음 알게 된 것은 2007년부터 모교인 고려대에서 MIT OCW(공개 교육 운동)를 도입하기 위한 활동을 하면서부터였다. 교육 자료를 개방하고 사람들이 그것을 자유롭게 활용할 수 있도록 돕기 위해서 저작권 라이선스가 필요했고, 그 목적에 따라 CCL과 관련된 공부를 시작했다. 그 때문인지 나는 자연스럽게 테레사의 이야기

에 친밀감을 가지게 되었다.

　테레사는 포르투갈 법과 그에 기초한 마카오 법을 바꿔서, 적어도 교육 부문에서는 공적 이용이 더 폭넓게 적용될 수 있도록 입법 과정에 참여하겠다는 목표를 갖고 있었다. 그런 목표에 대해 나 또한 공감하는 것이 많았다. 미국 상황을 봐도 저작권의 보다 자유로운 이용을 위해 CCL을 보급하는 크리에이티브 커먼즈 재단이 있지만, 그것만 가지고 기존 사회 시스템보다 더 많은 사람들에게 더 많은 기회를 제공할 수 있는 오픈 인터넷을 지킬 수 있는 건 아니다. 전자혁신재단과 같은 소송과 입법을 담당하는 공익 단체들이 있어서 그들이 필요하면 시민들을 조직하고 의회를 움직인다. 기술의 발전이 사회의 발전과 연결될 수 있도록 노력한다. 현재 테레사는 CCL에 대한 관심에서 출발해 이젠 그런 공익단체를 설립하기 위해 주로 교육 영역에서 여러 사람들과 단체들을 만나면서 정치적 활동을 시작하고 있다. 그 활동은 나 역시 장기적으로는 지향하는 바다.

인터넷이란 좁은 틀에서 벗어나서 노동운동, 환경운동과 마찬가지로 좀 더 쉽고 자유롭게 정보를 쓰는 것도 당연한 권리이자 주권으로 인정받아야 한다. 그렇지 않다면 제2차 산업혁명인 지금의 정보혁명이 이용자 권리는 도외시한 채, 산업들의 이해관계에 따라서만 발전할 가능성이 크다. 대표성이 없는 곳에는 민주주의도 없고, 판을 새롭게 짜고 더 키울 수 있는 지속적인 파괴적 혁신도 없다. 그렇다면 그런 대표성을 신장시킬 수 있는 현실적 방법들을 만들어가야 한다. 테레사는 그런 부분에 대해서 내가 갖고 있는 문제의식을 더 깊게 만들었다. 처음 만난 사람이고 태평양을 건너서 온 사람이지만, 고민하고 있는 주제가 비슷하다 보니 매우 쉽게 친구가 됐다.

다음 과제는 실천이다

마카오에서 한국으로 돌아오는 직항 비행기의 출발 시간은 새벽 2시였다. 컨퍼런스 주최 측 참가자들과 식사를 마치고, 테레사 및 현지에서 사귄 친구들과 밤늦게까지 저작권 관련 이야기를 하다가 잠잘 틈도 없이 공항으로 가서 탑승 수속을 마쳤다. 공항 대기실에 앉아서 컨퍼런스에서 내가 무엇을 배웠는가를 생각해보았다.

답은 분명했다. 다음 과제는 실천이다. 리쯔안, 왕핀다, 테레사 등 마카오에서 만난 3인의 CC인에게서 내가 배운 것, 그리고 지난

삶에서 내가 배운 것은 말만 하는 사람들은 별로 소용이 없다는 것이다. 리쯔안이 한 것처럼, 국내 CCL이 적용될 수 있는 범위를 넓히고, 그러면서도 그 과정이 일방적인 것이 아니라 사람들의 합의를 통해 이루어지도록 노력해야 한다. 왕펀다처럼, 지역에 맞게 현실에 맞게 오픈 인터넷에 관련된 사회적 아젠다를 발전시킬 수 있는 구체적 방법들을 찾고, 그걸 로드맵으로 만들어서 실현해나가는 것이 중요하다. 테레사처럼 일단 사람들이 쉽게 공감할 수 있는 부분부터 시작해 조금씩 더 많은 사람들이 더 쉽게 창작하고 공유할 수 있도록, 지식 경제의 사회적 비용과 격차를 낮출 수 있도록, 싸워야 할 싸움은 싸워야 한다. 그러한 모든 교훈의 키워드는 '행동'이다.

실제로 크리에이티브 커먼즈 재단의 CEO이자 현재는 MIT 미디어랩의 디렉터이기도 한 조이 이토는 여러 강연에서 그가 가지고 있는 DNA는 인터넷 기업가 정신이라고 강조하면서, 그것은 "닥치고 해내는 것shut up and build up"이라고 역설했다. 학자들은 '논문을 출판하지 않으면 인정받지 못하는 삶publish or perish'이라는 원칙으로 산다. 그러나 실제 사회를 바꾸는 원리는 다르다. *CCL이 중요하다고, 아무리 좋은 이론을 들고 설명을 해도 사람들은 감동하지 않고 세상이 바뀌지도 않는다. 아무리 작은 것이어도 하나라도 더 만들어내고, 하나라도 더 재미있고 지속 가능하게, 그러면서도 임팩트 있게 해내야 변화가 현실이 된다. 그것이 내가 지금까지 가슴에 새겨온 것이고, 이번 컨퍼런스를 통해 다시 배운 것이다.*

물론 2007년에 MIT OCW를 국내에 런칭하는 프로젝트로 이 일에 발을 들인 이래 행동으로 옮긴다고 당장 변화가 나타나지 않는다는 것은 충분히 배웠다. CCL이 절대적 최선은 아니며 이것도 상대적으로 불완전한 도구이고, 그렇기 때문에 항상 사람이 중요하다는 걸 기억해야 한다. 그러나 어쨌든 그 수년 전보다 지금은 더 많은 것을 알고 있다. 적어도 혼자서는 그런 일을 해낼 수 없으며, 더 많은 사람들과 더 많이 고민하고 더 즐겁게 해야 해낼 수 있다는 것은 깨닫고 있다. 그리고 많은 위대한 일들이, 불가능하다고 보이는 것을 가능하다고 믿는 사람들의 지속적 도전을 통해 이뤄진 것을 알고 있다.

독일의 사회학자 막스 베버의 표현을 빌리자면 "자신이 제공하려는 것에 비해 세상이 너무나 어리석고 비열해 보일지라도 이에 좌절하지 않을 자신이 있는 사람, 그리고 그 어떤 상황에 대해서도 '그럼에도 불구하고!dennoch!'라고 말할 확신을 가진 사람"[159]만이 세상에 긍정적 변화를 만들 수 있을 것이다. 그것은 앞으로 우리가 지키고 키워나가야 할 인터넷의 미래도 마찬가지일 것이다. 오픈 인터넷을 통해서 지식이 민주화되고 혁신이 민주화되고 창조가 민주화된다는 우리의 꿈 역시, 그렇게 불가능해 보이는 것을 가능하다고 믿고 한 번 더 실천하는 용기, 바로 그 가장 기초적이면서도 가장 중요한 실현 조건을 통해 이뤄질 것이다.

에필로그

연결된 21세기를 위한
새로운 사회계약

불량 양심이 불법 복제를 낳는다?

지난 2011년 2월 22일, 나는 서울역 인근 저작권 교육원에서 개최된 문화체육관광부의 저작권 정책 분야 대국민 현장 업무 보고회에 토론자로 참석했다.(당시 나는 고려대 재학생이었다.) 정병국 문화체육관광부 장관이 새로 임명되면서 이루어진 여러 정책 보고회 중 하나였다. 토론에 참석하는 정책 고객은 나를 포함해 모두 22명이었다. 대부분 정책 고객들의 소속은 이런저런 문화 관련 산업 협회였다. 내 차례가 오기까지는 거의 1시간이 걸렸다. 안산 경일고 조경희 교사, 크리에이티브 커먼즈 코리아의 정진섭 대표, 오픈액세스에 관여하는 최희윤 KISTI 정보유통본부장 등을 제외하고는 대부분 저작권 보호의 중요성을 강조했다.

본인이 속한 산업의 이해관계에 따라 관련 저작권을 보호해달라는 논지였다. 구체적인 내용은 관련된 자신들의 이윤 보전을 위한 법규 · 정책 · 기술의 강화였다.

다른 정책 고객의 말들 중 공감할 수 있는 내용도 많았으나 우리 아이들의 저작권 위법 행위에 대한 부분은 마음에 걸렸다. 오늘날 저작권의 문제를 따지고 방향을 잡기 위해 모인 그 자리에서 나온 가장 큰 목소리는 한마디로 요약하면 '불법 공유가 악의 축'이라는 것이었다. 특히 디지털 기기를 많이 다루는 우리 아이들이 저작권 지식이 없거나 있어도 미흡한 것이 문제의 근원이라고 지적했다. 쉽게 그들이 그리는 저작권 타락상의 그림은 이러했다.

아이들은 창작이 얼마나 힘든 것인지 모르기 때문에 불법 다운로드를 통해 창작자의 권리를 훔친다. 따라서 우리 아이들의 이 같은 해적질 행위를 막는 해결책은 저작권이 얼마나 무서운 것인지를 깨닫게 하는 것이다. 불법을 저지르면 어떤 기술과 제도를 통해서든 잡고, 잡으면 반드시 처벌해야 한다.

얼핏 보면 모두 타당한 이야기인 것 같다. 그러나 쉽게 납득이 가지 않는 부분도 많았다. 예를 들어 저작권 침해 사례가 늘어난 것은 지난 반세기 동안 국민적으로, 전 세계적으로 아이들의 양심이 타락해서인가, 아니면 기술이 발전해서인가? 내가 중학교를 다니던 1990년대 후반에는 카세트테이프에 좋아하는 음악을 담아서 짝사랑하던 여자아이에게 전해주려면 밤을 꼬박 새야 했다. 그러나 요즘엔 MP3 파일을 담아서 클라우드 서버를 통해 친구와 공유를 하는 것이 일도 아니다. 따라서 이것은 도덕의 문제라기보다 기술의 문제다. 기술을 통해서 '복사를 하는 비용'이 급격히 감소했다는 것, 그리고 이를 통해서 콘텐츠 복사로 돈을 벌던 산업이 위기에 몰렸다는 것이 문제의 본질이다.

이렇게 논의를 전개하면 저작권 관련 논쟁을 소위 저작권 옹호 Copyright와 저작권 배제Copyleft의 이분법으로 보는 사람들은 나의 이런 주장을 사유재산을 무시하는 급진적이고 이른바 좌파적인 주장이라고 판단한다. 그러나 내 주장은 전통과 역사에 기초한 보수적이고, 경쟁을 위하는 자본주의적 주장이다.

저작권은 이윤 보전이 아니라 문화 발전 위한 것

먼저 저작권이 법적 '권리'로서 원래 가지는 뜻이 무엇인지 생각해보자. 지상에서 가장 오래된 민주국가인 미국의 헌법에는 헌법사상 드물게 저작권 조항copyright clause이 실려 있다. 표현의 자유를 천명한 수정헌법 제1조와 함께 미국에서 미디어의 자유를 말할 때, 그 근간을 이루는 이 조항은 건국의 아버지 찰스 피크니와 제임스 메디슨이 넣은 것이다. 그들은 이 조항에서 저작권법의 목적은 "그 저작권에 관련된 산업의 이윤"이 아니라 "과학의 진보와 유용한 기술의 발전"을 위해서라고 했다. 비교적 신생 공화국인 대한민국도 마찬가지다. 우리의 저작권법을 봐도 제1장 총칙의 제1조에 저작권법의 목적은 "문화의 향상 발전"이라고 정의되어 있다. 이것이 명시하는 바는 분명하다. 저작권법이 존재하는 목적은 지적 재산권의 배타적 보호를 넘어서 과학의 진보와 유용한 기술의 발전, 그리고 문화의 향상·발전을 위해서이다.

그리고 여기 더 중요한 것이 있다. 미국 헌법에서나 한국 저작권

법에서나 저작권법은 제한적인 배타적 권리다. 시인 알렉산더 포프는 뉴턴 사망 후 지은 추모시에서 신이 자연의 법칙을 감추었으나 뉴턴이 있음으로 그것이 빛으로 드러났다며 뉴턴의 공적을 기렸다.

그러나 이 과학사의 위대한 인물은 자신의 발견을 그러한 낭만적인 외로운 천재의 모습에서가 아니라, 거인의 어깨 위에 올라섰기 때문에 가능한 것이라고 비유적으로 설명했다. 그 거인의 정체는 '지식의 공유'다. 뉴턴과 아인슈타인의 과학적 발견 원리를 연구한 서울대 홍성욱 교수는 "뉴턴의 과학적 창조성은 타고난 천재성과 순간적인 영감에만 의존한 것"이 아니라 "데까르뜨나 후크, 헬리 같은" 전 시대 인물들의 "지적 자극이 중요한 역할"을 했다고 지적한다.[160]

저작권법은 그 근저에 전 시대의 지적 재산에 접근하고 활용할 수 있는 권리를 존중한다. 그 같은 공정한 권리가 차단되어서는 뉴턴 같은 출중한 인물도 새로운 창작과 발견을 하는 것이 어려워지기 때문이다. 따라서 지적 재산은 개인이 배타적으로 소유할 수 있는 사유재산이 아니다. 그것은 한 사회가 개인 혹은 단체에 부여한 한시적限時的인 배타적 권리다.

그리고 "재산권은 개인 권리의 기초다"라고 주장할 때 자주 인용되는 사상가 로크 역시 지적 재산의 배타적 소유에 대해서는 분명히 반대하는 입장을 보인 바 있다. 로크는 에드워드 클라크 상원의원에게 보낸 편지에서 오늘날 할리우드라 볼 수 있는 당대의 서점주 조합의 '영구적인 카피라이트' 주장을 다음과 같이 비판했다. 그는 "서점주 조합 사람들은 라틴어로 쓰인 모든 고전 작품 또는 대부분의 작품에 대한 칙허를 획득하고, 그 글이 자신들에게 소속되어야 한다고 주장하지만" 그렇게 되면 "학자들은 매우 유용한 이런 책들"을 "굉장히 비싼 가격으로 구입할 수밖에 없으며", "독점에 의한 이익은 무지하고 나태한 서적업자들의 손"에 넘어가는 문제점이 있다고 지적했다.[161]

파괴적 혁신을 죽이는 것이 자본주의인가

지난 20년 동안 온라인 해적들에 대한 대테러 작업을 위해서 유례없이 수차례 개정된 저작권법은 이 같은 저작권의 목적과 역할을 왜곡해왔다. 대표적 예가 1998년 미국 의회에서 통과된 디지털 밀레니엄 저작권 법안DMCA이다. 이 법안은 흔히 미키마우스 악법이라 불린다. 백설공주, 신데렐라 등 무수한 지난 세대의 공유 지식을 통해 새로운 창작물을 만든 디즈니가 정작 자신의 저작물은 보호 기간이 끝날 때마다 연장될 수 있도록 꼼수를 부린 것이다.

최근에는 1998년 미키마우스 악법 이래 최대의 인터넷 악법이 등장했다. 그것이 미국 의회에 입안됐다가 사회적 갈등을 일으킨 상원의 지적 재산권 보호 법안PIPA, 하원의 온라인 해적행위 방지 법안SOPA이다. 법안의 취지 자체는 저작권 위반 콘텐츠의 유포를 최대한 차단하자는 일차적으로는 긍정적인 내용이지만 배후에는 심각한 부작용 가능성이 있다.

MIT 미디어랩 디렉터이자 영향력 있는 디지털 활동가인 조이 이토가 자신의 홈페이지에서 그 구체적 문제점[162]을 다음과 같이 밝혔다. 먼저 DMCA의 면책 조항이 사라져 서비스 사업자의 저작권 위반 콘텐츠 관리 부담이 크게 증가한다. 이는 기존 인터넷 업체들은 물론이고, 스타트업들에게는 감당하기 힘든 비용 증가다. 저작권 위반 콘텐츠가 포함된 사이트는 인터넷 서비스 사업자^{ISP}에 의해 인터넷 주소^{DNS} 차원에서 차단될 수 있다. 또한 저작권 위반 콘텐츠가 포함된 사이트는 검색에서 제외될 수 있고, 저작권 위반 콘텐츠가 포함된 서비스는 거래가 중단될 위기에 처할 수 있다.

인터넷 자유를 위한 시민단체 중 하나인 퍼블릭 놀리지^{Public Knowledge}가 지적한 것처럼,[163] 많이 논의되지 않았지만 이들 법안에 포함된 '자경단 조항^{vigilante clause}'은 대표적 독소조항 중 하나다. 이 조항은 적극적으로 저작권 위반 콘텐츠를 검열하는 업체에 면책특권을 부여한다. 자발적으로 저작권 위반 콘텐츠를 적발하는 것을 독려하겠다는 것이지만 악용될 여지가 있어 문제다. 저작권 위반을 명목으로 인터넷 서비스 사업자^{ISP}가 근본적 차원에서 경쟁 서비스를 차단할 수 있는 권리가 인정되기 때문이다.

이는 할리우드를 비롯한 기존 산업 세력이 로비로 의회를 움직여 시장의 경쟁이 아닌, 제도의 포획으로 자신들의 경쟁자를 제거하려는 양상을 보여준다. 지난 40년이 넘는 시간 동안 다른 그 어느 산업보다 빠르게 성장하고 끝없이 혁신과 창조를 거듭해왔던 인터넷은 그들의 정적으로 간주된다. 기존 산업이 파괴적 혁신에 대응하는 방법은 두 가지가 있다. 하나는 그들이 변하는 것이고, 다른 하나는 새로운 변화를 제거하는 것이다. 그리고 지금 그들이 택하는 것은 두 번째 방법이다.

자본주의가 친기업적이라고 생각하는 사람은 기업에 좋은 것이 사회에 좋은 것이라고 생각할 것이다. 그러나 자본주의의 본질은 친기업적인 것이 아니라 친경쟁적인 것이다. 국내에서 소액주주 운동을 이끄는 장하성 교수가 말했듯 1등이 계속 1등이면 그것은 경쟁에 기반한 자본주의라 말할 수 없다. 나아가 음악 산업, 영화 산업의 쇠퇴가 의미하는 것은 음악과 영화의 종말이 아니다. 그것은 복사를 기반으로 운영해온 비즈니스 모델의 퇴색을 의미한다. 브라스밴드 디렉터이자 작곡가인 존 필립 수사는 에디슨의 축음기가 음악을 죽인다고 했다. 비디오 녹화 기술이 TV를 죽인다는 말도 있었다. 그러나 사라진 것은 이전의 비즈니스 모델이었지, 문화 그 자체는 아니었다. 오히려 진정 자본주의의 미래를 걱정한다면 아담 스미스가《국부론》에서 경고한 것처럼, 모이기를 꺼려하지만 모이면 담합하고자 하는 독점 사업가들을 걱정해야 한다.

열린 창조성이 인터넷 혁명을 낳았다

그리고 여기 더 중요한 이슈가 남아 있다. 그것은 열린 창조성 generativity이다. 기술을 누군가의 허락을 받고 쓰는 것이 아니라 내가 원하는 목적에 따라 쓸 수 있는 권리다. 그 이유는 명백하다. 그것이 21세기 최대의 기술인 디지털이 진화해온 방식이었다. 1969년에 탄생한 인터넷의 꿈은 분산형 네트워크였다. 그것은 인터넷의 단 대 단 연결 원칙end-to-end principle이라는 네트워크 디자인에서 잘 드러난다. 그 디자인은 혁신이 중앙이 아니라 끝에 있다는 원칙이었다. 혁신의 민주화였다. 민주주의가 주권의 근거를 시민에게서 찾는 것처럼, 인터넷은 혁신의 원천을 이용자들에게서 찾았다.

　이 개념을 통해 인터넷 역사를 좀 더 깊이 들여다보면 새로운 사실이 있다. 스마트 혁명 이전 인터넷의 단말에 해당하는 것은 개인용 컴퓨터다. 이 개인용 컴퓨터 아니, 컴퓨터라는 말 자체는 가끔 더 큰 계산기와 혼동되기도 한다. 그러나 컴퓨터는 계산기와 본질적으로 다르다. 계산기는 계산기로서 기능할 뿐이지만, 컴퓨터는 그 어떤 것으로든 기능할 수 있다. 그 기능을 결정하는 것은 인간의 창의성이다. 미디어를 인간의 확장이라 보았던 마셜 맥루한의 영감을 빌리자면 컴퓨터는 인간 창의성의 확장이다.[14] 그것이 인터넷이 변화이고 혁명인 연유다. 인터넷이 놀라운 것은 그동안 야후부터 구글, 페이스북에 이르는 수많은 인터넷 기업들이 탄생해서가 아니다. 그것은 인간과 기계의 관계를 새로 쓴 사건이어서 위대하다. 인간의 창의성이 기계를 움직이고, 그것이 네트워크를 통해 전 지구로 확산된 것이다. 그리고 그것이 사실 저작권 대테러 전쟁의 대상인 우리 아이들의 죄의 정체다. 개방과 공유라는 디지털의 상식이 폐쇄와 통제라는 아날로그의 법·질서와 충돌하기 때문이다.

해결책은 이용자에게 있다

기존 산업과 디지털 이용자 간 상생의 길이 존재할 수 있을까? 가장 중요한 전제는 이용자를 배제하고 문제의 해법을 찾는 것은 불가능하다는 것이다. 그 열쇠는 정부도 업계도 아닌, 이용자들이 쥐고 있다. 이용자들이 동의하지 않는 한 저작권 개정안은 결국은 쥐와 고양이 게임을 반복할 것이다. 법은 추적하지만 이용자는 도망간다. 결과는 더 많은 범죄자, 더 높은 행정 비용, 더 비싼 보안 기술뿐이다. 혜택을 볼 사람은 저작권 소송으로 돈을 버는 변호사와 보안 기술로 돈을 버는 업체들뿐이다.

해결책은 이용자에게 있다. 수천 년의 세월이 흘렀어도 정치의 근본은 백성이 자기 삶에 만족하고 즐겁게 사는 안거낙업安居樂業에 있듯이, 정책의 기본도 당사자를 무시하지 않는 해결책을 만드는 것에 있다. 궁극적 가치는 그들의 만족과 안정에서 나오기 때문이다. 그리고 이 같은 이용자 중심의 관점에서 봤을 때 먼저 시정되어야 할 것은 아이들에게 죄책감을 키워주는 데 초점을 맞춘 저작권 교육이다. 진정 아이들이 법을 지키기 원한다면 아이들 스스로가 그 법이 자신들을 위한 것임을 알게 해줘야 한다. 그들에게 먼저 정당한 권리자로서의 의식을 심어줘야 한다.

그 이유는 상식에 근거한다. 자기 권리도 존중받지 못하는 사람들은 남의 권리를 존중하기도 어렵다. 아이들뿐만 아니라 누구나 사랑받아야 사랑할 수 있는 존재다. 연세대 김주환 교수는 자신의 책 《회복 탄력성》에서 "사람마다 역경을 극복하는 능력"이 있는데, 그것을 '회복 탄력성'이라 하고, "어린 시절 가족들로부터 헌신적인 사랑과 신뢰를 받고 자란 사람은 회복 탄력성이 높다"고 했다.[165] 그렇다면 우리가 아이들의 권리를 인정하고 보호하고 신장시켜주지도 않으면서 관련 법률의 강화, 처벌의 강화, 기술의 강화를 이야기하는 것은 상황만 악화시킬 것이다. 아이들에게 필요한 것은 먼저 사랑받는 것이기 때문이다. 자발적으로 지키는 윤리여야만 그 가치를 내면화하는 과정이 있기 때문에 힘이 있다.

실제 이 같은 회복 탄력성 혹은 좀 더 일반적 용어로 자기존중감이 윤리 의식 고양에 중요하다는 것을 보여주는 사례로 인천 제물포고교의 '무감독 시험'이 있다. 이 학교는 길영희 초대 교장의 제안으로 1956년부터 무감독 시험을 실시했다. 학교의 일방적인 지시로 이루어진 것이 아니고, 처음 무감독 고사를 시작했을 때부터 학생들의 자발적인 참여가 있었다. 처음 실시한 무감독 시험에서 전교생 569명 중 60점 이하 낙제자가 53명이나 발생한 것이 그 점을 잘 보여준다. 이는 학생들 스스로 양심을 어기는 대신 낙제를 택한 결과였다. 이후 이 무감독 시험은 학교의 전통이 됐으며 제물포고를 여러 방면에서 명문고로 발돋움시키는 기초 역할을 했다. 그리하여 학교가 평준화되면서 이 제도가 존폐 위기에 몰렸을 때, 학생들이 스스로 나서서 이 제도를 지키는 노력까지 보였다. 그러나 이 일화가 중요한 점은 제도가 안착된 결과 때문이 아니다. 그 과정이 훨씬 더 가치가 있다. 학생들 스스로 더 윤리적인 길을 택하여 내면화할 수 있는 가능성을 열어주었을 때 긍정적인 결과가 나올 수 있다는 것이 핵심적 교훈이다.[166]

그리고 이렇게 주장하는 근거는 윤리적 당위성만이 아니다. 현실적으로도 더 나은 대안이다. 장기적 측면에서 청소년을 중심으로 한 불법 복제와의 전쟁은 실익이 없다. 이 전쟁을 끝내는 가장 확실한 방법은 아이들이 이 콘텐츠 산업을 떠나게 하는 것이기 때문이다. 따라서 우리가 해야 할 것은 아이들을 범죄자로 모는 것이 아니라 그들을 당당한 저작권 권리자로 대우해주고, 그 같은 방향에서 저작권 교육과 정책을 진행하는 것이다. 저작권법은 전통적으로는 막대한 자본이 투자된 산업 간 이해관계의 조정을 위한 것이었지만, 이제 디지털 시대에 들어서서 저작권 권리자는 각 콘텐츠 제공 산업의 회원뿐 아니라 모든 사람에게로 확대됐다. 블로그에 포스트를 하나라도 올려본 사람, 트위터에 멘션을 하나라도 올려본 사람들 모두가 창작자다.

그리고 그 같은 방향의 전환은 근사한 말만으로는 이루어지지 않는다. 현실의 구체적 변화가 있어야 아이들이 실제 그 변화를 체감할 수 있다. 아이들에게 열린 사회를 열린 디지털로 보여주어야 한다. 현재 우리 인터넷은 아이들이 창작을 하고 싶어도 할 수 있는 환경이 아니다. 한국어 온라인 콘텐츠는 취약하다 못해 빈곤하다. 상업적 콘텐츠의 저작권 보호는 갈수록 강화됐다. 학계에서 논문을 인용하는 것처럼 대중문화 콘텐츠는 아이들이 그것을 바탕으로 그들의 창의성을 발휘하기에 좋은 재료지만, 팬픽션을 쓰든 상업 동영상에 자막을 달든 허가되지 않은 원저작물에 대한 2차 저작물 제작 행위로 저작권법 위반 가능성이 크다. 또한 대부분의 공공 정보는 아직도 밀실에 잠들어 있다. 대학, 정부기관 등 아이들에게 줄 수 있는 좋은 정보가 있는 곳들은 많다. 지식의 공유가 아직 그들의 사회적 책임이 아닌 이상 그들은 굳이 하지 않아도 될 일은 하지 않는다.

이용자 권리 신장, 21세기 정의 사회의 새로운 도전

같은 맥락에서 사람이 살 만한 디지털 공간을 만들기 위한 노력 역시 좀 더 확장된 시야가 필요하다. 인터넷 혁명을 실제로 움직여온 주역으로서 이용자의 정당한 권리를 요구하는 것은 디지털 사회란 공간을 실질적인 민주주의가 실현되는 곳으로 만들기 위한 노력이다. 그리고 그 민주적 질서를 통해 디지털 사회의 경쟁력을 강화하기 위한 장기적 전략이다.

퓰리처상을 두 번 수상한 바 있는 프린스턴 대학 사회학과 교수 폴 스타의 저서 《자유의 힘 Freedom's Power》에 따르면 한 사회의 자유는 그 자유의 혜택을 누리는 사람이 확장됐을 때 그 사회에 더 많은 축복을 준다. 노예, 유색인종, 여성, 노동자에게 권리를 확장한 영미 사회는 상대적으로 강력한 사회적 합의를 만들 수 있었고, 그 합의는 사회의 자산이 되어 양차대전 승리의 원동력이 됐으며, 수세기 동안 번영의 원천이 됐다.[167] 그리고 이것은 인터넷 트렌드와도 일치한다. 참여, 공유, 개방의 웹 2.0 트렌드가 무엇인가. 한국에서는 한 번 제대로 피워보지도 못한 이 꽃이 의미하는 것은 이젠 이용자와 이들의 적극적인 활동 없이는 인터넷의 물리적 기반을 넘어서, 소프트웨어, 콘텐츠 차원에서 경쟁력을 만들어내기 어렵다는 것이다. 이용자가 없이는 인터넷도, 인터넷이 만들 미래 사회도 없다.

따라서 네트워크 시대에 시민의 새로운 권리와 의무 간의 균형을 위하여 사회계약이 필요하다는 것은 도덕적으로도 현실적으로도 정당하다. 창조적 관용을 사회적 원리로 수용함으로써 우리 민주주의의 질적인 체질을 강화하는 것은 물론, (평론가 김우창이 말한 것처럼) '하나가 되는 사회 공간'을 '상호 경계의 공간'이 아니라 '자유로운 공간'으로 만들 수 있고,[168] 그 자유로운 공간을 통해 우리 사회의 새로운 미래 경쟁력을 만들어낼 수 있기 때문이다.

디지털 기술이 급변하면 그에 따라 사회도 급변한다. 그러나 그 변화가 정부, 기업뿐 아니라 개개인의 삶의 조건을 개선하는 것이 되게 하려면, 우리는 기술만 보고 있어서는 안 된다. 기술의 소유와 사용을 결정하는 정치·경제적 조건들을 우리가 긍정할 만한 것으로 바꿔나가야 한다. 시대적 변화가 거셀수록 오히려 그 중심인 윤리적 기초는 더 탄탄해져야 한다.

그리고 기술철학자이자 정치학자인 랭던 위너가 《자율적 테크놀로지와 정치철학Autonomous Technology: Technics-out-of-Control as a Theme in Political Thought》에서 이미 수십 년 전에 지적한 것처럼 그것은 개인 혼자서 폼 잡고 생각한다고 해결할 수 있는 일이 아니다. 혼자서 스마트폰을 쓰지 않는다고 피처폰을 살려낼 수는 없다. 그런 길로 가려면 19세기 초반 영국에서 산업혁명에 반대하여 기계를 부수던 러다이트가 되거나, 미국에서 자신들의 종교적 신념 때문에 자급자족의 경제를 유지하는 아미쉬 부족처럼 기계와 일정 거리를 두는 사회집단을 만들어야 한다. 그러나 전자는 사회적으로 수용되기 어렵고, 후자는 대부분의 사람들에게 현실적인 대안이 아니다.[169] 따라서 우리에게 필요한 것은 이러한 디지털 기술 변화에 대한 혼자만의 생각이 아니다. 그 생각의 공유와 숙의淑儀, 그리고 행동에 이르게 하는 사회적·정책적 해결책이다. 즉, 인간이 희망을 가질 수 있는 공간으로서 디지털 사회를 바라볼 수 있는 근거는 변화 속에서 연속을, 구체적 현실 속에서 보편적 가치를 지향하는 우리 사유의 확장과 책임의 실천에 있다.

295

주

1 이덕일, 《정약용과 그의 형제들1 : 새 시대를 열어간 사람들》, 김영사, 2010, pp.19~20.

2 정보공유연대, "[논평] 저작물 공정 이용에 대한 제도적 보장 필요하다 – 손담비 따라부른 동영
상에 대한 법원의 판결에 대한 논평", 2010년 2월 24일.

3 Jacob G. Hornberger, "A Republic, if you can keep it", Freedom Daily, November
2001. http://www.fff.org/freedom/1101b.asp

4 존 로크의 '관용을 위한 편지(A Letter Concerning Toleration)'는 다음 웹 사이트를 인터넷에 무료 공
개되어 있다. http://www.constitution.org/jl/tolerati.htm

5 이희욱, "그림 그려 퍼주는 아티스트 '어슬렁'", 《블로터닷넷》, 2012년 4월 20일.

6 이인묵, "[Weekly Biz] [Interview in Depth] '워드프레스' 창업자 매트 뮬렌버그", Chosun
Biz, 2012년 4월 28일.

7 빈트 서프, "인터넷 미래는 밝다", 중앙일보, 2010년 10월 14일.

8 우드스탁(Woodstock) 국제학교 홈페이지의 크리스 앤더슨 관련 웹페이지.
http://www.woodstock.ac.in/News/Fall2009/October/091012.htm

9 TED 홈페이지의 TEDx 관련 웹페이지. http://www.ted.com/tedx

10 TED 홈페이지 오픈 번역 프로젝트 웹페이지.
http://www.ted.com/OpenTranslationProject

11 Clay Shirky, Here Comes Everybody: The Power of Organizing Without Organizations,
New York: Penguin, 2009.

12 Nicholas Negroponte, Being Digital, New York: Vintage Books, 1996.

13 Yochai Benkler, The Wealth of Networks: How Social Production Transforms Markets
and Freedom, New Haven: Yale University Press, 2007.

14 Tim Wu, Master Switch: The Rise and Fall of Information Empires, New York: Knopf, 2010.

15 Evegeny Morozov, The Net Delusion: The Dark Side of Internet Freedom, New York:
Public Affairs, 2011.

16 John Kennedy, "China: Playing Revolution on Twitter.", Global Voices, 2001년 2월 23일.

17 Jack Goldsmith and Tim Wu, Who Controls the Internet?: Illusions of a Borderless
World, NewYork: Oxford University Press, 2008.

18 Andrew McLaughlin, "Google in China.", *The Official Google Blog*, 2006년 1월 27일.

19 UN 홈페이지의 새천년개발보고서 관련 웹페이지 참조.

http://www.un.org/millenniumgoals/

20 OECD에서 발표한 세계 경제 성장에 관한 통계 자료 참조.

http://www.theworldeconomy.org/

21 Franco Sacchi, "Franco Sacchi tours Nigeria's booming Nollywood.", *TED*, 2007년 11
월. http://www.ted.com/talks/franco_sacchi_on_nollywood.html

22 Paul Collier, *The Bottom Billion:Why the Poorest Countries are Failing and What Can Be
Done About It*, Oxford University Press, 2007.

23 Jo Twist, "Technogies 'to aid the poor'", BBC, 13 July, 2005.

http://news.bbc.co.uk/2/hi/technology/4679015.stm

24 국제전기통신연합 홈페이지의 통계 자료 참조. http://www.itu.int/ITU-D/ict/index.html

25 우샤히디 공식 블로그 참조. http://blog.ushahidi.com/index.php/about/

26 임민철. "갈길 먼 공공 API 활용, 개발자들 '아쉽다'", *지디넷코리아*, 2012년 2월 9일.

27 C. K. Prahalad, *The Fortune at the Bottom of the Pyramid:Eradicating Poverty Through
Profits*, New Jergey: Wharton School Publishing, 2004.

28 Ethan Zuckerman. "Decentralizing the Mobile Phone: A Second ICT4D Revolution?"
ITID, 2010.

29 Francis Fukuyama, *The End of History and the Last Man*, Free Press, 2006.

30 James Pelkey. "Entrepreneurial Capitalism and Innovation: A History of Computer
Communications 1968–1988", *History of Computer Communications*, 2007.
http://www.historyofcomputercommunications.info/Book/1/1.2CarterfoneATT_
FCC48–67.html

31 본 히펠 교수의 '혁신의 민주화'(Democratizing Innovation)는 그의 홈페이지에서 무료로 접근이 가
능하다. http://web.mit.edu/evhippel/www/books.htm

32 Jonathan Zittrain, *The Future of the Internet-And How to Stop It*, New Haven:Yale
University Press, 2008.

33 강병준 외, "[망 중립성 해법 탐구]〈1〉한국형 망 중립성 원칙을 찾자", *전자신문*, 2011년 7월 9
일. "통신업계, 스마트TV 인터넷 대가 요구 추진(종합)", 연합뉴스, 2011년 8월 5일. 2011년 8월
7일 최종 접속.

34 이혜미, "카카오톡 차단설? 누리꾼 발칵… 이통사 "사실 아냐"", *헤럴드경제*, 2011년 3월 30일.

35 최경섭, "'제2의 카톡 나온다고?'… 칼 빼든 사연", *디지털타임스*, 2012년 2월 12일.

36 조정형. "SK텔레콤의 폐쇄적 DRM 정책". 미디어미래연구소, 2008년 3월.
    http://www.mfi.re.kr/webzine/view.php?idx=336&cate=4&sub_cate=1

37 Nassim Nicholas Taleb, *The Black Swan:The Impact of the Highly Improbable*, Penguin
    Books,2007. pp.179~185.

38 Max Weber, *The Protestant Ethic and the Spirit of Capitalism*, Routeledge Classics, 1992.

39 한미 FTA 협정문. http://www.fta.go.kr/pds/fta_korea/usa/kor/2K57.pdf

40 주민영, "KT · 삼성 '스마트 TV 전쟁', 사건의 재구성", *블로터닷넷*, 2012년 2월 14일.

41 관련 판견물은 다음 위키피디아 엔트리에서 확인할 수 있다. http://en.wikipedia.org/
    wiki/National_Cable_&_Telecommunications_Association_v._Brand_X_Internet_
    Services

42 이순혁, "방통위, 통신사 '모바일 인터넷 전화' 차단 허용 가닥", *한겨레*, 2012년 7월 2일.

43 Chris Anderson, "The Web Is Dead. Long Live the Internet.", *Wired*, 2010년 8월 17일.
    http://www.wired.com/magazine/2010/08/ff_webrip/all/1

44 김민구, "이제 웹(www · 월드와이드웹)은 죽었다, 모바일 앱이 대세다.", *조선일보*, 2010년 8월 20일.

45 백욱인, "'앱'은 신자유주의 사업 모델?", *시사in*, 2010년 9월 14일.

46 멧칼프의 법칙. http://www-ec.njit.edu/~robertso/infosci/metcalf.html 참조.

47 Nick Bilton, "Is the Web Dying? It Doesn't Look That Way.", *The New York Times*,
    2010년 8월 17일.

48 Jonathan Zittrain, *The Future of the Internet-And How to Stop It*. New Haven: Yale
    University Press, 2008.

49 Alan Davidson, "A Joint Policy Proposal for an Open Internet". *Google Public Policy
    Blog*. 2010년 8월 9일. http://googlepublicpolicy.blogspot.kr/2010/08/joint—policy—
    proposal—for—open—internet.html

50 Cindy Cohn. "A Review of Verizon and Google's Net Neutrality Proposal". *Electronic
    FrontierFoundation*. 2010년 8월 10일. https://www.eff.org/deeplinks/2010/08/
    google—verizon—netneutrality

51 Eva Galperin. "2011 in Review: Nymwars." *Electronic Frontier Foundation*. 2011년 12
    월 26일. https://www.eff.org/deeplinks/2011/12/2011—review—nymwars

52 어수웅, "종이책이 사라진다고? 인터넷도 사라진다", *조선일보*, 2012년 7월 6일.

53 로버트 케너가 감독한 다큐멘터리 영화 '푸드 주식회사' 참조.
    http://www.imdb.com/title/tt1286537/

54 Lawrence Lessig, *Code and Other Laws of Cyberspace*, Basic Books, 2000.

55 Isaiah Berlin, *Liberty: Incorporating Four Essays on Liberty*, Oxford University Press, 2002.

56 Elinor Ostrom, *Governing the Commons: The Evolution of Institutions for Collective Action*, Cambridge University Press, 1990.

57 자유 소프트웨어 재단(Free Software Foundation) 홈페이지의 GNU 선언문 웹페이지 참조.
http://www.gnu.org/gnu/manifesto.html

58 에릭 C. 레이몽의 '성당과 광장'은 인터넷에 무상으로 공개되어 있다.
http://www.onlinefreeebooks.net/free-ebooks-computer-programming-technology/other-open-source/the-cathedral-and-the-bazaar.html

59 요하이 벤클러가 쓴 'Coase's Penguin, or Linux and the Nature of the Firm' 역시 인터넷에 무상으로 공개되어 있다. 다음의 URL을 참조하라.
http://www.benkler.org/CoasesPenguin.html

60 Jeremy Rifkin, *The Age of Access: The New Culture of Hypercapitaism, Where all of Life is a Paid-For Experience*, Tarcher, 2001.

61 엔도 슈사쿠, 《모래꽃》, 고려원, 1987.

62 이혜운, "[오늘의 세상] 신호등이 없어졌다 운전이 무서워졌다 그러자 교통사고가 줄었다.", *조선일보*, 2009년 9월 8일.

63 알렉산더 그레이엄 벨에 대한 한국어 위키백과 엔트리.

64 씨어도어 베일에 대한 영문 위키백과 엔트리.

65 Tim Wu, *Master Switch: The Rise and Fall of Information Empires*, Knopf, 2010

66 한민옥, "SNS · 앱, 7일부터 본격 심의", *디지털타임스*, 2011년 12월 1일.

67 박경신, "인터넷에서의 표현의 자유와 제한적 본인확인제", *구글코리아*, 2012년 5월 17일.
https://sites.google.com/site/pressforumforit/teuggang-juje-mich-iljeong/je-1gang-5-17

68 오미환, "SNS상의 모욕죄 자칫하면 권력에 악용돼 '의사봉' 사건은 표현의 자유 위한 퍼포먼스", *한국일보*, 2011년 12월 22일.

69 우지숙, "인터넷 게시판 실명제의 효과에 대한 실증 연구: 제한적 본인 확인제 시행에 따른 게시판 내 글쓰기 행위 및 비방과 욕설의 변화를 중심으로.", *한국행정논총*, 2010년 4월 8일 게시.

70 Daegon Cho, et al. "Empirical Analysis of Online Anonymity and User Behaviors: the Impact of Real Name Policy". 2012 45th International Conference on System Sciecnes. 2012 IEEE. http://bit.ly/N86rs3

71 연합뉴스의 "인터넷실명제 후 개인정보 유출 증가." 보도 자료 참조. (게시는 조선일보 사이트에 되어 있다.) http://news.chosun.com/site/data/html_dir/2010/09/07/2010090701250.html

72 김상범, "블로터닷넷, 소셜 댓글 서비스 시작합니다.", *블로터닷넷*, 2010년 7월 19일.

73 구글이 발표한 '웹의 경제적 가치'(the value of the web) 참조.
http://www.valueoftheweb.com/

74 심우민, "인터넷상 주민등록번호 수집중단정책의 현황과 평가", *이슈와 논점*, 2012년 1월 31일. http://bit.ly/OFGEuF

75 김봉규, "온라인 게임 '셧다운제', 정말 최선일까?", *프레시안*, 2011년 4월 27일.

76 강은성 외, "문화부, 게임 과몰입 청소년 51만 명 추정", *아이뉴스24*, 2010년 12월 17일.

77 한국 인터넷 백서는 다음의 웹 페이지에서 확인할 수 있다. 2000년부터 2010년까지의 모든 자료가 있다. http://isis.nida.or.kr/ebook/ebook.html

78 김국현, "웹 구조개혁의 제안", *지디넷코리아*, 2007년 4월 20일.

79 John Stuart Mill, "On Liberty and Other Essays.", Oxford University Press, 2008, p.128

80 Jonathan Zittrain, "A Simple Way to Avoid Being the Next Star Wars Kid.", *The Sunday Times*, 2008년 5월 4일.

81 강정인, 《민주주의의 이해》, 문학과 지성사, 2010, p.50

82 Jonathan Zittrain, The Future of the Internet-And How to Stop It. New Haven: Yale University Press, 2008. 이 책은 인터넷에 무료로 공개되어 있으며, 3장 "Cybersecurity and generative dilemma"를 참조했다.
http://yupnet.org/zittrain/archives/11

83 김광현, "리니지 노리는 트로이목마 하루 7개씩 새로 등장", *광파리의 글로벌 IT 이야기*, 2008년 9월 25일. http://blog.hankyung.com/kim215/blog/186120

84 "타블로 그리고 대한민국 온라인", *MBC 스페셜*, 2010년 10월 1일.

85 장회익 외, 《전환의 모색: 우리는 어디에 있으며, 무엇을 할 것인가》, 생각의 나무, 2009.

86 "타블로 그리고 대한민국 온라인", *MBC 스페셜*, 2010년 10월 1일.

87 온종림, "중학교 여교사, 제자와 수차례 성관계 충격", *뉴데일리*, 2010년 10월 8일.

88 박경신, "[시론] 온라인 글쓰기, 운전만큼 위험한가?", *한겨레*, 2009년 4월 26일.

89 황성기, "인터넷 실명제에 관한 헌법학적 연구", *법학논총*, 2008년 3월 17일.

90 전게서.

91 이정내, "방통위 '인터넷 실명제' 폐지 검토", *연합뉴스*, 2011년 12월 29일.

92 장길수, "〈장길수의 IT 인사이드〉(24)페이스북, "프라이버시의 시대는 끝났다", *전자신문*, 2010년 10월 1일.

93 Danah Byod and Estzer Hargittai, "Facebook privacy settings: Who cares?", First Monday, 2010.

94 이희욱, "네이트온 '개인정보 수집' 논란이 남긴 숙제", 블로터닷넷, 2010년 10월 27일.

95 새뮤얼 워렌과 루이스 브랜다이스의 '프라이버시에 관한 권리'는 다음 MIT의 웹 페이지에서 접근할 수 있다. http://groups.csail.mit.edu/mac/classes/6.805/articles/privacy/Privacy_brand_warr2.html

96 구본권, "당신의 사생활, 구글이 엿본다", 한겨레, 2010년 1월 5일.

97 Helen Nissenbaum, "Privacy as Contextual Integrity", Washington Law Review, Feburuary 17, 2004.

98 Daniel J. Solove, "The Clementi Suicide, Privacy, and How We Are Failing Generationg Google.", The Huffington Post, 2010년 10월 7일.

99 Sherry Turkle, "Who Am We?", Wired, January 1991.

100 임원기, "[한국의 스타트업] 국내 최초 소셜 댓글 서비스 나서", 한국경제매거진, 2011년 7월 27일.

101 이희욱, "'사회적 본인확인제' 어떠신가요", 블로터닷넷, 2010년 7월 28일.

102 정보라, "블로터로 돌아보는 '소셜 댓글' 1년 성적표", 블로터닷넷, 2011년 7월 19일.

103 방통위, "인터넷 악성 댓글 심각 '대안은 소셜 댓글'". 스포츠서울. 2011년 9월 22일.

104 노석조, "불법 다운로드 더는 못참아… 檢, 웹하드업체 19곳 전격 압수수색.", 국민일보, 2011년 3월 25일.

105 이진희, "세상을 바꾼 '냅스터' 인생 뒤바뀐 숀 패닝.", 주간한국, 2000년 10월 4일.

106 Russell Roberts, "Napsternomics: What's the Most Effective Way to Protect IntellectualProperty?." Library of Economics and Liberty. June 3, 2002.

107 Hendrik Schulze and Klaus Mochalski, "Internet Study 2008/2009.", Ipoque, 2009.

108 Clive Thompson, "The BitTorrent Effect.", Wired, 2005년 1월.

109 Joseph A. Schumpeter, The Theory of Economic Development:An Inquiry into Profits, Capital, Credit, Interest, and the Business Cycle(Social Science Classics), New Jergey: Transaction Publishers, 1982.

110 벤클러의 해당 책의 관련 장은 다음 웹사이트에서 위키 형태를 통해 읽을 수 있다. http://cyber.law.harvard.edu/wealth_of_networks/11._The_Battle_Over_the_Institutional_Ecology_of_the_Digital_Environment

111 다음 참여 문화에 관한 웹 사이트를 참조할 것. http://webpages.scu.edu/ftp/ataylor/intellectualproperty.html

112 Alexis De Tocqueville, *Democracy in America*, New York: Penguin Classics, 2003.

113 Henry Jenkins, *Convergence Culture: Where Old and New Media Collide*, New York: NYU Press, 2006.

114 Malcolm Gladwell, "Small Change: Why the Revolution Will Not Be Changed.", *The New Yorker*, 2010년 10월 4일.

115 Zeynep Tufecki, "What Gladwell Gets Wrong: The Real Problem is Scale Mismatch (Plus, Weak and Strong Ties Are Complementary and Supportive.", *techsociology*, 2010년 9월 27일.

116 Evegeny Morozov, "Were Haystacks's Iranian Testers at Risk?", *Foreign Policy*, 2010년 9월 18일.

117 ——————, "The 20th Century Roots of 21st Century Statecraft.", *Foreign Policy*, 2010년 9월 7일.

118 Niall Ferguson, *Empire: The Rise and Demise of the British World Order and the Lessons for Global Power*, New York: Basic Books, 2004.

119 David E. Nye, *Technology Matters: Questions to Live With*, Boston: The MIT Press, 2007.

120 Ethan Zuckerman, "Internet Freedom: Beyond Circumvention.", *my heart's in accra*, 2010년 2월 22일. http://www.ethanzuckerman.com/blog/2010/02/22/internet?freedom?beyond?circumvention/

121 John Kennedy, "China: Playing Revolution on Twitter.", *Global Voices*, 2011년 2월 23일.

122 Susan L. Shirk, *China: Fragile Superpower*. New York: Oxford University Press, 2008.

123 Clay Shirky, "The Political Power of Social Media.", *Foreign Affairs*, 2011년 1월, 2월호.

124 Karl Popper, *The Open Society and Its Enermies*, Routledge, p.31, 2002.

125 Martin Fackler, "In Japan, Young Face Generational Roadblocks.", *The New York Times*, 2011년 2월 27일.

126 Yasheng Huang, *Capitalism with Chinese Characteristics: Entrepreneurship and the State*, New York: Cambridge University Press,

127 김준우, "65세 이상 고령인구의 비중은 전체인구 중 11.0% 차지.", 창업닷컴, 2010년 10월 5일.

128 Hisham Almirrat, "Tunisia: Slim Amamou Speaks About Tunisia, Egypt and the Arab World.", Global Voices, 2011년 2월 11일.

129 임현균, "야동과 인터넷(IT교육)", *균, 아는 대로 지껄이다*, 2012년 5월 1일. http://gyunny.com/155

130 Joi Ito, *Leadership in World of Warcraft*, Joi Ito's Hompeage, Mar 13, 2006.

http://joi.ito.com/weblog/2006/03/13/leadership-in-w.html

131 Mitchel Resnick, "Sowing the Seeds for a More Creative Society.", *MIT World*, 2006년 5월 22일. http://mitworld.mit.edu/video/372

132 박지원 저, 김명호 편, 《지금 조선의 시를 쓰라》, 돌베개, 2007. p.319

133 신경 과학적 측면에서 인터넷 포르노를 연구한 자료는 다음 사이트 참조. http://yourbrainonporn.com/book/export/html/139

134 Ronald J. Deibert, John G. Palfrey, Rafal Rohozinski and Jonathan Zittrain (Editors), *Access Denied:The Practice and Policy of Global Internet Filtering*, MIT Press, 2008.

135 박성국, "국내 1위 웹하드, 하루 올라오는 '야동' 수 무려", *서울신문*, 2012년 4월 24일.

136 김주환, 《회복탄력성: 시련을 행운으로 바꾸는 유쾌한 비밀》, *위즈덤하우스*, 2011. p.130

137 Maxmillian Wechsler, "Child Porn on Streets Stirs Outrage.", *Bangkok Post*, 2010년 10월 3일.

138 손지원, "'김본좌'도 깜놀 야동계 대부 '서본좌' 검거 풀스토리", *일요신문*, 2011년 2월 21일.

139 Ewen Callaway, "Porn in the USA: Conservatives Are Biggest Consumers.", *New Scientist*, 2009년 2월 27일.

140 Kimberly Morland, Steve Wing, R.A. Diez and Charles Poole, "Neighborhood Characteristics Associated with the Location of Food Stores and Food Service Places." *American Journal of Preventive Medicine*, 2002. pp. 23~29

141 Gail Dines, *Pornland: How Porn Has Hijacked Our Sexuality*, Beacon Press, 2010.

142 Estela V. Welldon, *Mother, Madonna, Whore:The Idealization and Denegration of Motherhood*, Karnac Books, 1992.

143 Edward Marriot, "Men and Porn.", *The Guardian*, 2003년 11월 8일.

144 박세미, "자살 1위국 핵심은 40~60대 남성_벼랑 끝에 선 중·노년··· 무엇이 죽음으로 내모나.", *주간조선*, 2009년 12월 15일.

145 동성혜, "MB "G20 세대 '세계국가 대한민국' 주역", 데일리안, 2010년 1월 10일.

146 박혜민, "[취재일기] 싸이월드 창업자 이동형의 못 다한 이야기.", *중앙일보*, 2011년 1월 21일.

147 John K. Fairbank, *China:A New History*, Belknap Press of Harvard University Press, 2006. pp.137?139

148 Jon Agar, *Constant Touch:A Global History of the Mobile Phone*, Cambridge: Totem Books,2005.

149 Tim Wu, *Master Switch:The Rise and Fall of Information Empires*, New York: Knopf, 2010.

150 Rossana Weiterkamp and Barbara Pruitt, "U.S. Venture Capital Industry Must

Shrink to be an Economic Force, Kauffman Foundation", *Kauffman Foundation*, June 10, 2009.

151 Vivek Wadhwa, "Innovation without Age Limits", *Technology Review*, Feburuary 1, 2012.

152 정보라, "신현성 대표 "먹튀 아니다"…리빙소셜에 티켓몬스터 매각", *블로터닷넷*, 2011년 8월 2일.

153 김문선, "" M&A는 벤처에게 새로운 전환점이 되어 줄 수 있다 " 엔써즈 김길연 대표", beSuccess, 2012년 6월 13일.

154 박현영, "[스페셜 리포트] IT 생태계 지도로 보니 … MS · 애플 · 구글은 한가족", 중앙일보, 2011년 10월 12일.

155 장희복, '창업 · 중소기업, "은행의 과도한 담보요구로 대출 힘들다", *벤처 경영 신문*, 2011년 12월 26일.

156 Paul Graham, "How to be Silicon Valley", *Paul Graham.com*, May 2006. http://www.paulgraham.com/siliconvalley.html

157 Edward Osborne Wilson, Consilience: The Unity of Knowledge, New York: Vintage Books, 1999.

158 강정인 외, 《민주주의의 한국적 수용: 한국의 민주화, 민주주의의 한국화》, 책세상, 2002.

159 막스 베버 저, 박상훈역, 《막스 베버: 소명으로서의 정치》, 폴리테이아, 2011. p.231

160 홍성욱, 《뉴턴과 아인슈타인: 우리가 몰랐던 천재들의 창조성》, 창비, 2008.

161 야마다 쇼지 저, 송태욱 역, 《해적판 스캔들: 저작권과 해적판의 문화사》, 사계절, 2011. p.75

162 Joi Ito, "Why We Need to Stop SOPA and PIPA", *Joi Ito's Blog*, January 15, 2012. http://joi.ito.com/weblog/2012/01/15/why-we-need-to.html

163 Sherwin Siy, "Manager's Amendment of SOPA Doesn't Fix What's Ailing the Bill", *Public Knowledge*, December 14, 2011.

164 Jonathan Zittrain, *The Future of the Internet-And How to Stop It*. New Haven: Yale University Press, 2008.

165 김주환, 《회복탄력성: 시련을 행운으로 바꾸는 유쾌한 비밀》, 위즈덤하우스, 2011. pp.55–56.

166 어순덕, "양심의 1점은 부정의 100점보다 명예롭다: 50년 넘게 '무감독 고사' 전통 이어온 인천 최고 명문고 '제물포고등학교'", 조은뉴스, 2009년 8월 4일.

167 Paul Starr, *Freedom's Power:The History and Promise of Liberalism*, New York: Basic Books,2008.

168 김우창, 《성찰: 시대의 흐름에 서서》, 한길사, 2009.

169 랭던 위너, 강정인 역., 《자율적 테크놀로지와 정치철학》, 아카넷, 20020년.